从新岗到功勋

班主任成长的点线面

张日威 洪专成◎主编

中国纺织出版社有限公司

图书在版编目（CIP）数据

从新岗到功勋：班主任成长的点线面／张日威，洪
专成主编. -- 北京：中国纺织出版社有限公司，2023.8
ISBN 978-7-5229-0653-9

Ⅰ．①从… Ⅱ．①张… ②洪… Ⅲ．①中小学—班主
任工作 Ⅳ．①G635.16

中国国家版本馆CIP数据核字（2023）第098339号

责任编辑：李凤琴 责任校对：高 涵 责任印制：储志伟

中国纺织出版社有限公司出版发行
地址：北京市朝阳区百子湾东里A407号楼 邮政编码：100124
销售电话：010—67004422 传真：010—87155801
http://www.c-textilep.com
中国纺织出版社天猫旗舰店
官方微博 http://weibo.com/2119887771
北京华联印刷有限公司印刷 各地新华书店经销
2023年8月第1版第1次印刷
开本：710×1000 1/16 印张：18.5
字数：216千字 定价：62.00元

编委会名单

主　　编：张日威　洪专成

主要编委（排名不分先后）：

王莉娜　李思玫　杨　秘　李佳贞　黄晓珠　李翠欣

编　　委（排名不分先后）：

蔡泽慧　黄晓芬　周海涛　王士有　干雪莹　钟爱兰　李孟珂

朱美玲　林敏莉　谢雨竹　许　红　郎丰颖　白莲花　刘　震

杨　柳　张自明　吴莎莎　陆建华　胡　菲　赵秀秀　赵小丽

梅伟静　袁　茵　张品丽　蒋晓曦　吴孟霞　唐　露　陈　丹

赵芬樱　王　丹　杜明珠　赵莎莎　李俊涛　石伟军　曹　惠

陈　锐　姚柳瑜　刘　洁　洪康曼　王朝霞　胡　杨　刘　玥

王　硕　常　川

愿你成长如斯

毕业15年，我一直做班主任。回顾这些年，我发现班主任在不同阶段，会遇到不一样的问题，这些问题促使学习、反思、进步，会获得不一样的关注点和成长点。比如我这15年班主任经历，可分为五个阶段，我个人成长的足迹，就这样深深浅浅地布满每一个阶段。

第一阶段，关注问题解决。2010年我应聘到东莞一所职校做班主任。第一次走进教室，看到女孩化妆、男孩打牌、篮球在桌上滚来滚去……我来之前，半个学期换了三个班主任，正常上课都是问题。就这样，我被迫思考亟需解决的问题：迟到学生、上课秩序、缺席升旗仪式……我开始观察老教师如何带班，遇到问题请教有经验的同事。这个班级逐渐转变，最终顺利毕业。老老实实做一名"消防员"，随时扑灭班级出现的任何"不轨"火焰，我努力做能够解决问题的班主任。

第二阶段，关注班级建设。做"消防员"疲惫不堪，如何才能"防患于未然"，让这些乱象从一开始就没有滋生的摇篮。于是我与孩子们一起制订班级公约，打造优质的班级文化，让孩子们在良好的班级氛围中成长。这时我与第三个班级相遇，一起创造了很多辉煌：军体拳第一名、校运会连续三年蝉联学校第一、成绩在同行班数一数二。我努力做擅长带班的班主任。

第三阶段，关注个体发展。2017年我被调到深圳市博伦职校，连续担任三届高三班主任。工作对象不同，于是对每个学生个性化的指导显得尤为迫切。我阅读了大量的心理学、教育学以及生涯成长书籍：《非暴力沟通》《刻意练习》《从优秀到卓越》等，分析特点，挖掘优势，为每个孩子都提供发展策略和成长建议。我努力做学生成长的引路人。

第四阶段，关注教育生态。2019年我在德育处做干事，开始关注班主任在整个教育生态中的角色定位。2020年参加班主任比赛，在区赛、市赛、省赛、国赛和团队赛中，一路猛冲拿了六个一等奖。班主任比赛让我迅速成为一个"皮毛专家"。我真正明白班主任作为学生成长引路人和学生灵魂塑造者，在校家社协同育人中起着重要作用。我努力成为校家社共育的桥梁。

第五阶段，关注班主任群体成长。2022年我借调到南山区教育局，负责班主任队伍建设工作；同时，也成为市名班主任工作室主持人。我认识了很多优秀班主任，我发现：班主任遇到的问题有一定共性，解决举措也有其规律。因此，我就特别想编一本书，来表达一种关爱：我踩过的坑，你不要再踩；如果不幸踩了，那我给你提供点爬出来的建议。这个初衷的由来，是我见过太多班主任的痛苦和煎熬，我希望我能做一点事情，让班主任这个群体能够少走弯路，多点幸福。我努力成为班主任群体成长的引领者。

本书涉及班主任成长的方方面面，有常规管理、家校沟通、职业规划等20个主题。每个主题由名班主任现身说法来诠释解决之道。"班主任成长点线面"中的"点"，指的是班主任专业成长的关键节点；"线"绘制出从新岗到功勋的班主任成长线；"面"则是影响更多班主任的辐射面。"从新岗到功勋"，意在表达无论处于哪个阶段，总会遇到困惑，而解决办法只有成长，永不停歇地持续成长。

班主任这条路，我们需要有更多的同行者和共鸣者。一个人进步是成长，一群人进步是进化。我们用自己的阵痛和蜕变，来推进整个群体的进化，这就是群体成长的意义。我极其喜欢刘润《底层逻辑》里的一句话："成长是痛苦的，但痛苦原就是人生本义。"

愿这本书，为你的成长打开一个新世界。

张日威

2023年7月21日

目录

第一辑

3~5年·新岗：

扬帆启航，驶向美好人生

　　每位新岗班主任，都有初为人师的兴奋、有无问西东的勇敢，但也容易陷入班级管理的盲区，15位新岗班主任的经历，带给你全面的启示，相信，有了他们的助力，你的班主任之路能顺利启航。

与孩子们一起奔跑在青春大道上

朱美玲

我从2018年入职班主任到现在已有4年的时光了。在这几年里，我和每一位新岗班主任近乎一样，有初任的兴奋、满满的精力，但也会陷入班级管理的盲区，不是就重避轻就是眉毛胡子一把抓，完全没有章法可言。可盲区是用来打破的而不是用来固守的，敢于打破独奏，邀请孩子们一起欢歌笑语，华彩乐章就会如魔法般悦动。

"恩宠时刻"，打造属于自己的高光时刻

根据加德纳的多元智能理论，每个孩子都是潜在的天才儿童，我们应以多维度的、全面的、发展的眼光来评价学生。为了尽可能多地发现学生的闪光点，我们班特别开展了"恩宠时刻"系列活动。

为什么把活动起名为"恩宠时刻"呢？有一次我在听樊登老师讲书时听到"恩宠时刻"，是讲一个人在进入创作高产的灵感或顿悟期。我在想每个孩子不也应该有属于自己的高光时刻吗？于是，灵感一起，开创了"恩宠时刻"系列活动。

第一期上榜的同学是为班级设计班徽的刘德凯同学。军训即将来临，定制班帽需要班徽，我问哪位同学可以尝试，我们班的刘德凯同学踊跃报名。我们班级是电子商务专业，他设计的主导思想是融合"电商特质"+"家乡特色"（图1-1）。

班徽画面中的两位青少年迎合互联网发展现状，开展直播、采访等活动，体现电子商务特质。"红杏初生叶，青梅已缀枝。" 左上角的梅

图1-1　班徽

花展现拥有"中国青梅之乡"的陆河特色。电商"引擎",为乡村振兴赋能添翼。"鸿雁传书",鸿雁代表传递信息的媒介,也象征着现代互联网的发达,翩翩起飞的鸿雁展示电商大好前景。他制作的班徽获得师生一致好评。"老师,真不敢相信我竟然能上班级公众号,这是我第一次上公众号!"他发了这句话给我,还连发了好几个嘻嘻的表情,喜悦激动之情都快溢出屏幕了。

自此以后,我在班级里变得特别爱观察,一旦发现有同学哪个地方做得不错,我都会在班上及时表扬,然后把他的典型优点或事例发布在班级公众号上。我们班的宣传委员也会将他的表扬事例写出来,并让上榜的同学写下感想后粘贴在班级宣传栏。"非常荣幸能上榜'恩宠时刻',我一定会继续努力,为班级贡献自己的力量。"刘德凯同学这样写道。每个人的高光时刻都是特别的、独一无二的。让班里每一位同学都上榜"恩宠时刻",都能享受自己的高光时刻,我一直在践行着。

心灵树洞,给心灵一个温暖的家

心情不好的时候如何去排解呢?不想当面说可以写信吗?我能不能得

到别人的帮助？心灵树洞可以帮你实现。

有一天，小K同学发微信给我，"美妈，问一件事呗？转专业会不会太麻烦？"

我紧接着问："为什么想转专业呢？是不是不喜欢这个专业？"

"学着自己喜欢的专业，但感觉又不合适，我觉得兴趣和爱好像是两码事。"小K回答。

我想着，这么微信聊下去也解决不了问题呀，于是把他带到一个安静的地方聊聊天。在聊天中，我了解到他并不是不喜欢这个专业，只是有时候他觉得自己跟同学走得很近，这种感觉让他不是很舒服。可是他又担心如果不理会同学，同学会觉得自己高冷，所以内心的他很是纠结，就想通过转专业的方式来逃避。随着聊天的深入，他的眼泪不断往下掉。看着一个身材高大的大男孩落泪，我内心很是动容，想着要怎么缓解他激动的情绪。

运用心理学的"自己人"效应，我跟他分享了自己以前的学校生活，并安慰他道："现在的你需要适度的个人空间，其实啊，你这种感受与想法正是你走向独立人生的开始，老师会想办法帮助你的。我们一起来面对！"小K紧接着提出疑问："这真是正常的反应吗？我很害怕自己有心理问题。""是啊，这种感受啊，再正常不过了。只是我们要学着怎样和自己的情绪聊天，给自己的心灵安个家。"听到我这么说，他紧皱的眉头似乎舒展了许多。

为了使小K同学得到更专业的辅导，我征求了他的意见，联系了学校的心理学老师，把他带到了温馨舒适的心理咨询室。经过一段时间的交谈，小K同学从咨询室里走出来了，看到他此时脸上是挂着笑容的，我的心也就放松了许多。回到家后，我上网查找大量关于青少年心理教育的论文和期刊，找来大量心理学书籍，"中职生这个时候开始出现一定的'成人感'，处于半幼稚、半成熟的状态。"我如饥似渴地翻阅着，在笔记本上飞快地记录着……

班会课上，我手里拿着一本精致的本子，跟同学们说："我们每个人的心灵并不一直都是强大的，有时候啊，它也很脆弱。我们应该好好呵护它，我给大家准备了一本本子，大家可以把自己的困惑、问题、烦恼都写下来，让情绪通过正确的方式释放出来，同学们也可以对别人的疑惑提出解答。"我们一起把这本精美的本子命名为"心灵树洞"。

渐渐地，我发现同学们来找我反映问题的次数少了，因为他们在"心灵树洞"找到了自己的释放窗口，就连小K同学也成了小小的心灵医生，在"心灵树洞"给同学们解疑答惑。为庆祝中国共产党成立100周年，学校举办"唱红歌颂党恩"校园十佳歌手比赛，凡是有兴趣的同学都可以报名。这个通知一发下去，同学们兴奋极了，各个跃跃欲试。紧张备赛的那一周，同学们课下讨论的不再是游戏，而是要定演唱哪首红歌曲目；中午午唱的歌曲从流行歌切换到了红歌模式；同学们宿舍晚上的"卧谈会"也变成了"红歌演唱会"。最后，小K同学以一首"我是一个兵"成为校园十大歌手，他那铿锵有力的声音赢得了同学们的阵阵掌声。

一天夜晚，我正在床边看书。叮咚！我收到了小K同学的一条私信："老师，谢谢你，是你，让我重新热爱这个专业和班级；是你，给我们的心灵安了一个温暖的家。"

小组制度，破解班级高效管理密码

担任班主任前两年，我基本按照大众班级设置常规班干部，但发现效果并不是很好，真正在管理的可能也就只有几个班干部。现在的我对待学生管理，会看得更远一点。我对班级学生发展目标定位"四好"，即好公民、好员工、好伴侣、好父母。如今，我在逐渐探索小组管理制度，按照班级人数分成9个小组，每个小组5~6人，设立小组长、形象管理员等五大职位，每位同学各司其职，展现了高执行力与强责任心，尽心尽力为班级服务（表1-1）。

表1-1　小组管理人员分配

职位	人数	工作内容
小组长	1名	负责全面工作
形象管理员	1名	负责组内同学仪容仪表、校服检查
纪律提醒员	1名	负责组内上课、集训、集会等纪律
卫生管理员	1名	负责小组范围内及周边卫生检查
活动管理员	1~2名	负责组织组内活动与协助班级活动开展

第一次选小组长是采取自荐+班主任观察选举产生,小组长产生后会有3个月的试用期,第二学期小组长会进行重新竞选,争取让更多的同学得到锻炼提升。组与组之间会有协作,如班级活动的开展、数据的收集等,同样也会有相应的竞争。每天,各小组长都会将本组分数汇总给班长,班长利用晚休时间进行整理,然后将其公布在班级群中,每个同学都会看到自己在考勤、纪律、问答等各方面的得分,每周班会课上都会对班级个人前10名和小组前3名进行表扬。

另外,我还设置了一名家校联络小助手,因为她都是在家长群里报喜,所以我们给她取名为"小喜鹊"。"小喜鹊"的任务就是把每天上课积极发言的同学、受到老师表扬的同学都发布在家长群里,让家长及时了解孩子上课情况。

"沉浸式"活动,幸福剪影晒出来

活动永远是鲜活的、充满能量的。我特别喜欢举办活动,每次看到一些新颖的活动,总想着能不能改造创新运用在我们班。于是,一个个"沉浸式"活动,办起来、融进去、晒出来。

为了让新生尽快融入学校,结交伙伴,我根据学生在校园的高频区域设置4个打卡点,分别是食堂、实训室、操场、图书馆,创新"校园小护照"项目结合专业进行打卡积章。每到一个相应的打卡点都要团队合作完成任务并拍照打卡上传到班级群。面对面的互动、点与点的衔接、心与心的交流，孩子们在奔跑中享受青春，在乐游中融入校园，收获友谊。

校运会快到了，每个班级都在精心设置开场节目。我们班级是电子商务专业，要怎么创新呢？我让同学们头脑风暴想活动，第一要有专业特色，第二要形式新颖。那段时间抖音有个走秀视频非常火，全网都在模仿，同学们说，"老师，我们可以走秀！"怎么结合专业呢？我们班的同学来自各大乡镇，有个同学说"走秀时带上自己的家乡特产"，对啊，他话语一出，立即迎来一大波同学点赞支持。小组的行动力果然杠杠的，当天就确定了哪个小组带哪种特产。

开幕式上，南万家里自制的腐竹、果园现摘的皇帝柑、腌制的青梅……一件件熟悉的家乡味道和同学们亮丽的青春风采引爆观众掌声。

用力独奏，有时往往只能感动自己，效果不佳只能草草收场。但，你唱我和，班主任与孩子们的成长路上一定是欢歌笑语。孩子们，你发起我响应，让我们继续携手奔跑在青春奋斗大道上。

朱美玲，广东省汕尾市陆河县职业技术学校语文教师，深圳市张日威名班主任工作室学员。

将班级还给孩子，安心做个"督导"

李翠欣

记得4年前初登三尺讲台便担任班主任，这对于初入职场的我来说无疑是一个挑战，因为从来没有老师在大学里教过我如何去做一个班级的管理者，而这也意味着我需要边学边做。在这个过程中，很感谢一位前辈老师，在初入职时便教授我两个"三"："辛苦带班前三个月，幸福三年。"初接手一个新的班级，前三个月是树立班风、学风的关键期，如果可以在这三个月帮助学生进入一个自治的状态，那么在接下来的时间里，班主任便可相对安心做一个"督导"，真正将班级还给孩子。在前辈这两个"三"的叮嘱下，我开始摸着石头过河，班级管理主要从三个方面着手，逐步将班级还给孩子。

一、落实班级量化制度，助力良好班风学风的形成

开学伊始，我便在请教各方前辈的基础上，制定了一套班级积分量化管理制度，由"班级公约"和班干部队伍的详细分工组成，通过一学期实践，该套量化管理制度运行良好，已在一定程度上帮助班级建立良好的班风和学风。

1.学习小组优带差，激发内驱力

分析开学一个多月以来的作业完成情况以及几次测试的结果，我对班级学生的学习能力、学习习惯和成绩做到心里有数，并在此基础上，将班级分为8个小组，每个小组有6名组员，同桌和全体组员的安排遵循"以优促优，以优带差"的原则平均分配，在一定程度上保证每组学生的实力相

对均衡。为进一步加强每个小组的认同感和凝聚力，我为每个小组选了一名具有较强带动能力和号召力的小组长，给予他们自由选择组名的权利，并要求以小组为单位，进行小组微信推送宣传展示。因为个人积分与小组积分紧密相关，根据班级公约和积分制度，每周评选个人积分前五和小组积分第一的同学，给予不同形式的奖励，小组内的优生渐渐发挥带动作用，带领基础较薄弱的同学参与到课堂和平时作业的完成中，为小组的得分保底；同时，平时扣分较多的同学也因为害怕连累小组，慢慢改变自己不交作业、迟交作业的行为，甚至开始在课堂上积极举手回答问题。通过一学期小组组内合作和组间竞争，每个小组内部都形成了较强的凝聚力和向心力，小组成员对各自小组都有较强的认同感和归属感。在临近学期结束的元旦联欢会上，每个小组都以"全家福"的形式展示了各自的精神风貌，而后这"全家福"也成为了后来期末冠军小组的纪念奖品，孩子们毕业了也都还留着这张合照。

2. 推动班级量化管理团队的规范化和专业化

班级公约的确立先是经过了前期全班共同决策，在制订公约之前，我先拟定一个初始版本，并将初始版本下发至全班同学，邀请全班同学利用周末时间就我的初始版本提出修改和补充意见，让班级同学感受到班级公约是大家的一个共识，也为日后的遵守奠定基础。在初步确定班级公约后，该公约试行了一个月，通过这一个月的观察，确立了最终的班级公约，并以此公约为基础，进行日常管理。

同时班级量化制度的落实离不开一群班委有条不紊、环环相扣的管理。与班级量化管理直接相关的有以下班委：两位班长（每周轮流统计当周积分情况并排列班级个人和小组的积分排名）、值日班长（共四位，一人轮值一周，记录每天的总积分）、各科课代表（每天记录各科作业和课堂情况，并根据班级公约计分，放学前汇总到值日班长处）、各小组长（推动每个小组积极参与积分）。

3. 奖惩并举，打好"组合拳"

量化管理最重要的手段之一便是奖惩并举，根据两位班长每周统计的积分动态，我会尽量及时在班会上进行表彰，对每周的个人积分前五、积分小组周冠军、月个人积分前五和积分小组月冠军进行表彰，给予梯度化的奖励。奖品是带有班级印记的一些个性化定制产品，在很大程度上激起了个人和小组的竞争欲，这也是该量化制度迄今能够运行的动力之一。而落后的小组和个人，则会依照班规，或是取消评优评先资格，或是让渡选择座位和小组的权利，由此进一步推动积分量化制度的运行。

二、严抓常规管理，促进习惯养成

古语有言："一室之不治，何以天下家国为。"开学报到的前一天晚上，我便以身作则，花了约四个小时将教室里里外外打扫得干干净净，为的就是给班级同学一个良好的示范。同时，我也将开学当天要带的资料以及家长群的二维码做了一张清单发给孩子们，这为后来他们的作业记录本范式奠定了基础。

1. 守时守信，"自律给你自由"

开学初军训结束时，我为班里的每个孩子定制了小卡片，卡片的背面印着我送给他们的一句话："自律给你自由。"班级公约里最基础的部分就是关于学生的常规管理，而常规管理又有几大部分组成，包括出勤、礼仪和诚信。我要求学生每天早晨必须7：30前到校，中午必须于14：05前到校，过了时间将会有值日班长进行迟到登记，并于每天放学后反馈给家长。要求学生准时到校的原因在于希望他们可以更早地进入学习的状态，并且在上课前我也会要求学生在打完预备铃的30秒内回到学校，打完预备铃后，值日班长会拿出电子计时器在门口等待迟到的同学，这在一定程度上起到了积极的作用，将时间可视化，学生会更有紧迫感。这么做是为了让学生尽快进入上课状态，在老师到来之前就将上课要用到的东西准备好，甚至个别科目也要求课代表进行带读。

针对诚信这一点，我从开学第一天就跟学生强调："Honesty is the best policy.（诚实为上策）"而在日常生活里，我也借各种小事件不停地强化诚信教育。有一天我发现教室后面的地板上有两个糖果包装纸，于是我在放学的时候就当着全班同学问是谁偷偷吃零食，"我希望你能够诚实"。不久，就有一位男生站起来承认，看到有人承认，一位女生也勇敢地站了起来，我借机，先批评了他们吃零食这一违纪行为，但随即我大力表扬了他们勇于承认错误的行为。这件事情之后，还经历了一次班级因为眼保健操有人睁眼被扣分的情况，罚单上其实只写了四人睁眼，但是当我在全班问的时候，居然站起来了接近十人承认自己在眼保健操期间睁眼，当下我在批评后立刻大力表扬了他们的坦诚，并期望他们下次能更为自律。这几件小事过后，班里渐渐形成了一种"守时守信"的氛围。

2."一屋不扫，何以扫天下"

前文我也提到，在报到前一天晚上我花了约四小时打扫班级卫生，就是为了给学生树立一个榜样。在随后的班级管理中，我也贯彻了对班级卫生的严格要求，在开学的三个月内，我每天都会陪着每一组的孩子打扫卫生，手把手教他们桌椅应该如何摆放，地面应该如何扫和拖。更奏效的方法是，让个别优秀的同学带动。班级里有几个打扫卫生非常积极的男孩子，他们甚至研究出了如何将窗户擦得锃亮的方法，甚至还得到别的班级的赞扬，纷纷过来向他们请教。

维持班级日常卫生的动力还来源于"官方表扬"，在班集体的努力下，我们班在三年里只失去过一次星级文明班级的称号，甚至在第一周成为年级唯一一个没有被扣分的班级，当我将那张德育处整理的扣分表展示给全班看的时候，我看到了孩子们眼睛里的光芒，那是他们的骄傲。从那以后，他们以不扣分为荣。每次他们都会听到麒麟小卫士中午检查卫生时发出感叹："8班太干净了。"我知道他们尝到了努力的甜头，并为此不停坚持，甚至已经养成了一种习惯；每当小卫士进班级检查前，每个人都齐刷刷地低下头，警惕地检查自己周围的地板是否有垃圾，生怕自己使班级扣分。

三、将班级形象可视化，培养学生归属感

大量实验证实：人类获取信息的83%来自视觉，也就是说，视觉能够传递更多更强烈的信息。于是我便想到了，将班级形象通过班徽和班级周边产品渗透到孩子们的生活中，旨在让孩子们知道，班级是一个让他们感到骄傲的存在，也是他们需要共同守护的家园和阵地。

在开学之初，我便通过班徽设计大赛推动了班徽的落地。班徽的落地在很大程度上为班级定制各种周边产品提供了方便。首先，我便利用班徽定制了一批贴纸，在每周、每月、每学期为孩子们颁发积分量化奖品时，作为奖品包装的一部分。后来我发现，孩子们也喜欢收集他们所获得的贴纸，张贴在水杯或者是笔盒上，由此来作为他们的"功勋"展示。除此以外，我也将班徽融入其他奖品的定制中，如环保袋、U盘、亚克力机票等，通过仪式感，将班级形象可视化，从而进一步增强孩子们对班级的认同感和归属感。

在第一个三年里，我时常思考自己作为班主任在这个班级里的角色，慢慢地我发现，只有孩子们真正把自己当作这个班级的主人时，他们才会发自内心地去融入、认可和维护。经过以上举措，我发现孩子们渐渐地将自己视为了班级的主人，他们会主动去维护班级的荣誉，而无须我作为"班主任"去推动与督促。此时的我，更像是一位"督导"或是"陪跑员"，只需在他们略有偏离轨道时，给予及时提醒，真正做到将班级还给孩子。

李翠欣，广东省深圳市南山实验教育集团麒麟中学英语教师，深圳市张日威名班主任工作室成员。

做合格班主任，也要好好用心

陈锐

在我17年的读书生活中，我未想过将来会从事什么职业。结果初登讲台，我就做了班主任，成为自己曾经最畏惧的人。

鉴于小时候的深刻印象，初任班主任的我，在与学生相处的过程中，更多展示的是邻家大哥的形象，因而在学生群体中，我迅速建立起良好的群众基础，班级里发生的大大小小各项事情，都会有人提前"通风报信"给我，为我解决班级事务提供了事先预警的时间。与学生相处融洽的好处还体现在班级凝聚力上，班级学生能够团结协作，认真应对每一项集体活动，在年级活动中表现突出，甚至在带班第一年就获得当届校运会总积分第二的好名次。

但初任班主任的尝试不会一直一帆风顺。在第一次家长会之后，就有家长提出了质疑，这个刚毕业的新手是否能够将他们的小孩教好，家长们带着这个疑问观察我的带班举措，观察学生的各项成绩，我也在家长的质疑中如履薄冰。第一学期结束后，反思这一学期的表现，我虽赢得了学生的认可，但班级的整体纪律不强，学习成绩不理想成了我的最大弊端。于是在新学期开始之时，我不再担任班主任的工作，而是以一名科任老师的角度去观察，在扎实自身学科教学的同时，学习如何做一名班主任。

新接手的班主任是位严厉干练的老师，她为了更快让学生调整之前的步调，适应自己的节奏，在第一堂班会课上，推翻之前定下的制度，选拔新的班干部，对班级学生在校时间做出了具体划分，并全天候守在教室里。家长对于老师的严格要求格外赞同，而此时的我意识到，我犯的第一个问题就是对待学生过于友善，虽建立起良好的群众基础，但也造成学生对老师缺少发自内心的尊重和畏惧。失去了尊重和敬畏，那么在班级事务的处理上，班主任就失去了一定的威信，这是我需要改进的地方。

等到了期中考试之后，班主任开始较少地出现在教室里，而学生仍旧按照班级里定下的时间规划，安排自己的事情，班级里的主心骨由班主任换成了班干，在班干的带动下，班级秩序一如既往。结合之前自己的带班经历，我意识到，班级管理确实是随时都需要有人看管的，但看管的人不一定一直是班主任，花时间花工夫培养的班干，在关键时刻就能够派上用场。因而我迅速反应过来，为何在自己当班主任的时候，那么忙，事情仍旧处理不完，而其他班主任能够快速解决手头上的事情，并且挪出更多精力用于教学研究，学会借力是班主任工作能够轻松的最大支持。

经过一段时间的学习沉淀，送走了这一届学生，迎来了新的一届学生，我重新接手一个班级。基于此前所积累的学习经验，开学前的我给自己预设了一个班级管理目标：培养一个具有"积极热学"班风的班级。为此，在开学的第一次见面会上，我率先表态："我们这个班级，我希望能够像数学老师的思维一样具有条理性，有条理不意味着需要全天候守着课本紧盯死学，而是对于每个时间段，应该处理什么事情，做到心中有数。"接下来，我与学生一同，对班级的每一个时间段都做了明确要求，并要求学生在班里静心学习，在活动中活力四射。而自己在学期刚开始为了能够监督到位，给学生立下规矩，于是效仿之前的班主任，将对应时间段的课尽量调开，并在教室的后方设置了自己的专属座位，将自己的部分办公用品放置于教室，保证自己能够随时到班检查。一学期的实践下来，自己"名正言顺"地被班上学生冠以"班级幽灵"的称号：总在意想不到的时候出现，让人防不胜防。但好在坚持是有收获的，科任老师都赞赏班级学生的课堂纪律以及学习氛围。经过一段时间的突击，班级学生已经清楚何为有条理，对何时做何事已有较好的认知，第一阶段的立规矩出乎意料取得了成功。

长期的突击检查，让人逐渐感到疲惫。为了帮助班级树立目标，仅班主任一个人有些后继无力，迫切需要辅以可靠尽责的班干部团体，因而班干部的培养也迫在眉睫。首先需要成立班干部团队，因此在开学的第一周，班级举办了班干部选举大会，但大会的进展有些让人意料不到，班长、纪委、劳委等职位无人问津，班上学生对于班干职务均无兴趣，这一冷淡场面让我有些反应不过来。往年班干部选举都是看到班级学生积极奋勇地报名参选，而轮到自己带班时却无人举手参与竞选。事后仔细一想，小学六年的经历，学生们早已知道班干部的艰辛，无人问津或许才是正常的情景。但他们还不知道当班干部会有怎么样的待遇，况且眼前这个局面，不能够这么僵持下去，该如何破局？这时脑海中突然闪出一个画面，那是一位班主任的班会课上所讲述的操作。同样也是班干部选举出现冷场，在一阵沉默过后，她率先开了口："经过小学六年的经历，相信大家对于班干部都有一定的认识，看到了班干部的艰辛，也很清楚当班干部为何艰辛，我觉得从这一刻开始，我们班通过大家自身的努力，可以改变这一问题现状。"说完这一番话后，该老师通过实施每日班长制，让每位学生轮流当班长，过渡了班干部无人竞选的尴尬期。想到这，我清了清嗓子开口，一番话化解了眼前尴尬的局面。接下来的操作，我没有照搬之前老师那种方法——开展每日班长的制度，而是决定在自己班级里"任人唯贤"，先由我指定任命班干部，被任命人试用一个月，一个月后由班级学生打分，根据学生的意见反馈以及班干个人想法来敲定本学期的班干部人选。这对老师提出了高要求，需要老师对每一位学生有一定的了解，知其能力，才能够做到选贤举能。正巧在开学前，我向家长收集了每位学生小学的经历，进行了初步认识，同时承诺并兑现了对于班干部辛勤付出的犒劳，在这双重保障的基础上，有惊无险地度过了一次小危机。

班干部团队建立好后，为了能够让班干部尽快成熟，在第一时间里，我召开了班干部学习会，主要让学生了解班干部对应的职能，并教授学生如何能够轻松且有效地履行职能。同时为了让班干部团体能够在学生群里更有威信，班级里一些事务交给他们执行的时候，自己在一旁压阵，时间一长，班级里慢慢形成了以班干部为中心的管理体系，许多事情在班干部的分担下，班主任的工作轻松了不少。

学期过半，开学初设立的目标，在自己花时间花精力的看防以及可靠尽责的班干团体辅佐下，逐步有了设想的模样。但时间一长，班干部也会有疲倦的时候，有一次班会课前，有班干部提出了卸任的想法，原因是班干部要求太高了，再加上有时候班里学生也不是那么配合工作，会出现因为管理的事情发生口角。在了解这种情况后，我陷入了思考，班干部在我的带动下，把班级事务处理得很到位，极大地解放了班主任的时间可以去专心教学，但这也占据了他们更多的时间和精力，时间一长，总会疲倦松懈，这该怎么办？这时，我想起了之前的班主任，对待班干部总会格外严格，学生在她手下有时会叫苦连天，但她也总会买些小点心，隔三岔五地招呼班干部聚在一起分享美食并聊聊班级近况，这其实就是一种给班干部正向反馈提供激励的方式，既予以班干部最大的权限，又划定了职责范围。想到这，我先安抚提出卸任要求的班干部，让他再尝试一段时间，实在坚持不下来再向我提出离职，随后增加对班干部的激励，使班干部成为班上学生羡慕的对象。

新的班级还在磨合中，会出现什么让人意想不到的问题暂未得知。回顾自己当班主任的历程，有过被家长投诉的失意，也尝试过将班级带成自己理想中的好班级，从新手到一名还算合格的班主任，始终离不开学习。学生时期为求学而不断汲取知识，工作后为帮助学生求知，自己仍需不断学习他人的经验，再结合个人特点，摸索出专属于自己的班主任管理之道。

陈锐，广东省深圳市南山区南山实验教育集团南海中学数学教师。

好风凭借力，助我自在舞

王丹

班主任工作是"教师育人主阵地"，学科教学是"教师立身之本"，前者常常是时间紧、任务重、事务杂，后者则是需要博观约取、厚积薄发。作为班主任兼语文教师，眼前这座天平可以倾斜吗？答案显然是否定的。教育与教学同等重要，如何找到两者的平衡点，齐头并进，最终实现双赢？近三年的工作实践告诉我：好风凭借力，助我自在舞。

困于围城，无风可舞

著名教育家李镇西老师说过："一个语文老师应该有学者视野、文人情怀、诗人气质。"乍一听，是不是有些"所谓伊人，在水一方"的意味？2020年，研究生毕业的我就抱着这样美好的期待开启了教师职业生涯。然而，当理想遇见现实，这样的期待可以用一个词来形容，那就是"幻灭"！

入职不到一年，我便身兼多重"身份"：校长科研助理、年级组长、班主任、语文教师，每一重"身份"都责任重大，将我死死地困囿于围城之中动弹不得。那一年，每天都要忙碌到晚上八九点才顶着月光回家；那一年，每天收到工作群弹出的消息都不自觉紧张焦虑；那一年，每次看到家长的来电我的内心都在祈祷"可千万别有什么事儿啊"！语文教学、班级管理、实践活动……每日周旋于一个又一个的活动中，我仿佛森林里的"消防员"，四处"救火"。每逢下班时，望着有经验的老师潇洒离去的身影，我都羡慕不已，分身乏术的我不禁在内心发问：何时能像人家一样，走出围城，平衡好班级管理和语文教学，让自己看起来毫不费力呢？

破除围城，凭风而舞

我决心不再毫无头绪地忙，开始认真观察、阅读、学习、实践、总结，思考平衡好班级管理和语文教学的方法，并徐徐将之付诸实践。当然，摸着石头过河，我经历了一些弯路，但好在方向正确，且有良师益友相助，后来的我逐渐破除围城，不再每日焦灼如热锅上的蚂蚁，而是开始慢下来，凭自治、融合、特色三缕清风找回自由。

凭自治之风。深圳市出台的《深圳市中小学德育工作三年行动计划（2018—2020年）》、南山区制定的《南山区中小学德育行动方案》中都提到"三全育人"的理念，要促进家庭教育、学校教育和社会教育有机融合，协同育人。受此启发，结合日本佐藤学教授的"共同体理论"，我开始探索以共同体理念为基础的班级自主治理模式，调动学生的自主性，家校合力，尝试从烦琐的班主任工作中"解放"自我，提升德育质效。

首先，召开主题班会确定班级发展蓝图，每个班级成员作为独立平等的个体，在相互尊重、互相协商的基础上共同设定目标和班级行为规范，人人参与，人人负责，让班级学生拥有共同努力的方向，班主任主要扮演引导者的角色。其次，大力培养小干部，摆脱过往班主任对班级"在校全景式监控"模式，科学合理地发挥小干部的价值，使其成为班级自治的中坚力量，在实践中不断历练、成长，逐渐"独当一面"。最后，调动家长参与的积极性，以学校为媒搭建家校桥梁，以家庭为线延伸教育触角，促进家校合力共育，为家长提供多姿多彩的家长智慧课堂，拓展视野，唤醒家长的责任意识，提升家长的参与感。科学明确的目标、完整的班级治理机制、强大的家校向心力促进了班级共同体的形成。

凭融合之风。语文教学和班级管理从来不是对立的、此消彼长的，而是相辅相成的，其共同的目标是指向育人，如果育人是圆心，那么班级管理和学科教学就是紧紧围绕其绘制而成的同心圆。《义务教育语文课程标准（2022）》中也强调语文课程的育人价值，适当挖掘运用其中的德育资源，有助于促进班级管理工作，做到语文教学与班主任工作跨界融合。教材中有许多内涵深刻、意义丰富的文章，在课堂教学时，引导学生学习汉字文化、品味中国语言的同时，可借机发挥其育人作用，渗透爱国教育、团结协作、爱人爱己等思想。在教学过程中，也可以发掘德育途径，如建立小组合作学习，在小组活动中，培养组长的领导能力，培养组员的合作协调能力和遵守规则的意识。

例如，在学习部编版语文二年级下册课文《雷锋叔叔，你在哪里》时，可以引导学生通过朗读体悟情感，以读促学，以读促思，以读促悟，体会雷锋全心全意为人民服务的高尚精神，同时通过分享身边互帮互助事例燃起学生心中助人为乐的火种，并鼓励学生记录相关事情和场景，感恩生活中的"雷锋"。

凭特色之风。入职之初，就听老师们常说"对新教师而言，3年是一个里程碑"，为此，迫切想要成长起来的我，常常是眉毛胡子一把抓：遇见比赛，不由分说，赶快报名；遇见活动，不经考虑，马上参加；遇见科研，不带犹豫，迅速研究。这样，虽然我也收获了一些小小的成长，但是付出的代价是巨大的，无止境地熬夜、满满的日程安排、逐渐失去光的眼神……

后来，校长的一番话给了我启发——优秀的老师不只是均衡稳定地发展，更要有特色，让特色成为你的名片，别人想到你就想到这个特色，想到这个特色就想到你的名字。这让我在很长一段时间思考：我的优势是什么？如何将优势转变为职业特色？如何在这条路上更长远地发展？边思考，边实践，我逐渐找到了自己的优势与方向，从所谓"全面开花"的假努力中走出来，走向写作特色的职业发展之路。

漫步青云，自在起舞

转眼间，我工作已近三年，班主任工作和语文教学之间的"平衡术"不再成为困扰我的难题，应学会向自治、融合、特色三者借力，两项工作内容都有了很大的进展，并逐渐凭风自在飞舞。

班级自治之舞。班级管理方面逐渐形成"班主任主导，班干部协管，学生、家长全员参与"的班级治理模式，这极大地解放了班主任的眼、手、心、脑，也增强了同学们对班级的责任意识，使他们清醒地认识到不仅要对自己的言行负责，更要对班级整体负责。当然，也发展了同学们的领导力，一些小干部虽然才二年级，但常常用自己的奇思妙想在岗位上发光发热。比如，有一阵子有几位同学中午到得很早，并且常常是在玩耍、游戏，有时甚至是追跑打闹，造成了很大的安全隐患，然而没等我去管理，我们的小干部就已经解决了。某天中午，我走进教室，发现大家都在安安静静地看书、学习，仔细观察发现，我们的小干部正学着老师的样子给安静读书的同学发自己的"自制贴纸"，我内心高呼神奇。从此，我更加明白，给孩子时间和自由，给孩子信任和空间，他们可以做得很棒！

疫情之下我们的班级活动常常难以开展，这时，家长的参与让我们的课余生活充满生机，优质有趣的家长职业课堂、家长主导的周末书友队活动、各式各样的趣味运动……家长们从陌生到熟悉，同学们从校园同窗发展为生活中的好伙伴，班级凝聚力得以提升，逐渐形成一个真正的学习共同体，呈现出较好的班级生态。

妙笔生花之舞。在语文学科专业成长方面，我凭借班主任与学科教学跨界融合、突出写作特色的想法，慢慢摸索实践，逐渐有所收获。首先，为提升语文教学水平，我不断观摩名师课堂，跟随前辈教师学习、磨课，逐渐达到"三年站稳讲台讲好课"的要求。其次，写作特色方面，日常我坚持写教育叙事文章，记录生活点滴，微信公众号已超50篇文章；坚持进行课题研究，将教学实践与科研相结合，顺利申请了深圳市课题，并参与多项课题研究；坚持学术性表达，尝试将教育实践提升到理论层面，在包含核心期刊在内的多个期刊杂志上发表了十余篇文章。最后，作为读写实验班教师，我也带领着学生打开写作的大门，让文字给孩子们插上自由飞翔的翅膀，儿童诗、生活日记、旅行攻略、随文练笔、班级趣事……形式多样、主题多元，让孩子们开启趣味写作之旅，感受多彩的文学世界。

教书育人是师者的使命，班级管理与学科教学二者并重，好的班级和高效的学科教学相辅相成、互为表里。因为学会好风凭借力，采众家之长，集学生之力、家长之力、经验之力，所以才能不到三年，便从"困于围城"到"破除围城"，再到"飞至青云自在舞"，让我慢慢找到教育与教学之间的平衡点，轻松实现双赢。

王丹，广东省深圳市南山区南方科技大学教育集团（南山）第二实验学校语文教师，深圳市白莲花名班主任工作室成员。

天道酬勤，相信坚持的力量

王硕

记得毕业那年来到深圳一下车就感受到潮湿的微风，夜晚街上璀璨的灯光，让我对这座城市充满了向往。一个偶然机会我考进育才中学，当我第一次来到这所学校，我便被这里舒适静谧的人文环境所吸引，我对以后的工作也充满了期待。

转变是收获，亦是成长

高一第一学期结束，我便被安排接手一个新班级，心里既期待又有些慌张。我通过回忆自己高中时期的班级来构想一个理想中班级的样子，闲暇之时，我会去看魏书生班级管理方法的书籍。我用心准备和学生第一次见面的稿子，设计一些破冰活动等。因为年轻，我和学生们相处融洽，但遇到学生犯错时，管理起来显得稚嫩又不熟练。在接手半年后，学校便安排我重新接手高一新入学的班级。

这一次，我转变了思路，在倾听学生的基础上，我信任班干部的力量，得力的班干部使班级氛围十分和谐，基本能达到事事有人做，人人有事做的局面。在第一次校歌比赛中，班长和文娱委员、组织委员一起策划、组织排练，大家会一起想如何安排能够让每个学生都配合：张同学微笑比较甜美，安排在第一排；李同学和黄同学擅长乐器，现场小提琴和钢琴合奏；许同学音比较准，安排领唱……校歌比赛第一次把学生们团结的积极性调动起来了，我们收获的不仅仅是比赛获得特等奖的荣誉，更让人开心的是班级和谐团结的氛围。而后举办的运动会开幕式，我们每一样也都做得特别好。在期末考试来临前，我和班长感觉到班级同学的学习压力比较大，就举办了一次"奔跑吧，四班"的班级校园越野活动，班长将整个活动录制剪辑，该视频在南山区心理健康班会活动中获得南山区班会设计三等奖。一个学期结束，我这次所带班级不仅获得校级优秀班级的称号，而且班级的每一位同学都有一段十分开心的回忆，即使分班后同学们依旧彼此关注。在这次带班体验中，我收获很大，我从学生身上看到了信任的力量，我们彼此信任，共同为班级的组织建设去努力，也最终收获到了成果。

初心如磐，奋楫笃行

高一分班后我接手新的班级，该班的物理成绩是非常不错的，因此我开展了课前讲题5分钟的活动，极大地提升了学生们对物理学科的兴趣，班级的物理学习氛围一直比较浓厚。但班级中也存在一些问题，比如班级中的班干部力量薄弱，在组织班级活动中班干部无法得到班级同学信服；班级中有些同学不能很好地控制自己的情绪；同学之间会有互相告状的情形等。面对该情形，我向组内有经验的老师请教，思考解决问题的策略。

针对班干部力量薄弱的问题，我采取先深入了解每个学生，再重点培养班干部的策略。我想应该在信任学生的基础上把握班级整体发展方向，做学生成长路上的引路人，于是我精心设计了一份问卷调查，内容包括学生们对自己的基本介绍、对班级的期待以及自己在班级中可担当的角色，遇到不和谐情况的处理方式和处理自己情绪的办法。通过问卷内容对学情有一个基本了解，再通过我平时的观察以及我和学生的沟通交流，我鼓励每个学生勇于表达自己，增进同伴之间的了解。在最初的几节班会课我围绕班级组织制度文化的建设展开活动：比如我会安排一个自荐和民主选举班干部的活动，在活动中鼓励学生们积极参与到班级管理中。除常规班干部职位，我会根据班级管理的需要设置一些职位，比如，眼操管理员、安全管理员等，也会不定期对班干部进行指导。在班级公约的制定中，我会让每个学生写出两到三点你认为可以作为公约的部分，包含奖惩，最后整合大家提出的规则试行两个月，到期选择合理可行部分作为班级公约。在制度明确、分工明确的环境下，班级形成和谐有序的氛围，但学生间的关系还需要在各类活动中继续磨合。

班级硬件建设是班级管理的重要组成部分。教室是学生们每天生活的地方，环境布置以简单大方、明亮整齐为主，教室角落适当增添一些文化栏的设计。我将学生们分成8组，每两周由一组组员对文化栏进行主题设计。与此同时我会开展以促进学生们相互了解的班会活动，如，小组破冰、分组相互介绍、MBTI的系列活动等。在与学生们朝夕相处中，我根据学生们提出的愿景，共同寻找班级目标，一起构建班级特色文化。

在班级特色文化建设中，我首先征集学生们关于班徽设计的想法，由学生们结合班级的目标选定适当元素，再由擅长画画的同学进行设计，最后在班会课上呈现给学生们。以班徽设计为契机，我引导学生们正向发展，关注正能量，接受差异，悦纳自己和周围的同学。然后我再以学校组织的各类活动为载体，比如，在校园红歌合唱比赛、秋季运动会、校园艺术节、年级篮球赛、班会主题分享等活动中，不断践行我们的班级目标和班级理念，增强学生们对班级文化的理解和认同感。每一次活动我也会融入差异化教育、鼓励教育和情绪管理。在一次次班级活动的开展中，学生们彼此之间的了解增多，部分学生也逐渐能够控制自己的情绪，学生之间相互告状的情形几乎没有了。

在班级学习氛围的营造中，我根据班级学情，制定班级三年的发展规划，高一以习惯养成教育为主，高二以目标教育和行动教育为主，高三以学习方法和挫折教育为主，在每一个关键节点中逐步推进计划。在这个过程中，我选择小组自治的方式，小组成员最初由班主任分配，在学生相互了解后，再自己组队。关于班级的各项活动会以小组的形式展开，学习方面也会采取组间相互竞争、组内互相帮助的方式，通过小组自治使同学们相互督促、相互帮助，以此达到更好的学习效果。另外我也和科任老师、家长商量，对一些同学采取有针对性的学习帮助策略，达到学科育人、全方位育人的目的，使整个班级保持积极向上、可持续发展的教育生态。

天道酬勤，功不唐捐

在班级管理方面我逐渐得心应手，由于我的时间和精力大量花在了班级建设中，导致我忽略了另外一个教学班级，物理成绩在最近一次考试中一落千丈。因此我紧急采取措施：以此次考试为契机，我和该班级每一位同学分析试卷、谈目前的困境、聊未来需要的帮助，对于部分信心不足的同学约定每周做两套额外针对性练习，并鼓励大课间进行答疑；对考前焦虑的同学以鼓励为主，推荐考前放松的方法。同时在课堂上我增加问题串的设计，给同学们更多自己思考的时间，提升对知识的理解。在我不断的鼓励下，该班级越来越多的学生主动和我讨论物理问题，我也从中感受到了同学们对物理学习的信心。

在课堂管理方面我开始有更多的思考，如何让同学们在有限的课堂时间里有更多的收获。而后在科组老师们的支持下，我争取到了市公开课的任务，以此为契机，践行我对课堂管理的思考。此次公开课从课堂选题、课堂设计、课堂实验、课堂呈现等，每一步我都搜索大量的资料，进行阅读、思考、筛选，最终确定课堂设计方案。在课堂引入部分，我和实验室的老师们共同做了一个"人体单摆"模型，邀请同学们共同参与体验，激发学生的兴趣。为了找到与课堂融合度比较高的实验，我每天晚上泡在实验室，在试验过程中不断修正实验方案。在课堂呈现部分，同组的兄弟姐妹们，每天陪伴我不断地进行课堂语言打磨，并提出宝贵建议。我把这些建议整合到我的课堂中，反复修改PPT，课堂逐字稿日益精准。我在不同的班级中进行课堂演练，每一次练习我都有新的思考、新的收获，课堂呈现效果越来越好。在这次市公开课的打磨中，我感受到了团结坚持的力量；在不断搜索资料和看各类公开课的视频中，我学习到专业上精益求精的精神；在和同学们共同配合中，我感受到学生思维的提升。

通过此次公开课，我在日常的教学中也做了很多改变。

我更加关注学生个体，我会根据学生目前学习的情况及时修正教育手段。我以座谈会的方式和同学们一起探讨什么样的学习方法更适合自己，同学们会提出每天坚持问一个问题，每节课前讲一道题目等学习物理的方法。而我也更加重视课后答疑及增加面批，通过鼓励赞扬的方式，增强学生们学习物理的自信心。我用恰当的教学方法引导学生们积极主动地进行思考，指导、帮助学生学会自主学习。通过激发个人和团体不断学习，我发现不仅可以提升同学们的物理成绩，也可以建立良好的师生关系，促进师生共同成长，继而推动班级的可持续发展。

教育是人与人之间的交流，心与心的沟通，沟通不仅体现在语言上，而且表现在人和人相处的一言一行中。我看到学生们一点一滴的转变和进步，我深切地感受到作为一个老师对学生潜移默化的影响，在与学生共同成长中我感受到教育的力量！我也在一次又一次的经历中逐渐摸索出如何使日常教学和班级管理达到平衡的方式，无论是教学还是班级管理，都不能只靠一己之力，要发挥团队的力量，相信并鼓励你的学生，信任并真诚地与你周围的同事沟通，共同成长！

王硕，广东省深圳市南山区蛇口育才教育集团育才中学物理教师，深圳市张自明名班主任工作室成员。

从初识到契合——双重角色如何平衡

姚柳瑜

初任班主任时，是一个机遇与挑战并存的成长机会。面对陌生又熟悉的班主任一词，我感到兴奋却忐忑，渐渐地，我在思考一个问题：在繁忙的班主任工作中，我是否忽略了我的英语教学质量？如果我更多地关注了英语教学质量，是否无法做好一名班主任？

带着这样的困惑，我跟前辈同事进行了交谈，前辈的话令我印象深刻，"一个班主任做得好与坏，并不仅仅取决于她的本职工作做得多认真，而是取决于她如何平衡作为班主任和学科教师的角色，这需要你深入地思考班主任的管理工作与学科教学的关系"。听到这句话，瞬间我找到了思考的方向，也促使我更好地找到了初步解决方法。

对于班级管理与学科教学的关系，我总结为三个层次：班级管理与学科教学相互独立；班级管理与学科教学相互影响；班级管理与学科教学相互依赖。接下来跟大家分享一下我的班级管理和学科教学关系，如何逐步做到不断提升教学水平的同时加强班级管理与建设，达到良好的育人效果的。

初次认识，充斥表面认识——班级管理与学科教学相互独立

犹记得初任班主任时，我的生活可以用一团糟形容。开不完的德育例会、年级班主任例会、班会、家长会、心理知识培训会等，处理不完的学生问题，如某某与某某打架了，某某与父母发生矛盾了等。那时的我，恨不得一天能够有48小时，再赐予我三头六臂、耳听八方的神

力，那样我应该就能够更好地处理问题了。

作为一名兼任英语课教师的班主任，除了班级日常管理工作以外，专业教学与学科研讨活动在定时"召唤"我。在任班主任的第一年，也是我从事初中英语教学的第二年，很多课堂组织与教学仍然处于近乎空白状态，我深知需要不断去听课学习，需要多参加学科专业竞赛提升自我，但日常的忙碌，让我无暇顾此。

此时，在我的眼中，班主任的管理工作与学科教学是分割与独立的，它们仿佛是两条不相交的平行线。

加深认识，渲染内在认识——班级管理与学科教学相互影响

一次偶然的机会，我参加了学校的班主任培训会议，会议的主题正好与我的疑惑贴合。培训专家提到教育可拆分为"教"与"育"，教学与育人，但也可以看作一个整体，没有教，不可成育，没有育，不可更好地教。会后，我认真地梳理了日常工作与职业期望之间的现状，令我惊讶的是，尽管我做到了认真与努力，在班主任工作和学科教学中均没能取得很大的进步。这一发现，让我再次陷入了沉思，因此我拜读了很多一线班主任的书籍以及公众号教育类文章，里面包含了班级日常常规管理的分享以及班级课堂管理提升的方法等。我认识到，班级管理工作的质量直接影响着学科教学的质量，同时学科教学的质量与班级管理工作的可信度以及有效度也是息息相关的。

在英语课堂上，课堂教学与班级管理的有效性是互相影响的。在初期的工作中，虽然我倾注了大量心血在班级的管理工作中，学生与我的关系较好，但是他们不能时刻遵守班级常规，班级纪律也时常出现问题，这导致了英语课堂上也遭遇了一样的纪律问题。没有在班级管理中树立的纪律性，学生在任何课堂和任何学科学习上都没有办法做到专注，没有办法取得良好的效果。"姚老师，我下次会注意的了""姚老师，您

有说过吗？""姚老师，这个没做会怎么样吗？"这样的话语，充斥在我的耳边。

经历了这样的"挫折"，总结前辈老师的经验，我对班级管理进行了完善，明确了课堂学习的要求、学科学习的要求，通过实行班级积分制、学习小组竞赛制等方式增强学生的规则意识，从而提升他们在课堂上的专注度和纪律性。在一节班会课上，我跟学生共同探讨和制定了属于我们班级的实用班规，让学生成为班级管理的参与者，设立班级办公室、纪律部、卫生部等部门部长以及助理，发动更多的学生成为班级管理的主人。实行了有效的制度后，班级管理成效提升明显，英语日常教学课堂以及其他课堂的有效性也大大提升。于我而言，班级的进步也体现在每一节英语课堂。班级管理工作的好与坏，直接影响着每一堂课、每一份作业、每一次教学互动的质量。

深层认识，渗透本质认识——班级管理与学科教学互相依赖

在班级管理上，我摸索出了多种有效的管理体制。班级积分制的运作使班级的管理工作不断步入正轨，学生管理的自主性逐渐加强。在良好的班级管理态势背后，有一个亟待解决的问题，即如何充分认识班级管理与学科教学提升的关系？班级管理工作的进步为我的教学与管理日常争取了更多可利用的时间，我要如何进一步利用与平衡呢？

班级管理工作有着与学科教学一样本质的方法与技巧。在班级管理中，作为班主任，我需要树立学生的规则性与团队意识。惊喜地发现，对于日常的课堂教学，我需要的也正是规则性养成的课堂秩序以及团队意识渲染的互帮互助精神，营造共同进步，积极向上的学习氛围。专业教学能力提升中，我需要磨炼的正是自己的自觉性以及积极进取心，而这些，在班主任管理班级的过程中，每个孩子的努力，每个孩子的进取，都在不断地激励着我自己。

学科教学有着可以运用到班级管理工作中的协同性。学科育人这个词的含义很广，浅层来说，就像我在英语课堂上联系学科知识点，教育学生了解规则，明确价值观。从更深层思考来说，育人并不是单独的，不能归责于某个人，它是鲜活的，是每个怀着培育孩子梦想的老师的共同责任。在个人教学提升或者专业成长中，除了学习教学方法、课堂组织方法、多听课、多磨课外，也应该在备课或者布置作业时思考如何实现育人与教学环节相融合，这正是班级管理工作的最终目的。

如今身兼多职的自己，在日常的班级管理工作以及日常的教研教学工作中时常出现矛盾点，经历了学习与实践后，能够很快地处理矛盾和冲突带来的不适应和紧张，迅速冷静地认清两者冲突的本质原因，合理分配时间，实现更好的育人效果。

作为一名班主任和学科老师，个人的成长可以在多项工作中获得提升，也会在多项工作中得到感悟。希望自己能够在以后的从教道路上走得更加坚定，保持对班主任工作的热爱，成为更好的自己，和更多可爱的孩子们一起成长。

姚柳瑜，广东省深圳市宝安区实验学校（集团）燕川实验学校英语教师，深圳市唐露名班主任工作室成员，深圳市陶行知研究会班主任成长专业委员会秘书处干事。

管理张弛有度，教学有条不紊

胡菲

曾经以为，教师只需"传道授业解惑"，便能桃李天下，坐收硕果。从教后，猝不及防的煎熬和焦灼扑面而来；全身心付出，却不能如愿以偿；压得喘不过气的教学压力；纠缠不休的学生问题、突击检查、各种评比……多想生出三头六臂，游刃有余于教学与班主任工作……

可是，真的可以吗？有方法的班主任说："可以。班级管理和学科教学的理想状态是'管理张弛有度，教学有条不紊'，两者相得益彰。"

对策一：以心交流，以爱沟通

当我们身心俱疲分身乏术时，不妨问问自己：我是谁？我做了什么？为什么而做？反思的同时，兴许会发现：真正的枷锁源于我们的一些潜意识……

还记得初二开学时，我发现一向活泼开朗的小渊突然变得沉默内向。一天早读，我找到小渊，在单独交流中他告诉我他心情不好。我长舒一口气，唉，这还不简单，马上拿出看家法宝："心情不好要学会自我调整呀。"等我的长篇大论发表完后，小渊微微点了点头说："好的，老师。"

可小渊不仅没有改变，还不断有科任老师向我反映他上课状态越来越差，我意识到"高位指导"失败了，必须要转变策略。于是，我来到了小渊家家访。映入眼帘的几张小学演讲比赛奖状引起了我的注意。我不禁反思，一个善于用语言表达自己的孩子变得内向消极，真的只是因为心情不好吗?

我招呼小渊坐在我身边,他明显很不适应,低着头,一直揉搓手指。我尝试通过转移话题缓解他的紧张。

"小渊,老师看你演讲很厉害嘛,能给老师讲讲你的心得吗?"

"小渊,你能告诉老师怎样才能找回活泼开朗的你吗?"

我发现,当我关注的焦点从寻找问题的原因,转移到正向导向时,小渊慢慢向我敞开了心扉:"进入初中后,一直很努力,可成绩就是没进步,突然爆发的青春痘更让自己失去了自信。"

小渊的话让我恍然大悟,我才意识到每当学生出现问题时,我总是要求学生按照我的方法来排遣。比如,面对学生的顽劣行为屡教不改时,我对于"完美"与"正确"认知的痴迷意识就会跳出来教育学生:"都说过八百遍了,为什么不能按时到校?为什么不能提前几分钟呢?""为什么不能做好学生应该做的事?"我有不相信学生在无人陪伴下能进行有效的自我管理的潜意识,我有一种将班级进步幅度、学生成长与班主任脸面挂钩的极其功利的潜意识,凡此种种,无不挑战与折磨着一个"想当年从不迟到、不旷课、认真学习、遵守纪律、追求上进的完美学生"的教师的育人心态。

事实上,这些不良的潜意识都属于"我是这么想""我会这么做"的自我封闭模式。如果进入"学生会怎么想""学生会怎么做"的开放模式,把每位学生当作一个与众不同的个体,才能想清楚更多的可能,了解更多情况,才能接纳、触动、激励学生,收获更多幸福,得到更多成长。

对策二:学校、家庭、社会多方共育

1. 培养"创造型"班干部

"创造型"班干部相较于"执行型"班干部(老师布置一项工作就做一项工作,不布置就不做,缺乏主动精神和责任意识)而言,他们能意

识到什么是自己职责范围的工作，能根据实际需要，该想办法的时候想办法，该求助时求助，独立性很强，颇具领袖气质，比如看到班级最近迟到人数比较多时，能利用时机号召同学们改掉坏毛病等。当然，"创造型"班干部不是天生的，需要培养。

首先，老师要创造契机，让班干部真正认识到自己的重要性。其次，以班规的方式，让班干部明确自己的职责，并按期公布业绩和考核结果。再次，在班干部上任初期，老师要密切观察动态，让班干部强化自己的问题意识，引导他们在具体情境中发现问题、解决问题。另外，创造各种机会去锻炼，比如，排座位、组织班会、学科竞赛等，让班干部的执政意识和执政能力得到提升。最后，让班干部走上前台，老师变成"甩手掌柜"，达到班级自主管理的目的，让班主任最大限度地从繁重的班务工作中解放出来。

2. 擅用小组活动

开展小组活动，能让学科老师从繁重的机械性事务中解放出来，也能让班主任更好地引领班级建设方向。

学科老师开展教学工作（比如，情境讨论、默写、背诵、互相改作业等）时，以双人或者小组形式开展，小伙伴们更乐于接受。比如，两人一组，互相背诵或者批改作业，两人在完成任务的过程中，必然会对知识点理解得更精准，而且在主动交流中增进情感，如此小伙们之间的互动，既是一种学习资源，又是一种工作方法。

3. 引进外援，家校共育

谈到家校共育，让我想起了我与小坤的故事。那天早上，正当全班同学深情地朗读《秋天的怀念》时，小华突然举手说："老师，小坤一直在哭。"我当时只觉得很意外，但因为是上课时间，只让身边的同桌安抚他的情绪，没有过多关注，准备下课后再单独找他。

来到办公室后，他依旧满眼泪水，止不住地抽噎。我一边安抚他的情绪，一边开导他，渐渐地，他平复了心情，也向我吐露了哭泣的原因：这篇文章让他想起了他的父母。父母三年前就离婚了，现在各自有了新的家庭，他一直住在姑姑家，姑姑又很偏执，从不让他去找父母，他感觉自己就像一个被遗忘的孤儿。小坤的话就像往我的头上泼了盆冷水，顿时回想起往日劈头盖脸责骂他的场景，我才意识到原来小坤是一个这么需要父母关爱和陪伴的孩子！或许他各种行为背后是因为亲情的缺失，而我，却从来没有想过要走进他的内心深处，去了解他行为背后的深层原因。

随着与小坤沟通的深入，我渐渐发现他在班上也没有什么朋友，学习上也缺乏成就感，总是感觉孤独和自卑。也许是出于补偿心理，我开始格外关注他。有天，他剪了一个新发型，我说："小坤，你的新发型真帅！"当我发现他主动给班级里的植物浇水时，便表扬他："小坤，咱们班的植物就像你一样充满活力！"课堂上，我也会有意识地点他回答问题。

为了拉近亲子关系，我开始打电话向小坤父母讲述他在学校的表现和他对亲情的渴望，一开始得到的总是敷衍。随着通话时间的增加，我发现小坤母亲在电话那头的回应越来越亲切。于是，趁热打铁，我尝试邀请小坤母亲来学校参加家长义工活动，找机会和她面谈。多次交流中，我发现小坤母亲其实一直有把小坤接到自己身边的想法，只是苦于现在又多了两个小孩，小坤又过于叛逆，不堪重负。

发现问题后，经过反复沟通，我跟小坤、小坤姑姑、小坤母亲达成了约定：我每周反馈小坤在学校的表现，如果表现好，这个周末就可以去妈妈家。渐渐地，我欣喜地发现小坤的转变：上课时，认真听讲；下课后，不再打闹；期中考试，也取得了进步。而小坤母亲的朋友圈，也时不时出现小坤快乐地比着剪刀手的照片。那一刻，我突然意识到原来作为一名班主任是如此有价值和意义。

教育是家庭、社会、学校多方共育的事业。如果教师发挥好家委会以及家长资源的优势，根据学科特点和学校安排，设计安排相关活动，让家长全程参与策划和实施，不仅满足了家长想全面了解子女的期望，更有助于丰富学生的体验，而且教师分身乏术的尴尬也能得到缓解，如此，岂不是美事一桩？

对策三：合力互助，相得益彰

1. 擅用学科教学资源，渗透德育

班主任工作关键在于防患于未然。班主任恰到好处地利用教学资源，会达到教学、德育一箭双雕效果。上面故事中提到的小渊同学，我当时就是利用学科教学资源，渗透德育，达到了很好的教育效果。当我告诉小渊我们班要举办一次Cosplay演讲比赛时，我看到了他眼里闪烁的光芒。我心里窃喜，终于迈出了成功的第一步！第二步，身为语文老师的直觉告诉我如果能让演讲的内容和他的成功体验结合起来，可能事半功倍。为此，我精心设计了一次巧合。在学习《托尔斯泰》一文时，我趁机将演讲比赛的主题设定为"我眼中的托尔斯泰"。

"老师，您能跟我讲一下托尔斯泰那双眼睛所展现的情感世界吗？"

"老师，永远流浪的天才灵魂走进了我的内心。"

闪烁的QQ信息成了我每晚的期待。演讲比赛当天，小渊化身托尔斯泰，白花花的络腮胡遮盖了他灿烂的笑容，但阅读、书写、表演"托尔斯泰"的成功体验却唤醒了他追求内在美的灵魂。

语文、历史学科的教材有极其丰富的、引领学生价值观的宝贵资源，比如，《赤壁赋》中旷达的人生态度，《我很重要》《我与地坛》中对自我与生命价值的认知与思考，《诗经·氓》中女主人公的命运……当孩子们沉浸于知识的海洋积极探索时，惹是生非的概率自然降低。这也是优秀的学科老师做班主任工作往往事半功倍的主要原因。

2. 创设情境，凝聚班集体

身为班主任的学科教师在传道授业时，让学生在情境中进行体验，效果更好，特别是课外拓展活动，既能激发学生的自我学习与管理能力，又能凝聚集体力量，促成积极向上的班风。比如，学完《雷雨》《等待戈多》《孔雀东南飞》等课文后，我们语文备课组在全级开展了微电影比赛，学生表现出前所未有的学习热情，主动查阅相关资料，讨论人物形象特征、协调时间和场地进行录制……一场活动，学生收获颇丰，给班级带来了凝聚力。

对策四：和学生一起成长

人的成长是一辈子的事。教育从来不是一个结果，而是一个生命展开的过程，它永远面向未来。因而，我在仅有的教学经历中充分地感受到教师要和学生一起展开生命，不断成长。只有教师的生命姿态积极美好，学生才能拥有良好的生命姿态。

教学与班主任工作考验的是个人的综合能力，包括教师的学科素养、班主任的专业素养，教师的学习能力以及时间管理能力、执行力。能否高效兼顾好二者，归根结底考验的是"道"与"术"的驾驭能力。教师只有解放思想，勤于实践、反思、学习，方能游刃有余于工作中。

胡菲，广东省深圳市南山区第二外国语学校（集团）赤湾学校语文教师，深圳市张自明名班主任工作室成员。

突发事件的游戏策略运用

刘洁

形形色色的突发事件已然成为班级管理中不可避免的难题，正如范梅南"教学机智"理论所说，"儿童意味着可能性，教育活动也存在着不确定性"。突发事件的处理措施可以分为预防性措施、当下应急处理措施以及善后措施，其中，善后措施往往容易被忽略。

突发事件的处理中，班主任简单的管制与训诫必然会引发孩子的反感与抵触。我在思考，基于儿童的游戏精神，如何将游戏策略运用于突发事件的善后处理中。以下是三种类型突发事件的案例分析，以及对应的游戏策略运用的实践与探索。

"假想游戏"，焦虑的探测仪

本次案例的主人公小峰因身体不适而长期请假。那天，原本要返校的小峰却迟迟未到。小峰妈妈说，她早早地把孩子叫起床，可是孩子每一步都慢悠悠地，换衣、洗漱、吃早餐，都比以前花的时间要多得多。小峰好不容易走到门口了，却突然哭了——"大家都盯着我看，怎么办？""老师讲的我听不懂，怎么办？""我交不到朋友了，怎么办？"……焦虑席卷而来，家长把孩子不愿意上学"怎么办"的问题抛向了我。是啊，面对焦虑引起的突发性旷课事件，怎么办？

焦虑的情绪会导致"怎么办"不断涌现，让孩子神经紧张、动作迟缓、备感压力、排斥社交，很难产生创造性的解决办法。其实，孩子的一系列"怎么办"便是脑海中的"假想"。

这种情况如果没有得到及时解决，甚至会演变成自责性归因的幻想，小峰接下来还出现了这样的想法——"我的好朋友转学了，是因为我一直没去学校""教室再进来8位同学，大家就不会盯着我看了"……焦虑的产生，是缺乏安全感的表现。那么，如何为孩子创造一个"安全大本营"？我想，可以和孩子来一场"假想游戏"。

首先，班主任如果仅仅采用逻辑分析，孩子焦虑的念头很难立刻消失，要知道，焦虑对理智有着超强的抗击能力。我们要懂得共情接纳，帮助孩子记录所有的"假想"——"真的吗？那确实让人害怕。还有别的让你害怕的吗""深呼吸，把它说出来，会不会好受一点呢"。我们还可以让孩子制作"焦虑邀请函"，将焦虑讲给"会倾听的娃娃"。

其次，班主任可以引导孩子去质疑和挑战"假想"。当然，这里的挑战不等于反驳、呵斥，挑战是共情之后的激励——"你说出来了，真不容易，你觉得还会有其他可能性吗""我特别想知道，这些想法，今天是怎么悄悄溜到这里的""我想看看，你会怎么应对这些可怕的念头"。

经过这两步，孩子学会了梳理焦虑清单，思考相应的挑战办法，接着，孩子可以制作便条提醒自己下次应该如何应对。

再次，将"假想"回到"现实"——"我们来看看当下和你想象的有什么不同""那是真的吗""假如你相信这个想法了，会怎么样？没有这个想法，又会怎么样呢"。孩子耗费了所有的精力去回顾过去和预演未来，没有余力去关注眼前。我们可以引导孩子去做有意义的回顾和预演，尤其是不要忽视那些成功的画面。

最后，一系列的"假想游戏"应运而生。游戏一，"运气好与真倒霉"，轮流讲故事，把故事转向不幸或者幸运的另一面，直到有个意想不到的结局。这有助于孩子放怀大笑，化解焦虑，释放想象冲动。游戏二，这种情况"万一没有呢"，不是严肃的争辩，而是带着开心的表情和语气，又无丝毫轻视，把恐惧变成玩笑，同时引发孩子的质疑和思考。游戏三，肢体性的舞蹈歌唱游戏，如"滑稽舞步""搞笑歌曲"，把焦虑赶跑。游戏四，"角色扮演"，帮助孩子找到焦虑的规律，从而应对突发事件能够更加得心应手。游戏五，借助"真实性探测仪"鉴别想象有多真实，从0到10代表着不同的程度。

"红灯停，绿灯行"，力量的控制仪

这个案例起源于一次次的投诉——"老师，他打我""老师，他们打架了"……我知道，小吉又控制不住自己了。"他只是想和你们做朋友，但是没有把握好力度，可能觉得只是碰了你们一下""他只是想吸引你们的注意力，想你们关注他"，渐渐地，不只是孩子们，我也对这种重复性的解释感到厌倦和无奈。面对突发的打架事件，实在发愁。

对于刚上小学的孩子，一味地呵斥和惩罚是无法起到很好的、持续性的效果。那些在校园里到处"惹是生非"的孩子，需要被专门指导怎么玩"打闹游戏"。"打闹游戏"无法与同龄小朋友共同进行，他们的自我控制能力有限，他们更不懂得鼓励他人表露情感。这一回，我想与家长沟通，指导家长通过亲子互动的方式进行打闹游戏。

规则的建立，确保安全。有人受伤、感到疼痛需要发出"红灯停"的信号立即停止，有助于提升自我控制力，留意安全性，也可以间接地表达后果，以一种幽默的语气，如"好疼！你踩到我的脚趾头啦，我再也不当你的朋友了"。

细致地观察。如果孩子在游戏过程中犹豫了，可以请他用手指戳一下，然后夸张倒地，此时"绿灯行"，提升孩子的自信。如果孩子一味地又踢又咬，"红灯停"，把节奏放慢，转移注意力，游戏重新从基本的身体接触开始。

打闹的过程中开心地笑或是专注地汗流浃背，都是绿灯信号。但如果是无目光接触、放弃认输、试图伤害，这些都是红灯信号，在校园的玩闹

中，此种表现也容易引发伤害。我们需要的是休息后重新调整，给予孩子尊重和鼓励，让孩子感受力量的控制，再回到游戏。

情感的联结，休息时就深情对视、握手或拥抱。让孩子知道，不是乖乖坐着才能被拥抱，好动的孩子也可以获得运动时的安抚。为了增强孩子的自信，大人可以适当地示弱，不是刻意地输，而是根据需要，灵活地调节难度。

打闹游戏不限于肢体的对抗，还可以用玩具进行打闹，如"枕头大战""娃娃大战"，在校园里，孩子们常常在一些器具性的游戏中发生冲突，如踢球。通过打闹游戏，施以红灯、绿灯的信号，让孩子充分探索自己的力量，知道身体能做些什么，多大的力量会造成伤害，有几种方法能够控制自己的攻击性，他人能在多大程度上控制他们的攻击性。

可以增加一些运动游戏，因为孩子在学校的大部分时间只能坐着，他们也需要释放自己的能量，如果没有充分的运动，又不懂得控制能量的释放方式和力度，便容易形成打架事件。

"忽大忽小的灭火器"，情绪的调节仪

第三个案例的主人公小玹也在时不时地制造着突发事件——卷子没做完，愤怒地撕毁物品；餐盘倒地，大哭跑出了教室；接受不了批评，哼哼唧唧，甚至怒吼着争辩；别人不小心，二话不说，开始动手……我尝试过说教、惩罚，甚至有时压抑不住怒火，大声呵斥，又或是真诚对话来教导孩子，但效果依旧不尽如人意。

后来，我总结出了规律，此类突发事件的背后有着共同的成因——孩子无法控制好情绪。当传统的教育方法不奏效时，善后措施中的游戏策略能让孩子在不受到处罚或是感到羞辱的前提下，练习对情绪的调节，还能重新建立师生之间的情感联结，保护孩子的自尊心，不激发矛盾。面对情绪失控引起的突发事件，就来一场游戏活动式班会课吧！

活动一，举办一场"心情发布会"，孩子自己来定义情绪，从而激发对情绪的自我觉察。此时，最基础的情绪定义公式应运而生，即"情绪=生理感受与面部表情+产生原因+产生想法+行为冲动"。进而借助公式进行分析——你现在的感受是什么？你是怎么注意到的？你的表情是怎样的？是什么引起这样的感受？你产生了怎样的冲动？要是你真这么做了，你觉得会怎么样？

活动二，"情绪灭火器"，再现情境，浇灭火焰，方法可以有默数、深呼吸、转移注意力、向朋友倾诉等。情绪的火焰看似由外部事件引燃的，其实是因为内心的想法。悲观的信念往往会助燃，乐观则会阻燃，而理智的介入，就像泼了一盆冷水灭火。有时候我们只需要一次深呼吸或是做一个相反的行动来灭火，如握紧拳头与松开拳头，还可以采取无关行动，如跑步、看书。

活动三，"假装游戏"，如假装笑得捧肚倒地、假装大哭一场、假装愤怒得捶胸顿足、假装委屈得全身发抖、假装害怕得牙齿打颤、假装惊讶地倒吸凉气，这些能帮助感受情绪的释放，掌控释放的全过程。当然也有出现歇斯底里地发泄并没有减轻痛苦和疗愈内心的情况，我们便进入下一个活动环节。

活动四，"情绪测量仪"，在崩溃之前，提早给情绪强度标注等级。情绪的突然飙升往往是因为没有察觉到情绪的积累，无法做到在尚未失控的时候及时调整、健康表达。要知道，"灭火器"不仅有开和关两档，还可以从大火到小火，在表达与控制情绪中找到平衡。

活动五，"忽快忽慢"，进行一场情绪调节运动，如连珠炮似的发出指令，"向左跑，向右跑，快点，慢点，超级快，超级慢"，语音语调可以有不同的变化，让孩子学会主宰自己的情绪，由自己决定何时助燃、阻燃、扑灭。

从以上分析可以发现，突发事件具有情景性、规范性的双重属性。作为班主任的我们，学会发现不同情境下的突发事件背后的规律性，从心理学角度总结规律，从而运用游戏策略有效处理突发事件，重新建立师生之间的情感联结，预防同类型突发事件的发生。

刘洁，广东省深圳市龙岗区香港中文大学（深圳）附属知新学校语文教师，深圳市唐露名班主任工作室成员，深圳市陶行知研究会班主任成长专业委员会秘书处干事。

智攻班级刺客，巧化突发危机

洪康曼

"洪老师！洪老师！小胖被羽毛球拍拍伤啦""洪老师，我就想看看是谁在校门口吓到我们家孩子，让我们家小远摔了这么大个口子！"……快瞧！我们班又遭遇"刺客"了，作为班主任的我可以说是"时刻准备、挺身而出、智慧应变、抢险护驾"。

好在应对这些"刺客"的经历无论成败，都没有成为我的精神内耗，恰恰相反，它们带给了我极大的成长机遇和动力，让我在一次又一次地"抢险护驾"中探寻到了宝贵的"武功秘籍"。

第一时间保护学生安全

"洪老师！洪老师！小胖被羽毛球拍拍伤啦……"我们班的班长飞奔到办公室，我知道，我们班又发生流血事件了！

不出所料，在体育课上，我们班几个孩子打起了羽毛球比赛，但由于场地有限，孩子们占了个篮球场并不规范地打了起来……轩轩的羽毛球技术精湛，对方剑走偏锋突然将球回至轩轩右后方——这可是他致命的视野盲区！轩轩反应迅疾，纵跃调整，球风凌厉，却完全没有注意到火急火燎地往洗手间方向赶的小胖，拍子呼呼作响就打在了小胖的眼镜上，小胖的眼镜瞬间碎裂，飞溅的镜片化作利刃割出了一道道口子，"啊！"小胖痛苦地发出哀号，眼角一片鲜血！

第一次处理如此鲜血淋漓的"案发现场"，我竟慌了手脚，但理智告诉我必须冷静！如果连班主任脸上都带着恐惧，这对受伤的孩子也是一种精神打击！于是我迅速调整情绪，在确定伤患只有小胖一人后，第一时间让轩轩和我搀扶小胖去校医室止血，校医简单包扎后我当即咨询了医生，确定需要立刻送院就医后，马上打电话给轩轩和小胖的家长，并将孩子送往了医院……

面对奇袭的流血事件，我不能让情绪主导了言行，不要急于归咎、指责谁对谁错，而应该从容镇定，第一时间保护学生的安全。在这些突发事故面前，我们虽非警察或医生，却是这群孩子在校园里最有权威的侦查师和治疗师，我们不能犹豫或退缩，必须挺身而出，有时甚至要与死神抢时间，与时间抢人。而我们只有拿出行动表达自己最真诚的爱与责任时，受伤学生及其父母才会无条件地支持你后续的处理工作，肇事学生及其父母才会拿出比你更为真诚的歉意配合你。

学会借力，让工作更轻松

2019年的初秋，孩子们都已经放学回家，我突然收到班里小元妈妈私发给我的一张触目惊心的伤照，孩子光滑的额头与眉骨交界处惊现一道血淋淋的伤口，最少有三厘米长，断线的血珠顺着眼角滴落。那一刻我的内心除了无尽心疼还有满腹疑惑，"孩子在学校受的伤？""遭遇了校园欺凌？""还是在校外出现了意外？"……骤响的声音急不可耐地打断了我的思绪，小元妈妈悲切愤怒的声音从耳边传来"洪老师，我就想看看是谁在校门口吓到我们家孩子，让我们家小远撑了这么大个口子……"，家长的咆哮炮轰、扑朔迷离的"案件"缠绕于心，一时竟让我手足无措。

秉承着"临危不乱、护驾第一"的原则，我迅速平复了内心的惴惴不安，打算边走边看。

小元妈妈崩溃道来，"洪老师，孩子在医院缝了7针啊！血流了一地……"

从孩子妈妈的语音中，我迅速调整了战略，我知道孩子妈妈现在的第一需求是"安抚"和"关心"，"小元妈妈，我看着这照片实在太心疼了，我也是当妈的人，哪个母亲看自己娃受伤能不难受？"角色共情能迅速引得对方的同理心和信任感。紧接着我及时关心了学生的情况，"孩子现在怎么样呀？伤口处理好了吗？状态怎么样呀？"

"孩子刚刚缝合好了伤口，医生说可能有点脑震荡。"小元妈妈的情绪明显得到了平抚，"小元说，学校高年级的学生拿着木棍在门口追赶他，他吓得摔了这豁大的口子……洪老师，你要给我们主持公道！"我从孩子母亲的口中既了解了基本情况，又得知了她新的需求———一个公正的处理。于是我按需随调，敏锐地回应道，"孩子知道是哪个年级或者哪个班的学生追赶他吗？你和孩子都放心，洪老师肯定会站在正义的一方……"

在面对无从下手的突发事件中，我们无妨随遇而安、按需随调，兵来将挡，水来土掩。

从孩子妈妈口中我们确定了几个高年级学生为"嫌疑人"，但我知道，这可能不是真相，而此时单凭我一己之力难以推进此事，于是我及时将事情呈报于年级组组长、主任，借力于领导既可以规避风险，又能高效揭开真相。

果不其然，有了领导们的助力，5名放学后在校门口持棍玩闹的学生纷纷"落网"。但通过一一"审查"，我们发现这5个孩子一致口径并没有追赶小元，他们不认识甚至不知其受伤情况，而几位送小元上医院的旁观者又纷纷表示这5名孩子的行为确实吓到了他们，到底是谁在撒谎？案件又变得错综复杂……

"好风凭借力，送我上青云"，班主任处理突发事件，不能只靠自己埋头苦干，我们需要借助外力来提高"破案效率"。不便自身出面时，我们可以借力于领导、同事；忌于家长不理解时，可以借力于学生、家委，学会借力便能打力，让突发危机迎刃而解。

松弛有度是一种智慧

在上面小元错综复杂的案件中，线索仿佛戛然中断，而我也干脆"躺平"，晾它个几天。没想到几天后，我们收获了意外之喜。原来，在事情发生的第三天，我突然灵机一动偷偷地放了个假消息说"我们小元被高年级学生追赶受伤，而对方仗着人多势众不肯道歉……"；第四天，受伤的小元回归班级生活时，一脸错愕地被他一群义愤填膺的好兄弟拉着要去找公道，看着他的错愕我内心突然有了谱，在一旁也鼓舞他，"走，我给你撑腰！不行我们一起去调监控，自然水落石出！"听到我要调监控，向来有点胆怯的小元脸上挂满了窘迫，上课铃声拯救了不安焦虑的他，让他如释重负。而我也遣散大家，把小元带到了办公室。

"小元，你是当事人，你和老师说一下事情的真相，老师相信你！"望着老师真诚的眼睛，小元最终承认了自己撒谎的事实……

网上我们总听到"松弛感"一词，强调"生活要有松弛感，太用力的人生走不远"。其实，班主任处理突发事件也要有"松弛感"，不知从何下手时不妨放一放，太用力地处理可能适得其反，急事缓办有时也会柳暗花明，松弛有度也是一种智慧。

突发之事不可预，班级"刺客"可以防

2021年的9月底，我申请了婚假准备回老家完成终身大事，但班级内部几个爱捣蛋、挑衅的"刺头"男娃让我忧心忡忡，这开学不到一个月已经挑起七八宗罪行，他们有的是主谋，有的是共犯，有的是教唆，有的是组织，典型的定时炸弹。但我转念一想，应对这类班级"刺客"，我不该陈陈相因，既然定时炸弹随时会响，何不先发制人？

恰逢前几天年级举办了篮球比赛，我们班的这群捣蛋娃在自己热爱的篮球领域取得了年级第一的好成绩，我也借此高度表扬了他们的班级荣誉

感，并将捣蛋娃的"头头"——彬彬带到了办公室。

"彬彬，你前几天在篮球赛上的表现简直精彩绝伦！我瞬间变成了你的篮球粉！"听到我的夸奖，彬彬都有点脸红了，我拉拢他说，"但是，最近你的粉丝遇到了一点困难不知你能否出手相援？"

"老师，你尽管说！"颇有江湖义气的他殊不知已经被我带进自己的阵营里了。

"偷偷地告诉你，过几天洪老师请假其实是要回老家结婚的，但我仍忐忑不安，担心我离开这几天咱们班的孩子要闹事、要闯祸，咱们好不容易在篮球赛上积攒的班级荣誉可不能一下子给败没了呀！"我一脸忧虑地说。

"不会的，洪老师！我可以保证不捣蛋！"

"我当然相信你可以做好，可我也担心其他同学呀！"

"我可以管好他们！"

"我怕你一个人的力量可不够！"我顿了顿又说道，"这样，我委派小方、壮壮（班里的两大得力班委）与你组成'和平精英队'，共同维护班级安全、荣誉和利益！"

听到我的建议，他满腔热情地答应了。

后来，这支"和平精英队"还拟写了班级"和平协议"，让班里每个孩子都"签字画押"做出了郑重承诺，班级"刺客"也化身班级护卫，在很长一段时间都让班级充满了和谐与友爱。

突发之事虽不可预，但班级"刺客"可以防。可以事前预防，像组建一支奇兵队伍，随时应急应变；可以事后预防，像召开常见的班会课，提高班级学生的安全意识。无论何种方式都是对突发事件的一种防范处理，让其隐藏的危机"退退退"！

班主任工作可谓是事无巨细皆职责，千头万绪均为生。然而，在现实生活中，我们的工作不可能总在预料之中，总会遇到像上面一样的突发事件，这些突发事件看似为不可预的危机，但我们可以未雨绸缪、防范于未然，可以用自己的临危不惧、智慧处理来化危为机，让它们都成为我们快速成长的机遇，让班级事务乱中有序、急中有智，采撷不一样的惊喜和成长。

洪康曼，广东省深圳市高级中学道德与法治教师，深圳市唐露名班主任工作室成员，深圳市陶行知研究会班主任成长专业委员会秘书处干事。

我的班级我的"兵"

刘玥

　　"我相信我的班级无论走到哪里，都是最团结的。"

　　三年了，无论是在课堂或者是比赛场，当谈到我的班级，我一定都会由衷地讲出这句话。我想，如果有人问我为什么，我一定会回答：我有一群善良单纯的孩子，在他们其中，有品学兼优的班长，那是个阳光开朗的大男孩；有温顺踏实的学习委员，他的笑容清甜如饴；有勤勉努力的课代表，他们的眼神简单而坚定……讲完这些的我一定会骄傲，想到这一张张不同的面孔，聚集在这方寸之间，我感到温暖，这带给我教育生涯颇有力量的执着与坚守。而"我的班级"也成为了一张名片，它时刻提醒着我是一个体会着欣慰感与满足感的角色——班主任。

　　中国诗文之广博，有"春蚕到死丝方尽，蜡炬成灰泪始干"可以讲班主任的奉献；有"落红不是无情物，化作春泥更护花"可以讲班主任的慷慨；更有"随风潜入夜，润物细无声"可以讲班主任的细致入微。对于刚刚迈进教育事业的我，告诉自己愿意做一个呕心沥血者。

　　那是三年前的一个学期伊始，因为学校工作安排，我中途接下了一个班的班主任工作。从那时起，我便拥有了这个全新的角色。可与我想象的不同的是，我的班主任之路经历了矛盾与困惑。为什么会这样呢？在学生眼中，我的角色确实发生着一系列的转变。从温和的历史老师变成了严厉的班主任；从学习的监督者变成了学习的安排者；从情绪的聆听者变成了情绪的"制造机"。我慌乱地接手，在惶恐的间隙急不可耐地寻求一切可以"治愈"的鸡汤，却发现班级上下仍旧一地鸡毛。在那个忙乱的阶段，我开始沉淀与思考，我向自己发问：班主任究竟是一个怎样的角色呢？我究竟能建设一个怎样的"我的班级"呢？三年后的今天，"我的班级"已经到了毕业的年级。回想这三年来对于这些问题的求索，我想终于还是有了一些答案。

班主任是守林员，护育着一片等待成长的森林

每个学生都是一棵等待成长的树苗，学校教育与家庭的陪伴是温柔滋润的甘霖，浇灌在孩子的心田，等待他们勃然生长。刚接手班主任工作的时候，为了能更快地了解每一个孩子的个性，于我而言，效果最好的方式便是放学后陪他们清扫教室卫生。一段时间后，我判断出这个班的整体特点：班级归属感不强，学生也毫无默契。即便是一片葱郁的树林，也需要及时修剪冗枝，才不会显得凌乱。作为青春热血的班主任，我决定大刀阔斧地实施改革。针对班上学生松散之态，我以严治之；针对班干部渎职之行，我毫不留情，总体目标就是，我是你们的新班主任，你们现在都要听我的。如果我是牧羊人的话，那现在的我正试图以严厉制服这群小羔羊，我的枪口瞄向课堂纪律的破坏者，我的皮鞭抽打着午休期间的沸腾者。就这样，两周以后，当我再一次因为午休纪律问题将四个男孩子拎上讲台的时候，"罪魁祸首"劳动委员鼓起勇气告诉我：老师，我们都觉得你太苛刻了！而后，班级松散的状态不仅没有改善，反倒是状况连连，学生间的冲突、换座位风波、不合理的卫生监督制度等，一时间使我感到手足无措。我开始回味孩子们说的话，也开始抛出自己的第一个问题：班主任究竟是一个怎样的角色？

我向班主任师父求救，话音未落，眼泪先掉了下来。她和善地笑着，告诉我压力不要太大，不如周末去看个电视剧放松一下吧，于是把《我的团长我的团》推荐给了我。在那个战火动荡的年代，团长爱惜自己的士兵犹如秃鹰爱惜自己的羽翼，他的战士们在生死关头仍能对他报之无限信

任，在最艰难的时候他们紧密团结在一起。

我重新思忖自己的管班方式。虽然是中途接班，可是这些孩子们能分到一个班级就已经犹如湖面飘萍，当我们有缘相遇时，我应该是他们的臂膀，是他们的依靠，或许这才是班主任存在的意义。如果每一个孩子是一株树苗，一个班的孩子便能组成一片小树林，而我愿意做一个守林人，呵护着、督促着、提醒着、包容着，企盼树苗能端正地生长。

首先，我调整了班级管理的策略，我应该让孩子们愿意相信我，和他们建立起情谊。根据班级意愿和实际情况，我确定了几个得力且懂事的班委。几次班委会下来，大家构建了对班级建设的整体思路：从细节与习惯入手，让班级由分散走向整体。我相信在接下来的学习与工作中，我这几个懂事的"小伙伴"会在很多地方帮助我搭建起班级沟通的桥梁。其次，我策划了一系列"我的班级"主题班会，通过"你心目中的班级""你心目中的同学""你心目中的班主任"等主题调查问卷搜集孩子们内心所想，以小组为单位设计了一些趣味竞赛活动，增加班级同学间的熟悉度与向心力。最后，通过不经意间的关注与关心拉近孩子与我的距离。有时可能只是一句简单的关心，一个理解的笑容，一个鼓励的眼神，孩子们就能获得巨大的力量。半个学期下来，之前那种冷冰冰的氛围就这样消失不见了。

班主任是掌舵者，扬起班级前行的风帆

我和我的孩子们逐渐融洽且默契起来。那是一次道法公开课的比赛现场，参赛的老师提问学生说出一位你认为校园里最美的人。有两个孩子站起来后，毫不犹豫地回答说，我们的班主任最美！听说这件事的我，笑容绽放在脸上。可很快，我又忧心忡忡起来。面对班级里偶尔爆发的一些局部战火抑或是在发生一些负面之事后，孩子们眼神中透出的茫然与冷漠，我发现，在他们心里，自己便是自己，班级之事与自己无关。作为班主任的你，该建设一个怎样的班集体呢？这是我向自己抛出的另一个问题。思

索良久，我撷取两个字抄在了本子上——团结。

在我的督促下，班长和学委把这句话永久地写在了黑板的左侧，赫然醒目的大字"我的班级最团结"出现了，很多同学眨巴着眼睛看，就这样，这句话被强行装进了这些孩子的心里。可他们真的明白其中深意？

红五月到了，学校决定举办红歌合唱比赛。接到通知的那一刻，我心里暗自兴奋，我知道，机会来了。虽然我心里清楚，想要取得优异的成绩并非易事，再加上当时身体状态不佳，很多同事也劝我不要过分疲劳了。一番挣扎后，我一拍桌子，决定道：要参加！还要参加得好！我们要拿一等奖！

豪言壮语果然奏效，孩子们听到班主任的话，纷纷停下手中的笔，抬头望着我，他们的眼睛澄澈得如一汪清湖。这时人群中传来了一个声音，他问："老师，拿一等奖很难吧，如果我们拿到了，会有奖励吗？""当然会了。"我笑着鼓励。你看，这不动力就来了吗？

排练过程比想象的还要艰难。对于七年级的孩子来说，去理解英雄儿女的壮怀激烈确有难度，因为不知歌中所云，所以演唱时颇如念经。于是我查好资料，让他们设身处地想象当年革命的苦难；根据歌词反映的状态，请声乐老师帮忙排练配套的舞蹈、剪辑音频；请家长帮忙准备道具，一切紧锣密鼓，不敢怠慢。排练是辛苦的，连续几天的练习，加之对发音与表演严苛的要求，让孩子们感到劳累、困顿、无趣，各种复杂的情绪将涌上来，很多人干脆直接坐到地上。确实很累！如果说不累那便是佯装轻松了，我知道我不能视而不见。休息片刻后，我告诉他们，我们在攀陟着一座高峰，我们知道那里会有胜利，我们现在已经走到一半了，就只剩一半，我们就能看到我们想看到的风景。

就这样，在鼓励与坚持中一周多过去了。演出很顺利，我们如愿地拿到了一等奖，拿到了团体总分第一名。当主持人宣布结果的时候，我看到没有一个孩子不在庆祝，他们兴奋、激动、不敢相信。于是，我用一件事告诉他们：孩子们啊，你们看，我们能一起做好一件事，未来我们能一起做好每一件事，但这需要每一个人的努力，而这就是团结。

的确这样，接下来的团体活动中，我们获得了团体操比赛一等奖，阳光体育跑操一等奖，运动会也从三等奖的位次提升到二等奖。硕果累累中，大家学习的劲头更足了，更有自信了。

这些成果给了我动力，也给了我启示。回望这些成绩，确是每一个孩子努力的成果。作为班主任，应该做到的是规划好班级前进的方向，奠定好班级发展的氛围，在引导学生进行学习和其他活动的时候，要不断给他们积极正向的反馈，在他们做不到或者做不好的时候，不要慌忙批评，而要学会动员，在集体取得成绩以后，不管结果怎样，都要积极地为活动进行一次总结。这样善始善终的做事风格，会慢慢融入班级文化发展的血液。而我们的班级，就像一艘航行在风浪里的铁甲舰，班主任是掌舵者，掌握方向，而我的孩子们将会乘风破浪，踔厉前行。

班主任是弹奏者，奏响班级未来的交响乐

这一年，迎来了中考决胜之年，也是我当上班主任的第三年。班主任就像一场盛大交响乐的弹奏者，而每一个学生都组成了琴键上喷薄流淌的音符。我希望这个音乐能时而婉转低沉，时而激荡昂扬，在有节奏的起伏中带给孩子享用一生的欢乐。于是，在班会课上，我第一次将"未来"这个词讲给了他们。我向他们分享了我的青春，当他们看到扎着马尾的我，听到充满稚气的玩笑，忍俊不禁。在氛围的烘托下，我马上采访了几个同学，关于未来你会想到什么？突如其来的设问让他们沉默。我才发现，对于离开初中以后的生活、关于长大以后的话题，他们几乎没有概念。

想到孩子们即将走向中考，我思索了很久。我想从班主任的角度给予他们未来的人生一点方向，我和班委筹备了一场关于"长大意味着什么？"主题辩论赛，活动异常激烈，激起了在场所有同学的思考，在活

动结束后，大家很认可地将"责任""奋斗"这些词装进心里。我请家委帮忙，请了我们班几位有代表性的家长，开展了一场"我与未来的职业"的主题讲座，他们有的是医生，有的是交警，从他们的角度给孩子讲述了工作中的酸甜苦辣。为了能让孩子更有目标感，我又举办了"初三奋斗动员大会"，让孩子的签名挤满整张黑板，孩子们如雷的宣誓响荡在教室上空。在这些班级活动的渲染下，我明显感觉到了初三孩子的变化，做事风格更成熟了，意志力更坚定了，目标更明确了。

从当上班主任的那一刻起，我就一直在反复琢磨，班主任工作的意义究竟是什么？三年来，我告诉自己，班主任不是为了改变一个孩子，而是为了塑造一个孩子；班主任不是为了束缚一个班，而是为了成就一个班。班主任除了是辛勤的耕耘者，更是一个与时俱进的学习者，在不断学习的过程中调整班级发展的方向、管理班级的方法与策略，将"我的班级"拧成一股超然的力量，他们会在班主任的帮助下更加勇敢、坚强，会继续前进，最终取得阶段性胜利！

刘玥，广东省深圳市南山实验教育集团南海中学历史教师。深圳市李思玫名班主任工作室成员。

做一个春风化雨的教育播种者

于雪莹

从小就有当一名老师的职业理想，痴迷于模仿着老师给小伙伴们讲题，并乐此不疲。考大学时，毫不犹豫地选择了师范院校，希望自己能用最科学的方法带给学生们最专业的知识。师者，传道授业解惑，为此我选择继续深造读研。然而，真正从事教育工作后，我才发现，知识不是教育的全部，教育不仅是知识的传授，更是育每一个孩子认识自己，成就自己。那么，我要怎么做，才能成为合格的育人者呢？做班主任以来，我不断思索着这个问题，逐渐在与学生们友爱互动中找到了些许答案，老师是孩子灵魂的工程师，我们需要如春风化雨般润物无声，滋润学生的心灵，呵护其健康快乐地成长。

以爱播种，做学生潜能的激发者

世界上没有不爱孩子的父母，老师也想尽力爱护自己的学生，只有在爱的前提下，一个孩子才能获得足够的安全感，在此基础上，教育才能发挥其应有的作用。

记得有一个班上孩子妈妈崩溃地和我说："老师，我为了昊昊放弃了月薪三万的工作，每天辅导他，什么都学不会，我都很崩溃……"甚至有次放学接孩子时，昊昊妈妈和我说："老师，我知道昊昊是个特殊的孩子，他天生就笨一些，什么都学得很慢……"

昊昊当时就在我的身旁，我赶紧拍了一下昊昊妈妈，正色说道："昊昊不是特殊孩子，每个孩子都有自己的天赋，昊昊是在艺术上很有天赋的孩子，他在咱班端午节活动上是最快拼好粽子模型的孩子，好几个同学都是在他帮助下完成的呢……"我知道，昊昊虽然什么都没说，但我们说的他听在耳里，也必然记在心里，幼小的心灵必须小心呵护。

马斯洛理论把需求分成生理需求、安全需求、社会需求、尊重需求和自我实现需求五类，依次由较低层次到较高层次。也就是说，孩子们除了吃饱穿暖这样的生理需求外，首先需要的是知道自己是被爱着的，这才能带给他们足够的安全感。

事后，我再次和昊昊妈妈通了电话，先是沟通了当着孩子面，要注意孩子的感受，昊昊妈妈也意识到了自己的问题，我们沟通了很久，也沟通了很多。昊昊确实学东西慢点，但他才二年级，难道这么早就可以评判一个孩子的未来吗？作为孩子的班主任，我深刻地认识到，我必须取得昊昊妈妈的信任与认可，家校合作中给这个孩子不断赋能，这么小的孩子，未来有无限的可能，如果被错误地对待，将会扼杀他怎样的幸福人生呢？

我在学校时刻关注着昊昊，表扬他每一次进步与努力，不断肯定着他，鼓励着他，我能明显地从昊昊的脸上看到属于孩子独有的信任、快乐、振奋。

我也不断和昊昊妈妈沟通，和她分享昊昊在班里的每一次进步："昊昊这次值日做得非常认真，还会主动帮助小组其他同学。""昊昊这次美术作业被美术老师单独表扬了，他真的很有艺术天赋，尤其是空间感上"……昊昊妈妈的焦虑在持续的关注中缓解，昊昊也越来越阳光开朗。

我甚至和昊昊妈妈一起畅聊昊昊的未来，未来昊昊可以做什么呢？"昊昊绘画艺术上面确实很有天赋，我已经给他报了个艺术班，他自己画得也挺投入的。""昊昊其实挺喜欢做饭的，将来送去国外学厨艺，可以做个法餐大厨也挺好的。"昊昊妈妈如是说。

有句教育的名言是：每一朵花都有自己的花期，我们只需要静待花开，我认为很有道理，但还不够，作为教育工作者，我们还要在学生心里播下爱的种子，细心呵护，助其成长。

以思播种，做学生思考的引领者

班主任总会情不自禁地进入一种"不放心的妈妈"角色中无法自拔，总会担心学生能否做好，没有自己学生会不会处于无助的境地。然而在这份过度的关爱下，学生将无法获得自我思考、自我分析、自我解决问题的能力，这也与我们教育的理念相违背，学生是班级的主人，他们是成长中的人，具有自主管理的潜质，只是需要在反复的练习中获得经验。

别看他们才小学低段，学生们总能带给我惊喜，班里学生有了矛盾，身旁的小伙伴早就开始劝解"我们玩球是为了开心的，如果争吵就不开心了，那玩球就没意义了"。"我们昨天看的那个绘本里还说……"每每我都有意识地为他们选择合适的绘本，用他们能够理解的语言给他们讲道理，在他们身上看到了无限的可能和萌芽的思维，孩子可能不懂同理心或者换位思考是什么，但他们却拥有同理心，能设身处地为别人着想，或者尝试用沟通解决问题，化解争执。好多时候，对于我们来说，教育孩子不是简单的对错或者粗暴的批评，而是循循善诱地引导，他们自己会逐渐走上正确的道路。

课堂上，我也很少直接把答案告诉他们，而是说，你是有能力去做出这道题的，你先自己思考一下，你可以的；阅读时，我也时常设置几个发散性思维的问题，没有标准答案，让孩子们不断思考思辨，他们常常能语出惊人，有自己的理解；班级事务管理上，我也设置了一个环节，让学生说说班级存在的问题，我们如何一起互相帮助来解决问题，有没有什么好的提议更好地建设我们的班级……英国教育家洛克曾说："教师的工作不是要把世上可以知道的东西全都教给学生，而在于使学生爱好知识，尊重知识；在于使学生使用正当的方法寻求知识，去改进他自己。"教师要在学生中树立良好的形象和威信，就必须以身作则，为人师表。中小学生正处在一个生理成长期和世界观逐步形成的特殊时期，作为老师，特别是班主任，我们的一举一动都会直接影响每一个学生的思想和行为。

班主任不仅代表着老师这个群体能否被信任，更深远的影响是学生会通过学校这个小社会逐渐形成自己的人生观、价值观、世界观，班主任处理事情是否公道一定程度上直接影响学生对这个世界的认知是否客观，甚至学生会在潜移默化中模仿。因此，作为班主任，更应严格要求自己，既用一颗最诚挚的心感染学生，也用自己的思维智慧带动学生思考做事做人的道理。

以伴播种，做学生成长的陪伴者

学生仍处于成长中，人在成长的过程中必然会犯错，必然面临一些挑战。从来没有哪一种教育是必然正确的教育，或者说每个孩子需要做到怎样的要求才是成功的，与之不同就必然是失败。教育不该是狭隘的，教育工作者更不该用高高在上的眼光看待学生，其实我们更像是他们成长中的一个陪伴者。

我陪着班上的学生每天参加体育运动，刚入学时，利用躲避飞盘的团建活动，与学生迅速打成一片，躲避飞盘比赛更是让他们拧成一股绳，凝聚了班级。此后的排球联赛，虽然他们始终没有得到冠军，但是他们懂得了在集体比拼中如何配合，懂得了在比赛失利时如何鼓励安慰队友，懂得了输赢之外该如何尊重对手……而我，则是那个坚定地支持他们、鼓励他们、陪伴他们的大姐姐，甚至在师生共赛中，也挑战了自我，惊喜了彼此。

还记得孩子们在一次班会上提出了想在学校种菜，我们一起讨论了如何具体实施：在哪里种，怎么种，种什么……经过两次班会讨论，我们决定在班级走廊布置几个种菜盆，每个小组一个盆，选择了小萝卜、生菜苗、鸡毛菜、小番茄等成长周期在一个学期内的种子。那个学期，我们经常一起给蔬菜浇水、观察、讨论……学生的责任感明显提升，他们也因为有了共同的活动，加强了彼此的陪伴，矛盾冲突大大减少。

在一个支持性的环境中面临挑战，学生就会成长，在一个不支持的环境中面临挑战，学生就会逃避或者反叛。教师最重要的角色是鼓励成长，接纳孩子的情绪。

和孩子对话是一门有规则的独特艺术，交流沟通的密码就在你对他们的接纳与包容之中。随着班主任的工作经验日益丰富，渐渐地，我发现孩子间的很多问题并不是问题，他们在意的并不是事件本身，而是自己有没有被理解，自己的情绪有没有被接纳。

在教育教学中，教师应该关注到孩子的感受，针对他的感受作出反应，而不是针对他的行为一味批评，要先说出表示理解的话，再提出建议。班主任是孩子一天中接触最多的成人，在一起相处的时间甚至可能超过父母，学生是不是在一个自己信任、依赖的人陪伴下成长，对于他们一生有着长远的影响。陪伴是最好的教育，我们要做的是接纳学生的情绪，用值得信赖的操守感染着他们，用温和而坚定的话语和行为引导着他们。

教育，从来不是管住人的手脚，而是惠泽人的心灵，多年以后，我们的学生学会尊重，自尊又尊重他人；我们的学生学会爱，他们在爱意下长大，又将这份爱传递给更多人。这所有的美好的教育愿景，都需要我们教师放下身段，平视学生，一切从尊重开始，一切将不止于尊重。我们在这其中还有很多角色，无论是什么角色，我想我们都一定是春风化雨的教育播种者。

干雪莹，广东省深圳市南山区深圳湾学校一级语文教师，深圳市张日威名班主任工作室学员。

成为光，我一直走在这条路上

李孟珂

在书上看到过这样一句话："幸福不是得到你想要的一切，而是享受你所拥有的一切。"看到过年时学生发给我的新年祝福，突然就想起了这句话。恍然间，毕业8年，也做了8年的班主任，从刚开始的困顿挫败、狼狈不堪到现在的从容不迫、气定神闲，原来已经走过了这么远。毕业实习的时候我的大学老师对我说：成为老师，就要努力成为学生的光。是啊，成为光的路上，我已经走了这么远。在这8年光景里，我努力做一名专业型班主任，看着自己培养的一批批学生摘得成长的果实，我很幸福，现在做班主任已经成为了我的一种生活方式。我想，这就是做班主任的幸福吧！

向往光：跋山涉水

依然记得刚刚站上讲台的自己：虽然局促不安，但也充满信心。毕竟，一群屁孩有啥怕的，三下五除二就能够把他们治得服服帖帖。但，现实给了我狠狠的一击。

那时候的我总是不明白，为什么别的班主任轻声细语全班就能够安安静静，好像他们的学生是天使的化身，而我，声嘶力竭，学生还是无动于衷，说话的依然在说话，打闹的依然在打闹。

那时候的我总是想：要是我们班的学生能这么灵气、乖巧该多好啊，我做梦都会笑醒了。但现在想来，学生本就只有这么大，他们哪能想到这么多呢？严慈相济，不管是"严"还是"慈"，都是要讲究方法的。

成为学生的光，我能行吗？我开始怀疑自己，几度想要放弃。直到有一天，班上的语文组长做操的时候对我说："老师，你做我们的班主任是不是好累啊，我们班有同学太调皮了。"

我愣了一下说："不会，你们很棒了！"

回到家里，我却平静不下来了。虽然有的学生是很调皮，但那是他们的天性。还有那么多的孩子喜欢我，喜欢我的课堂。我不但没有去寻找解决问题的方法，反而开始自暴自弃，实在是太不应该了。

成为光的路上，肯定会遇到很多的难题，但是我不能放弃！

意识改变了，我整个状态也改变了。原来看到学生讲话气得只想走人，现在冷静下来问问原因；原来看到班级被扣了分心情郁闷，现在开始思考如何才能不扣分，甚至加分了。同时，我向有经验的老师请教，学会如何和家长沟通，我从书中去找到方法，让班级的管理更加清晰有效。

我期待着自己能够成为光，带着整个班级前进。

靠近光：竭尽全力

当时作为新老师的我，虽然意识改变了，学着努力去做好班主任的工作，但受伤的伤口总是不时发作，隐隐作痛。

虽然暂时我成为不了光，但是能够靠近一点点也是我的进步。高尔基有句名言"谁爱孩子，孩子就爱谁，只有爱孩子的人，他才可以教育孩子"。所以，我从学生入手，从常规的细节入手，深入孩子内心，让他们既要遵守班级中的规章制度，又明白其实作为老师的我也是很爱他们的。

当时班上有一个孩子是单亲，妈妈对他比较愧疚，事事都依着他。这样的家庭教育方式让这个孩子在班上也是骄纵、自以为是，班上的孩子都很讨厌他。但孩子毕竟是孩子，他也希望有同学喜欢和他一起玩，一起在课间聊聊天。了解了他的情况，我开始在日常学习生活中观察他，课间的时候也叫他帮我抱抱本子，做一做课间的管理员。在他和同学发生冲突的时候，我事先和他妈妈沟通好，错了就要认错，对了自然会表扬，不能因为他耍赖就能逃避批评。一开始这个孩子的妈妈对我有很大的意见，觉得我在针对她的孩子。我只告诉她所有的孩子在我心中都是一样的，慢慢地，这个孩子在班上能交到朋友了，做错事也知道要承担责任而不是一味地哭闹了。有一天，他突然递给我一张小纸条说：老师，谢谢你，是你让我在班上不再是一个人，我有朋友了。

这是靠近了一点点光吗？可能是吧。现在想起来，虽然觉得幸运但也知道确实付出了很多。手机里密密麻麻的电话，是我和家长沟通的见证；微信里学生家长发的一条又一条信息，告诉我关于孩子的日常琐事。同事们打趣我说，你当了他们几年的班主任，连他们七大姑八大姨都认识了。是啊，只有了解孩子，才能在面对孩子情况的时候知道如何处理才能真正走进孩子的内心。可以说，和孩子每一次漫不经心的对话，都是以对孩子的了解为前提的。孩子犯错了，批评当然可以，控制不住自己的情绪也可以理解，但这并不能解决真正的问题。

我想，我还没有成为光，但是我知道靠近了它一点点。

成为光：一直在路上

做班主任已经8年了，在这8年的时间里，有过小清新的甜，那是孩子在小练笔上写的心里话；有过赛过柠檬的酸，那是穿着高跟鞋走了一天的脚，晚上躺在床上的不舒服；有过晒太阳的苦，那是带着孩子们在操场上跑操，一圈又一圈；也有过被家长气哭的辣，那一刻是止不住的委屈和失望。如果我是个单纯的语文老师，也许我只需要关注到孩子们在语文课堂上的表现就可以了，但因为做了班主任，我练就了一双火眼金睛，能第一时间看出哪个孩子不舒服；我也会第一时间摸摸那个低着头的孩子，看看他会不会发烧；孩子放学了有没有及时到家，最近上课状态不好是不是昨天晚上没睡好……

我不知道什么时候才能成为光，成为他们生命中的一束光。但是，当我看着孩子们一天天长大，看着他们的校服越来越短，看到他们的小练笔写得越来越有深度，我知道我的付出已经被珍藏。

成为光，我会一直走在这条路上。与孩子们在一起的日子里，我们已经都是彼此的光。

李孟珂，广东省深圳市深中南山创新学校语文教师，深圳市白莲花名班主任工作室成员。

突发事件——家校沟通成长的契机

赵莎莎

今年是我教师职业的第四年，回首过去一路的跌跌撞撞，我发现还是班主任工作让我成长得最多，尤其是每个班主任都不想发生，但却总会遇到的突发事件。

美国心理学家戴安娜·鲍姆林德经过长时间跟踪研究，根据家长对孩子管束的严格程度和管束特点，把家长的教育方式分为4种：权威型、专断型、放纵型、忽视型。当班级突发事件发生后，班主任老师更容易发现家长倾向于哪种教育方式，并根据家长教育方式的不同采取相应的沟通策略。

一、对于"忽视型家长"，看见孩子，陪伴是爱

开学两个月的一个工作日下午，我刚带着值日生完成值日任务，突然接到了小木同学妈妈的电话，询问小木同学是否放学，因为小木同学的奶奶没有在学校门口接到孩子，我一下子就慌了神：今天没有课后社团，小木也不是值日生，应该在4点多就和班级的大队伍一起放学了，平时小木的家长忙，时常不能按时接孩子，所以我把孩子送到校门口的"安全岛"就回班上带值日了，孩子怎么会不见呢？我赶紧往校门口赶，想着要不要上报学校调取监控，正好碰见了小木同学往校门口走，原来是上厕所了。牵起小木的手，我带着他找到了校门口着急的奶奶，我安慰了小木奶奶几句，并补充道："奶奶今天来得有点晚，下次有事情可以提前告诉我，我就把孩子留在教室里等。"奶奶一脸惊讶，说："不是通知4：30接孩子

吗？我一直都是这个时间来接的。"这一次轮到我很惊讶："我们一直都是4∶00放学，值日生才是4∶30，小木第一周是值日生所以4∶30放学，之后都是4∶00，小木和小木妈妈没有告诉您吗？"这时我才知道，这两个月小木每天放完学都要苦等半小时，等到"安全岛"的孩子越来越少时才被家长接走。小木奶奶带着小木离开了，但我陷入了沉思：为什么孩子开学两个月，都没能被准时接走呢？

小木同学是班上个头最高的孩子，反应却总是慢一拍，说话声也很低。一年级开始，他完全没办法适应小学生角色：上课不听、作业不交、课间追打、暴力社交，还时常发出不明意义的怪叫……让我这个"急性子"老师不得不安排他坐在班上唯一一个没有同桌的座位上，我们也叫它"挑战桌"，等到他适应学校常规后才算挑战成功，作为奖励他还能自选同桌。别人一周的挑战，到了小木这儿持续了整整一个月，眼看小木在挑战桌上稳坐如山，我也只能干着急，小木"安全岛"的等待让我诧异的同时，也让我知道了小木表现背后的原因。

通过孩子的日常表现和突发事件分析，我们知道小木同学的家长偏向于"忽视型家长"，这种类型的父母或者拒绝孩子，或者沉浸在自己的压力和问题中，没有太多时间投入儿童教育，极容易引发孩子的心理问题。面对小木同学的"忽视型父母"，我是这样做的。

1.动之以情，正视问题

事情发生的第二天我就找到小木了解他的家庭生活，尤其是与父母的相处情况，接着我主动联系小木妈妈，向她真切地传递我的感受和思考：小木是个让人心疼的孩子，两个月"安全岛"的苦等，是我和小木妈妈共同的责任。小木也是一个没有安全感的孩子，他选择一次次的等待而不是主动及时求助大人，反映出他长期习惯了被忽视。而小木在学校的种种表现也印证了他在班级中没有获得归属感与认同感，只有通过违反规则的方式，引起大家的关注，哪怕是负面的关注。我和小木妈妈应该要一起反省我们是不是一直以来都忽视了小木的内心需求？是不是他一次次犯错的背后，其实都是一声声的无声呼喊呢？小木妈妈既感动又愧疚，承认家长确实对孩子的生活缺乏关注和陪伴。

2. 家校协作，各个击破

孩子的成长不仅需要充分理解，更需要正面引导。因此，在一个周末，我联系了小木的父母，和他们一起认真梳理分析了小木入学以来的表现，讨论如何帮助他适应学校环境，如何让他感受到我们对他的爱与关怀，以及如何引导他说出内心真正的想法和需要。我们发现小木上课不听是因为他没有得到分享的机会，于是我开始鼓励小木回答简单的问题；我们发现小木作业经常不交是因为他在家没有自己的书桌，作业都是在茶几上随便写的，于是家里给他整理出了单独的学习空间；我们发现小木课间追逐打闹是因为在家爷爷奶奶要求严格，于是在校有些放飞自我，后来小木爸爸妈妈引导小木在家跳绳、下楼跑步，还报名了篮球课外班……在我和小木父母的密切沟通和配合中，小木的学习和生活有了很大的变化。

3. 正面陪伴，静待花开

我也改变了对小木的沟通方式，从被动的批评教育转变为主动的正面表扬：小木犯错时，轻轻带过；小木进步时，热情表扬，每周五放学前我还会蹲下身子、牵着小手和他一起讨论本周他自己的表现，给他爱的鼓励和拥抱。小木的爸爸妈妈也开始主动分享小木在家的点滴进步和感动，小木也开始分享自己家里的日常，在母亲节时送给了妈妈自己制作的贺卡。

一个学期下来，小木的眼神亮了，朋友多了，表现也越来越好，上课经常能听到他大声自信地发言。"挑战桌"挑战成功，小木要选择他的同桌了，当我还在担心的时候，全班四分之三的同学都高高举起了愿意的小手，通过这一只只小手和小木满足的笑脸，我欣慰地发现，小木在家庭、学校的陪伴，通过自己的努力，获得了同学们的认可，也获得了自信成长的能力，相信未来他能够带着这份陪伴，去迎接成长路上更多的挑战和快乐！

二、对于"专断型家长"，走进孩子，理解是爱

"赵老师，你看看这事怎么办？"美术老师皱着眉向我抛出求助，下午美术课，班上两位平时乖巧的女孩在美术教室墙上写下了关于另一位男孩的负面文字，干净整洁的白墙上突兀地出现了一行黑色马克笔写下的负面信息，还带有男孩的大名。美术教室是整个年级共用的，这可难倒了美术老师：明天还怎么上课？

事情的关键还是当事人，我找来了三个孩子，了解到起因是三年级的男孩比较好动，影响了两位女生画画，于是两位女孩出于捉弄男孩的心理写下了那样一行字。一开始内向的小朱支支吾吾地不肯说清楚，小爱则大方承认，三个孩子彼此都意识到自己的错误，很快握手言和了。孩子之间的事情解决好了，教室的事情还没有解决，我让两个女孩自己寻求家长的帮助，务必让美术教室的墙壁今天就恢复如初。

外向活泼的小爱同学淡定地拨通了妈妈的电话，很快得到了家人的回复，而父母较为严格的小朱同学有些犹豫，最终选择电话求助爸爸，唯唯诺诺地说明了情况。下午放学后，我带着两个孩子在校门口接到了采购好补墙工具的小爱外公和小朱爸爸。一见面，小爱外公就打趣道："真调皮，把教室给涂坏了！"说完刮了刮小爱同学的鼻子，小爱害羞地吐了吐舌头；而面对眉头紧锁的爸爸，小朱低着头一言不发。

两个孩子在大人的帮助下顺利修复好墙面，也郑重地向美术老师道歉。事后，小朱同学的爸爸忧心忡忡地向我表达了不解和担忧：一向乖巧懂事的孩子怎么会做出这样不尊重同学、老师的行为呢？联想到之前小朱的几次小错误，小朱爸爸更加崩溃了；而小爱的妈妈和外公表达了会认真教育孩子的同时，也相信孩子认识到这种行为的错误后，不会再犯同样的错误。

通过同一件事两个孩子的不同表现和两个家庭的不同反馈，我意识到小爱同学家人对她偶尔犯错的包容和无条件的信任是她诚实勇敢的底气，而小朱同学父母的严苛要求让这个10岁的孩子倍感压力，反而容易做出一些"出格"的事情。

通过我的观察和了解，小爱同学的家长偏向于"权威型家长"，虽然对孩子高标准、严要求，并坚持目标的达成，但同时在平等沟通中积极回应孩子的情感需求，允许孩子尝试失败，并作出自己的选择；小朱同学的家长倾向于是"专断型家长"，对孩子要求高，但回应迟，期望孩子服从、尊重他们，重视秩序和纪律，如果孩子有不符合要求的言行，父母会倾向于使用惩罚措施。

面对小朱同学的"专断型父母"，我是这样做的。

1. 为孩子代言，重寻教育初心

奥地利心理学家阿德勒认为"幸福的人用童年治愈一生，不幸的人用一生治愈童年"。在安抚好小朱爸爸的情绪后，我提醒他小朱同学也只是一个孩子，虽然她聪明、上进，是家长眼中"别人家的孩子"，但归根到底小朱也只是个10岁的孩子，孩子拥有犯错的权利，不能因为一次错误就对小朱埋下怀疑的种子，我作为班主任对她还是一如既往的信任，我希望小朱爸爸也是一样，培养快乐的孩子比优秀的孩子更重要。

2. 打破"优秀滤镜"，寻求成长新契机

事后，我也和平时交流更多的小朱妈妈沟通了这件事，虽然这件事不是一次正面的事情，但是通过和小爱同学的不同反映，我发现了各方面优秀的小朱深深隐藏的不安全感，小朱个子高挑、学习优异、写得一手好字，还会拉小提琴，平时大家都认为她的优秀是理所当然的，然而腼腆的她很少主动分享自己的内心，于是家长就忽略了她作为孩子的小任性和小要求，导致她容易通过不合理途径宣泄。小朱妈妈也反思，上了三年级之后对于孩子成绩更加重视，同时对于孩子的诉求确实有所忽视，需要调整一下自己的心态和方式。

3.铺垫平台，共筑信任桥梁

和小朱父母达成初步共识后，我主动邀请小朱同学担任语文学科的课代表，课上引导她分享习作，课间和她说话谈心，腼腆的她也慢慢地分享着她的生活，有时还会和我抱怨一下父母的不理解，我也会和她分享我小时候的故事。同时，我也会和小朱父母分享着她进步的点点滴滴，反馈她抱怨的不合理要求，家长越来越重视孩子的需求，得到尊重的孩子也越来越自信阳光，信任的桥梁就这样在家校之间建立起来。

班主任和家长是孩子共同的教育合伙人，突发情况客观上看能够为彼此进行深度交流创造契机。作为班主任，每一次突发情况都是一次一波三折的经历，也是孩子、家长和老师三方共同的反思成长之旅，在一次次的沟通交流中，我们看见了孩子，看见了爱和信任的力量，在一次次的变化和混乱中，我们和孩子一起成长。

赵莎莎，广东省深圳市南山区南外（集团）华侨城小学语文教师，深圳市杨柳名班主任工作室成员。

家校沟通，孩子是关键

曹惠

　　我教的这一群深圳学子，既有代表性，也有特殊性。我们学校坐落于深圳湾，与香港隔海相望，处于前海蛇口自贸区、深圳湾区、跨海口岸三区叠加的核心位置。成长于斯，这样一群视野开阔、富有创造力、站立在时代窗口的学生，无疑对引领者——老师，有着更高的要求和期待。家长更是把对自己孩子的殷切期望直接写在了对老师的要求里。初来乍到，我的压力自然不小。尚未谋面，家长们早已经在打听、议论，关于我的学历背景、教育经历已经传得沸沸扬扬。刚接手班级，家委会便列出了一二三点对我进行嘱咐，似有千分不舍、万般担心，又像是领导指导工作。与家长的沟通好像变成了"过招"，我小心翼翼。

　　至于孩子们，他们从小生活和学习在这样的环境下，承受着不言而喻的压力。于是，我使出浑身解数，每天进教室，就跟上战场一样，让"敌人"乖乖缴械、投降，好好学习。出了教室，我就马不停蹄奔赴家庭的战场，疲于面对四十余个家庭的期待或质疑。

　　家长、学生和教师互为支撑，构成一个稳固的三角形，可这样下去，两败俱伤，最终受伤的不还是学生吗？接班第二周，就有一个电话，击溃了我的心理防线，但又让我看到了一线希望。

　　那天，刚从校外培训完回到学校的我，便看到家长群里有一位父亲直接点名道姓找到我，质问我孩子手上的一条抓痕是怎么回事。语气丝毫不留情面，与其说是想知道事情的来龙去脉，不如说是兴师问罪。群里其他家长见状也纷纷安抚他的情绪。刚从校外回来的我，也是"被通知"后才得知这起意外事故。

第一次面对家长这样的问责，我努力平复情绪，先找到当事学生还原实情。没想到，受伤的学生本人一见到我却低下了头，甚至对自己手臂上的伤口遮遮掩掩，说起事情的起因也是闪烁其词，避而不答，却像是找到了出口一样跟我倾诉说，许久没有见到爸爸了，更久没有见过妈妈了。原来这是一个离异家庭长大的孩子，且父亲常年出差在外，对孩子很少过问。

我再三揣测孩子的愧疚、闪躲和信任，一下子抓到了这一个家长因为孩子的抓痕而情绪化、不分青红皂白问责老师的心理。电话里，事情被完整还原后，我流露出了对孩子的关心，包括孩子像抓住救命稻草一样向我倾诉，上一次见到爸爸可能是梦中，在爸爸喝完酒应酬回来。这一位被情绪裹挟的父亲一下子柔软了起来，向我展露自己的真实想法，并为自己的处理方式道歉。因为离异，所以他特别担心孩子被人看不起，更受不了孩子被人欺负，再加上自己常年异地，对孩子有着说不出的亏欠和自责……

慢慢地，我发现，这样缺失父母之爱、家庭温暖的孩子，我们班不在少数。

九月份的一节数学课，我去教室巡课的时候发现教室里少了一个孩子，在校园四处搜寻之后我遇到了失落的他。当我问他刚刚去哪儿了的时候，他只说不想去上课，指了指学校旁边的那座高楼，告诉我那是爸爸盖的，紧接着又说起自己的爸爸在哪里上班，又有多久没有回家。我没急着领他回去上课，而是坐下来跟他聊天，安抚他的情绪。他慢慢打开了话匣子，敞开了内心。我这才知道，这也是一位缺少父亲陪伴的孩子。

后期，经过多方了解与调查，我知道了这个孩子有情绪问题，极易心理崩溃。父亲是家庭稳定的因素，是孩子安全感的来源，正因为成长过程中缺少父亲的陪伴与言传身教，这个孩子才会如此脆弱、敏感。后来，我常常会关注他的情绪，跟他聊天，陪伴他，开导他，给予他特别的关爱。

他也是我接手班级后第一个与我建立信任的孩子，给我送了一幅向阳花，那是我们班的标志。

以前，我只知道深圳的父母都特别不容易，一方面要生存，另一方面又要给孩子提供更好的生活，两者之间难以兼顾。可一次次像是救火队员一样四处灭火让我意识到了，父母的缺位、爱的缺失给孩子的心理造成无法弥补的创伤，其影响不容小觑。我能做些什么呢？作为班主任，我内心最大的触动，是在一次道德与法治的公开课之后。

一位本校的老师要参加百花奖道法科目的比赛，所以她在我们年级8个班全部上了一遍，题为《爸爸妈妈在心中》。其中有一个环节是"书写档案"，看看孩子们对父母的了解有多少。一节课后，老师鼓励同学们以后多去了解自己的父母，又在私底下告诉我，上了这么多班的课，我们班的学生对父母是了解最少的，普遍较为冷漠。

我迈出了第一步，试图促进孩子与父母的交流。在那之后的第一次家长会前，我让孩子们提前写一封信给家长，作为一次亲子活动。孩子们纷纷动笔，唯有成，班上的一个男孩子，咬着笔头发呆。当我走向他时，他抓着我的手问："老师，这封信可以寄到国外吗？"我点点头。

又巡了教室好几遍，成终于写好了开头。可一看，我的心就揪了起来，信上说：

"爸爸，您好！您真的在国外吗？我已经是某某小学二年级的学生了！奶奶说，等我上大学了，工作了，您就能回来。这是真的吗？"

那一刻，我被语文成绩平平，却努力表达的成震惊了……更震惊的是，爸爸没有回信。我约了成爸细聊。见面后，他才告诉我真相。原来，孩子出生不到8个月时，父母离异，自有记忆以来，就没有见过爸爸。为了营造一个完整的家庭，成的舅舅一直对外宣称自己是成的爸爸……原来，这一封寄往国外的信永远不会有回音。

于是，我和成的舅舅做了约定，他会继续在信中扮演成的爸爸，给孩子回信，给他一个倾诉的窗口和一个想象的童话。

我们经常把家长、孩子和老师这三者形容为"三角关系"。从那时候起，我开始思考，作为其中关键的一角，我究竟可以给孩子带来什么呢？

如果孩子的心里缺了一个角，那就让我帮他填满吧！成下课的时候总喜欢怯生生地跟着我，因为我是他在学校里唯一信任和依赖的人。于是，我就从建立我和他的亲密关系开始，让他做我的小助手，跑跑腿，帮助他建立人际关系。每当有孩子围在我身边的时候，我都会把孩子们召集在一起玩游戏，邀他参与。孩子从以前的旁观者逐渐变为参与者。平日里，孩子的校园生活被塞得满满当当，可一到闲暇时光，成还是会陷入孤寂的思念当中。爸爸就像一个挥之不去的问号一样。

"我们来写信吧，报喜信。"一天课间，我拿着准备好的一叠信纸对成说。

他流露出了好奇和兴趣。我告诉他，"寄往国外的信，邮费很贵！这样吧，每当你有开心的事情，或者取得了进步，都写一封信把好消息告诉爸爸，一封封攒着，等你长大了，见到爸爸了，一起交给他。"

从此以后，孩子的信都会出现在我抽屉里，我也从他的一封封信中，感受着他纯朴天真的快乐和进步。他学会了轮滑，做水蒸蛋成功了，等等。

刚开始的时候，抽屉里每周都会出现两三封信。后来，慢慢地，信越来越少了，可成脸上的笑容越来越多了，话也越来越多了。爸爸始终是他的寄托，却不再是他唯一的窗口。

像成这样的孩子，在我们班是极端，也是典型，可又是代表，是无数缺少父母的陪伴和有效沟通的孩子的代表。一封封寄往国外的信，不会有回音，却在我和班级其他同学的心里掀起了涟漪，让我们看见了相信的力量。

在我眼中，班主任没有三头六臂，就是一个普通人，拯救不了世界，改变不了现实，面对的是万千家庭，以及背后形形色色的学生。可优秀的班主任有一双无形的手，在孩子取得进步时，为他鼓掌；当孩子深陷泥沼时，伸出援助之手，给他力量；当孩子逐渐独立，独自面对世界时，手里拽着一根长长的线，放着迎风的风筝。学会了直面生活，接纳生活之后，我希望我的孩子们也能够伸出双手，拥抱生活。深圳有万千家庭，形形色色，互相交错，他们对孩子的期待也是不同的。有的家庭望子成龙，望女成凤；有的家长，更看重孩子的能力提升；有的父母，单纯希望孩子过上一个快乐的童年。抓不住孩子，不了解父母的期待，就把握不到核心，即使再苦口婆心、耳提面命，也是鸡同鸭讲，收效甚微。于是，我也站在了孩子的角度，尝试去理解家长。因为把本该给孩子的爱和陪伴用金钱来补偿，所以家长们也习惯把对孩子的期待直接与老师挂钩，向老师提出要求，这不是跟他们对孩子的态度很相似吗？我们常把家校沟通挂在嘴边。家校沟通，突出了"家长"和"学校"，却偏偏漏了"孩子"，这才是最根本的。

曹惠，广东省深圳市南山区第二外国语学校（集团）海岸小学语文教师，深圳市吴莎莎名班主任工作室成员。

家校沟通，真诚是"必杀技"

杜明珠

回首过去，时光匆匆。转眼间，这已经是我走上教师岗位的第三年。三年时间当中，为了让孩子们在家校共同努力下成长得更好，我积极和家长沟通，从中收获了很多，也让我感受到在人和人的交往中，尤其是在家校沟通中，真诚是永远的"必杀技"！

一、用心打造初步印象

新老师往往会因为缺乏经验而被家长质疑，从而为家校关系竖起一堵厚厚的墙。美国心理学家洛钦斯曾指出：交往双方形成的第一次印象将会对今后的交往造成重大的影响，这就叫首因效应。利用首因效应，在"心"与"心"的第一次碰撞中，打造好首印象，将对良好家校关系的建立产生积极作用。于是，在走上教师岗位之初，我进行了一些尝试。

1. 一封温暖的信

写信，一种古老的沟通方式，但却饱含真诚。如今，信息技术飞速发展，各种聊天工具、各种表情包层出不穷，不必长篇大论即可表达自己的观点，但在家校沟通中，尤其是作为新接班的老师第一次和家长的联系，言简并不可取。因此，在和家长第一次正式沟通时，我写了一封电子信件。

信中我主要传达了这样几点信息：首先是感谢——感谢开学前家长对各项工作的高度配合，让家长感受到他们的配合对班级工作、孩子成长的重要性；其次是传递自己的教育理念——关爱每一个孩子，让家长感受到我对孩子的关心，让他们对我这位新岗老师放心；最后是表达我的责任心——我在努力了解每一位孩子，顺便可以提前认识孩子，在开学后可以给孩子们留下一个好印象。这样的一封信，无形之中拉近了和家长、孩子之间的距离。在信件发出之后，陆续收到了很多家长发来的孩子的照片、视频和自我介绍，让我这位新手老师十分感动。收到孩子们的自我介绍之后，我就在开学前努力记住孩子们的名字和样子。开学见面时，我准确地叫出了每一个孩子的名字，看到孩子们惊喜的样子，听到家长开心地讲述孩子回家后对我的喜爱，我知道我的努力没有白费，家校关系在无形之中慢慢建立了。

2. 一段称赞的话

好孩子是夸出来的，这句话大家都有听过。但我认为，好的家校关系，也是夸出来的。每一个人都希望得到夸奖，这意味着别人对自己的肯定。那么，每一位家长肯定也希望听到新接班的老师对自己孩子的称赞。于是，在开学第一天放学后，结合孩子们在学校的表现以及我对他们的基本了解，我给每一位家长都发了一段话，比如：

××爸爸/妈妈好，××同学安全到家了吗？今天××表现很棒哦，主动站起来进行自我介绍，老师已经记住你勇敢又可爱的样子啦！希望以后在爸爸、妈妈和老师的陪伴下，你能够快乐学习、健康成长！加油！

当家长收到我对孩子的称赞时，无一例外都进行了回复：有的表达感谢，感谢老师的认真负责，感谢老师对孩子的关心和爱护；有的表达自己对我的信任以及家庭教育的决心，会配合学校和老师，教育好孩子；有的会指出孩子目前存在的问题，希望和老师一起帮助孩子解决问题，让孩子成为更好的自己……虽然只是简单的几句话，但却收到了意想不到的效果，因为里面满是真诚。

3. 一次简单的家访

家访是联系家庭和学校的重要纽带，在家校关系中发挥着不可替代的作用。开学初，通过收集自我介绍、短暂相处、日常观察，我对班里大部分孩子有了一定的了解，也和家长们建立了相对良好的关系。为了进一步加强和家长之间的沟通，也为了更加深入地了解孩子们的情况，我对班里的部分孩子进行了家访。

家访之前，我请教了一些前辈家访时应该注意的事项，根据平时所观察到的孩子的情况，列好了家访清单和孩子在校的表现，带着这些材料开始了我的家访之路。刚开始我有些忐忑，因为是第一次家访。但是家长们对我的到来，表现得十分热情，我被他们的热情冲淡了紧张和不安，慢慢地融入和他们的对话中。在这个过程中，我体会到了其他沟通方式所不能达到的效果，也感受到家访过程中，我和家长、孩子之间的距离在进一步拉近，也对孩子的情况有了更加全面的了解。通过这次用心的准备和真诚的沟通，家校关系再进一步。

二、时刻分享共同成长

英国作家萧伯纳曾说过："假如你有一种思想，我有一种思想，我们彼此交换，每人可拥有两种思想。"这句话道出了分享的重要性。同样，在和家长的沟通中，时刻关注孩子的成长，真诚分享孩子的成长瞬间，和家长一起携手共进，也同样十分重要。

孩子们每天有一半的时间是在学校里度过的，作为家长肯定很想知道自己的孩子每天都在学校做了什么。因此，除了定期和家长反馈孩子在校情况外，我还申请了一个工作微信，用这个工作微信，添加了班级的家长们。每天我都会拍一些孩子们的照片，比如，孩子们朗读、练字、读书的样子，孩子们在课堂上的精彩表现，师生在一起的快乐瞬间等，有时候还会把这些照片制作成视频，发到朋友圈，收获了很多家长的点赞和转发。

记得有一次放学，一位家长跟我聊起这件事。她说："杜老师，真的非常感谢你，每天跟我们分享孩子在校的学习生活，让我们了解孩子在学校的状态，也给了孩子们很大的信心。您很擅长抓住孩子成长中的小细节，上次您朋友圈发了我家孩子练字的照片，孩子高兴坏了，现在每天都在认真练字，说是一定要写一手好看的字，让杜老师看到他的进步！"收到这样的反馈，我心里也甜滋滋的，也让我更加确信：用心关注孩子的日常，真诚分享孩子的进步，会让家校关系更进一步，也会让家校沟通更加顺畅。

三、遇事不慌有立场

孩子的成长过程中或多或少都会遇到一些突发事件。当突发事件在学校发生时，很多时候需要班主任出面和家长进行沟通，如果沟通不当，可能导致事态更加严重。因此，当遇到突发事件时，班主任如何做好家校沟通十分重要。

在我从教过程中，曾两次遇到比较严重的突发事件。一次是刚当老师的第一个月，班里有个孩子午休时突然倒地抽搐，我急忙把孩子送到校医室。因情况比较严重，需送孩子到医院治疗。我赶紧联系家长，但因为自己当时比较慌乱，讲话语无伦次，家长误以为孩子是在学校受到了伤害，怒气冲冲地冲到医院，差点影响孩子的治疗。事后，我跟家长再次进行了详细的沟通，这才让家长明白事情的来龙去脉。

还有一次是班里的一个孩子在下午快放学时，突然跟我说他内裤上出血了，是被另一个同学踢到了下体。我赶紧把他带到校医室，经过校医查看后，立刻给孩子家长打电话说明孩子目前的身体状况，请家长先来学校接孩子去医院治疗，等事情调查清楚后再跟家长反馈具体情况。之后，我询问了踢人的孩子，问清了事情的起因、经过、发生的时间，并立刻到监控室查找事情发生时的监控，明确了双方的责任。在掌握好事情的真实情况之后，我和双方家长进行了沟通，也站在孩子们的立场上，给家长一些反馈和建议。最终，事情得到圆满解决，也借此机会在班群和班会课上进行了一次安全教育。

从以上两次遇到突发事件的处理方式来看，在遇到突发事件时，如果想要事情得到圆满解决，我想作为班主任可能需要做到以下几点：第一，当突发事件发生时，孩子的安全是第一位的，不管事态如何，首先要做的是关注孩子的情况，及时采取相应措施；第二，在和家长沟通之前，一定要先安抚家长的情绪，让家长明白老师很关心孩子，也十分重视这件事；第三，和家长沟通之前，一定要做好充分的准备，了解事情的全貌，不可以偏概全；第四，在和家长沟通时，一定要有自己的立场——所有的一切都是为了孩子的健康成长，切不可人云亦云。

作为新老师，也许我们没有积累太多的经验，也许我们没有深厚的理论基础，也许我们没有舌灿莲花的表达能力，但我们有一颗热爱孩子的心。当我们将这份热爱带着真诚呈现给家长时，我想彼此之间的沟通一定会畅通无阻！

杜明珠，广东省深圳市南山区文理实验学校（集团）文理一小语文教师，深圳市白莲花名班主任工作室成员。

第二辑

5~15年·骨干：
沉淀自己，走向更远的远方

人生海海，实力才是通行证。沉淀自己，打磨属于自己的实力，作为教育者，要保有那份热爱，更要有不断成长的生命力。15位骨干班主任的分享，让你插上理想的翅膀，又可以迈开坚实的步伐。

保持温暖，传递温暖，爱会自然发生

谢雨竹

班级的集体主义教育不应仅仅是纯观念的教育，同时也应该是集体主义行为的训练。面对说教力量有限的初中阶段，班级活动是学生形成集体主义观念的良好途径。那么，如何运用这个途径呢？我相信在教育过程中，发现温暖，传递温暖，时时激活孩子的同理心和共情力，一个温暖而有力量的集体就会自然产生。

暖在开学初，成长需要积极参与

哈尔滨师范大学心理学系教授刘爱书曾说："归属感，是指一个人在某个系统或环境中的'参与感'，这种体验使他们认为自己是这个环境里不可分割的一部分。"在开学前夕，我告诉自己，一个温暖的班级一定要让每个学生都能够找到温暖的归属。所以在布置班级时，我采用自愿原则，号召学生在班级群里主动报名。让我意想不到的是，很快就有8位孩子参与班级板报制作和卫生打扫工作。他们是最早进入新教室的小伙伴，也成为班级的开拓者、建设者。班级也在他们的布置下，如同一个家，展现出了浓浓的阳光气息。

整齐的摆设、干净的桌椅、美丽的板报，这样美好的氛围一定会产生温暖的孩子，而看见出自孩子之手的杰作，作为班主任的我也心存感激，倍感温暖。所以，在开学前一天晚上，我在黑板上给大家留下如下的文字：

暖

暖，是一种热传递，它叫人思考，利用同理心和共情力，给他人温暖，让自己受益。

暖在自我，它必须由内而发，自己先升温，热量才会四溢。

暖在家里，多一声对父母的问候，多几次换位思考。

暖在课堂，科任老师一定喜欢体贴、勤学好问的你。

暖在同学间，和谐共处，合力解疑，才会共同进步。

当同学们第一天上学，看到黑板上这些文字后，有的学生不由自主地拿出了笔记本，在扉页抄下了这段话，有些活跃的孩子还朗读了起来。在班长的带领下，最后变成集体诵读。听着大家清朗的声音，我意识到，这些话已如同我们这个集体的班训，开始在每个可爱的孩子身上生根。

暖在课堂，成长需要勇于尝试

我一直认为，依靠自己努力争取来的东西才会倍感珍惜，也更有成就感。所以，对于班干部的选拔，我开始就确定一定要大家来争取，这样既能够培养他们的竞争意识，也能够体现他们的责任意识。可是，在筹备竞选时，同学们表现得很犹豫，为此，我做了一番思想工作。

竞选前一天，我告诉同学们：温暖的班级一定是一个民主的集体，这个民主，要体现在每一个细节上，包括课堂上的平等意识、自由意识、宽容意识、妥协意识和竞争意识。每个人都有为集体服务的权利和义务，我尊重同学们的选举权和被选举权，希望大家积极争取这个机会，勇敢地参与竞选。第二天，同学们开始踊跃报名，其中，有一个学生，因为发烧不能正常上学，但她很想参加班干部竞选，主动录了一段视频，并发了一段长长的文字。

选举当天，我先播放了这位同学的竞选视频，以此鼓励大家借助机会展示自己。接下来真是一次展示自我的盛会，一个在班级不怎么吭声的女孩勇于展示自己："我小学做了6年的班长，一直得到老师和同学们的认可。到了初中，因为成绩不是那么突出，一直没有勇气参加班干部的竞选。现在我很想和同学们一起提高自己，再一次鼓起勇气来竞选班长。我希望通过这个职位鞭策我、监督我，带领这个集体变得更加优秀。"还有个平时非常害羞的同学，虽然一上台就面红耳赤，但仍不失信心："我鼓起勇气站出来，是觉得我们班真的很温暖，大家会互相支持。我相信，如果我当选的话，大家也一定会支持我、配合我做好工作。"听她说完之后，全班响起了热烈的掌声。

看着同学们的表现，我是震惊的，从他们身上，我看到了为他人服务温暖自己，也温暖了他人的意识已经深入人心。通过这次班干部选举，不仅提升了同学们集体服务意识和责任意识，更让班级的"温暖"生了根、发了芽。

暖在同学间，成长需要放手

班级出现问题不可怕，把问题当作成长的契机，给学生机会，让他们在解决问题的过程中获得满足和成就感。当学校运动会启动时，我就给同学们说："这次运动会是大家的，体育委员全权负责，班长协助。守护班级人人有责，大家一定要配合。"

开幕式当天早上，我看见同学们衣服不整齐。通过了解知道，有同学说预防突然变天，班委通知同学们里面穿白色打底衫，但时间紧，很多同学没有白色打底衫。有同学调侃我们队伍有点像"杂牌军"。我也就假装"生气"，给同学们说："衣服不整齐怎么办？大家献计献策，想想办法。"很快，同学们商量出了对策：里面打底衫的袖子都挽进去，外面穿着夏季班服。有同学还安慰我说："老师你别担心，我们要争取集体荣誉，我们一定是操场上最靓的集体。"

这次事件，被很多同学都记在周记中。其中一位同学写道："我们班级很多同学都有自己的个性，但是遇到集体问题却能够团结一致，共同努力解决，如同一个温暖的大家庭。"在运动会总结会上，年级组老师们也纷纷表示，我们班级不仅是年级最团结的班级，也是本次运动会上，最具服务精神的班级。不仅把活动场地收拾得干干净净，还协助其他老师和家长维护运动会现场，及时清除活动垃圾等。那一刻，我发现"温暖"已经在每个人身上慢慢地开了花，我为他们每一个人感到骄傲。

暖在家校间，成长需要有效沟通

某天晚上，刚看见某位家长在群里@体育老师，随后就接到她的电话。原来是老师在课堂上批评了她的孩子，孩子回家就哭了。家长觉得女孩脸皮薄，老师不应该当着众人的面批评她。听得出来，家长非常生气，还说都要投诉老师。

如何消解家校矛盾？其实是每一个老师和家长思考的问题。当时，我就和体育老师沟通了具体情况：从中得知孩子在体育课上总是讲话开小差，训练不积极。老师也给她私下讲了几次，可这个孩子就是一副无所谓的样子。当天体育老师实在忍无可忍，就当众批评了她。

我考虑到当时的家长在气头上，不太适合电话沟通，我就和她文字交流，给她发了这样一段文字：孩子是我们的软肋，特别是看着孩子眼泪汪汪面对我们，每个家长和老师都会心碎、难过。同时，老师作为教育的专业人员，从来不会吝啬对孩子的赞美，但是对于孩子确实存在的问题，需要指出的时候也有自己的原则。孩子现在正处于是非观形成的关键期，恰当的鼓励和适时的批评教育都不可或缺。请您相信我们老师都是言行有度，教育有方的。

最后孩子妈妈给我发信息，表示理解并第二天来校沟通。结果第二天早上，我刚到办公室，就看到桌上一封信，这封信是这个孩子写给我的。信中详细介绍了事情的经过，分析了自己的问题，并为妈妈的冲动行为深感抱歉。读完这封信时，我内心既诧异又温暖。这是一个体谅老师、理解父母的好孩子，她用自己的爱心，在几个成年人之间建立起了家校沟通的桥梁，这也让我更肯定了自己的教育理念：在教育中，保持温暖，传递温暖，时时激活孩子的同理心和共情力，爱就会自然发生。

一个班级就是一个家。在孩子们成长的过程中，有风波、有烦恼，但更多的是美好。让每一个孩子都心生暖阳，向上生长，是老师最大的幸福。

谢雨竹，深圳市龙华区外国语学校教育集团（高新校区）初中数学教师，深圳市张日威名班主任工作室学员。

班级自主管理探索之路

胡杨

我在毕业的第一个年头就成为了一名教师，在初入一线教学的那一年，我懵懵懂懂、跌跌撞撞，在班级管理方面只有纸上谈兵的经验。都说班级管理是门学问，而班主任作为班级的主导者更是要深刻领悟这门学问。我先是入职一所乡村小学，开启了我的班主任生涯。那时候，我有干劲、有热情也有足够的勇气，心想这么些小屁孩儿还能奈我何，然而现实却毫不留情地嘲讽了我。在任命了一批班干部后的半学期里，我发现班上的纪律、学习都如一潭死水，没有一丝涟漪，班干部形同虚设。在更换了几个小组长以后，开始竞选最重要的班委岗位。我问："有意愿成为学习委员的请举手，然后说说你的竞选原因。"话音落地，我环顾了整个教室，无一人举手，大家齐刷刷地看着我，空气中充满了尴尬的气氛。任凭我怎样鼓动大家仍无一人愿意。于是，无奈之下我只好看向几名学习成绩优异且自我约束能力较强的学生，准备指名任命。"张小萌，你来担任学习委员这一职位吧"，张小萌眼中掠过一丝忐忑，站起身来腼腆地说道："老师，我不想当学习委员。""为什么呢？你的学习成绩在班上一直都是前三，你有能力做好的，相信自己好吗，老师可以给你一个星期时间试一下。"本以为给学生一点退路会提高成功率，然而小萌还是尴尬地看着我，红着脸摇了摇头拒绝了我。课下，我唤小萌到办公室，想着私下问问她到底是什么原因不愿意当班干部。其实小萌在之前有过学习委员的经历，并且也做得很好。面对我的质问，她无奈之下还是告诉了我实情："学习委员的事儿太多了，每天都要领读，我的嗓子都快哑了。"听完她的回答，我心中五味杂陈。

俗话说单丝不成线、独木不成林。初为人师的我还没有想到如何尽可能地调动更多的学生参与到班委事务的合作中来。但我意识到无法调动班干部使我的班级管理出现了问题。成为班干部应该是孩子们心中一项神圣又光荣的事，而我却把它变成了学生心中的负担。从那以后，我开始有意识地去阅读班级管理相关的书籍杂志：苏霍姆林斯基的《给教师的建议》、万玮老师的《班主任兵法》等，我企图从"黄金屋"中寻求到治班的答案。我将班级管理的问题都清楚地列在笔记中，并将寻求到的答案对应写上去。日复一日，我发现在班级中出现过的应急事件、安全应对措施、学生心理问题的应对、班委的培养都密密麻麻地写完了小半个笔记本。

2020年，我来到工作至今的这所小学，在学校德育部门牵头下，推行了由校到班、自上而下的自主管理体系，这又让我的班主任管理之路走得更宽广了一些。借用叶圣陶老先生的话："管任何学生，最终目的都在于不需要管。"假如学生进入这样的境界：能够自己去探索、自己去历练，从而获得知识和能力，岂不是就不需要老师管了吗？

我校的自主管理体系分为校级层面和班级层面。班级层面的自主管理体系首先是建立起一个班级自主管理委员会，在委员会中的每一位成员均被称为班长。按照职务不同分为：大班长、学习班长、纪律班长、文艺班长、体育班长及财务班长。大班长跟其他班长之间是监督与被监督的关系，大班长只是将其他职务班长的表现情况书面记载交由班主任了解，其他职务班长根据职务的不同分管班级所有成员。自主管理体系的特别之处在于，班级中除了有一批能胜任班级管理工作的班委，更体现在班级成员的自评中。教室前的小黑板上贴着每周的自主管理表现情况，除了由各级班长评价同学们的表现，更有同学们的自评。每周我会结合班委的评价以及班级学生的自评选出每周的自主管理之星。在我向班上的孩子们说明了自主管理体系的含义以及怎样去操作后，自主管理体系逐渐在班级中有条不紊地运行。

直到有一天，早自习走进班级，除了琅琅的读书声，还有哇哇的哭声，哭的人是常西，她是我们班挺本分的一个孩子，学习上也是认真刻苦的类型。我走上去俯身问她："怎么哭了，你有什么不舒服吗？"周围各自朗读的同学都无意识地停下来注视着她，我只好把她带出教室。泪珠顺着脸庞大颗大颗地往下流，看起来伤心至极。我又继续问她，她仿佛是被戳中了哭穴一样边哭边说："胡老师，我想回家，我想回家！"她的反应让我有点担心，连忙追问，她仍不解释。于是我只好给她家长打去电话，并建议家长回家与孩子沟通看看。中午的时候我拨通了常西妈妈的电话，她告诉我，原来她一直哭并且不想待在学校是害怕纪律班长。有一次她在课前准备时不小心掉了橡皮擦，弯下腰去捡，被纪律班长视为没有好好静息而扣了分。这样的情况发生了好几次。

我对常西的家长做好了解释工作后又陷入了思考，看来我的自主管理体系还不够完善。管理除了人，不可或缺的还有细致化的制度。每位班长管理的范围是什么？班级所有成员自主管理的范畴又是什么？如果不根据学段对自主管理的内容和范畴进行细致化，那操作起来的可行性又是微乎其微，甚至会滋生出一系列的班级矛盾。

经过了半学期的不断学习和深刻反思，我又一次细化了我的自主管理评价表，将班委、班级成员管理范畴中容易出现问题的部分进行了说明和补充。同时随着我校《双减背景下学生全景式自主管理监测评价助理学生发展》的市级重点课题的推进，我的班级在自主管理体系中的实践多元化探索也得到了领导的认可。于是，在经历常西这一事件后，我将班级中曾设置的每项职务一人调整为两人，即大班长两名、学习班长两名、纪律班长两名等。这样设置的目的是防止班委专治的问题出现。两名同职务班委并非同时履行管理工作，而是采用间周交叉管理的方式，由班主任进行考核评价，如若出现班委以权谋私或浑水摸鱼等情况就立即换人。也许是班委不再具有唯一性，反而激起了班委成员们的热情和重视。

在经历班级自主管理体系出现问题、寻找根源、解决问题的过程以后，我的班级管理之路轻松了不少，并且在每个月的学校德育考核中也有着较高的评价，基于我的自主管理撰写的教育教学工作案例也获得了重庆市二等奖。

但这些成绩并未让我觉得我的自主管理迎来了终点，因为唯一的不变是改变。孩子们在成长，学段在改变，我也在改变，我的班级自主管理也不可能一成不变。在接下来的每一个学期，我依然会根据班级情况不断升级班级自主管理体系。就像软件一样，只有不断升级更新的软件，才能适应时代的发展，才能得到人们的认可。

伟大的物理学家哥白尼曾说："人的天职在于勇于探索真理。"我想，教师的天职除了育人和传承文明，也是在不断地探索教育的真理吧。虽然平凡的我在探寻"真理"的路上走过弯路，但这些都成为我前进的动力。班主任管理之路是一条无止境的道路，我们一直在寻找出路，也在这个过程中，找到了越发绚烂的生机。

胡杨，重庆市合川区中南小学语文教师。

挖掘"班本"力量，绽放成长之美

赵秀秀

2018年9月，在班主任工作生涯的第四年，我成为了一位准妈妈，与此同时，我再一次成为了一年级的班主任，迎来了一群可爱的"小豆丁"。这双重身份让我对班主任工作有了新的思考：放眼未来，从人一生发展的角度来看，我们要培育一个怎样的孩子？聚焦当下，六年基础教育，我们要做什么、怎样做才能促进学生个体成长与终身发展，为孩子的人生奠基？

带着这一思考我走进"小豆丁"们，通过日常调查与观察，我发现他们呈现"三强三弱"的特点。

①纪律性强，主观能动性弱；

②依赖性强，自理能力弱；

③服从性强，自我认同感弱。

所有学生均来自知识分子家庭，父母对孩子的学习要求高、期望高，家庭环境重成绩轻体验，相对缺乏科学育人观念。

立足于班集体实际发展需要，着眼于基础教育6年的完整周期培养，我制定了如下带班育人方略。

一、在"科学+"理念下前进

我校在"科学+"办学理念的引领下阔步前进，基于我校"科学+"德育课程体系的引领，我开始从课程视角来考量班主任工作，开发情境式班本德育课程，以人性化的教育环境，以符合儿童探索需求的方式，使儿童在情境式班本课程的浸润中获得德性滋养。

二、班级建设目标

立足于班集体实际发展需要，我确立了这样的班级发展目标：核心是建设一个规则和自由并存的活力班级，营造温暖包容的积极氛围；外围是携手家长，为班级构建支持系统；目标是生长出向上向善的力量，通过丰富而完整的教育生活，培育出拥有自主精神、合作态度、规则意识和责任观念的未来合格公民（图2-1）。

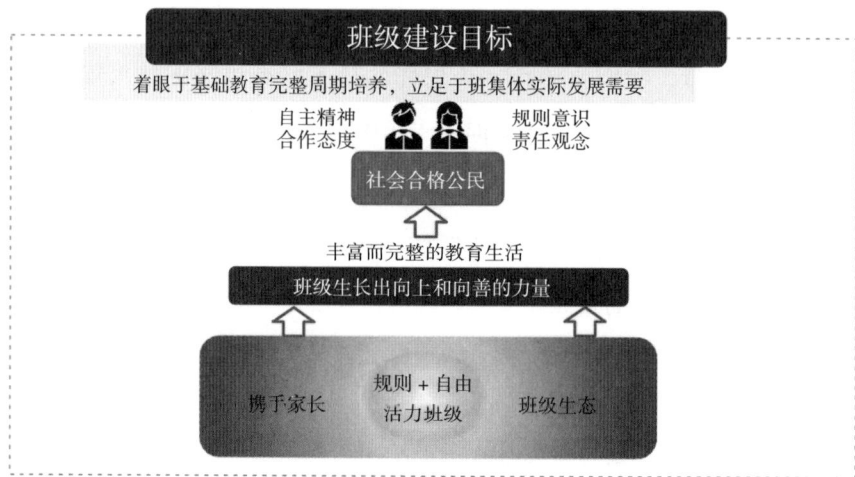

图2-1　班级建设目标

三、不同年段的培养策略

孩子们受博士课堂"完美钻石如何诞生"的启发，为班级取名为"钻石中队"，我坚信每个孩子都是一颗闪光的钻石，只待我们去发现挖掘，拂去表面的尘埃，便能显现光芒，绽放自我。"钻石中队"采取适用不同年段的培养策略，低年段，发现挖掘，绽放光芒，唤醒成长原动力；中年段，光而不耀，彼此照亮，建立成长共同体；高年段，嵌饰升华，终身成长，培育社会适应力。

（一）低年段：发现挖掘，绽放光芒，唤醒成长原动力

马修斯的儿童哲学观向我们阐释了儿童成长的本质，告诉我们成人该如何看待、对待儿童，也塑造了我的儿童观。整个小学阶段，儿童正处于天性发展及个性意蕴不断增值、扩展的形塑时期。如此，低年段，我以儿童哲学为价值引领，以班本课程为载体，实施个性化教育，给予儿童真正的童年，建立和谐的成长共同体。

1. 保护天性，美我所美

开发"班本健体课程"，每天利用大课间、午自习、晨读等时间来跟孩子们玩游戏，让学生在充分的活动和玩耍中激发对生活的热爱和向往。开发"百草园种植课程"，保护儿童爱动手的天性。如，舒含同学学习动力不足却热爱农作，每周五他带领着同学们耕种班级小菜地，在收获劳动乐趣的同时，学习也不断进步。在这样的班本课程中，更多"小钻石"们利用自己的优势经验，撬动了生命成长的原点。

2. 尊重个性，各美其美

从一年级起，我就鼓励孩子们发展个性，登上小舞台，绽放奇光异彩。利用午休时间开展午间讲堂——演唱会、故事会、诗歌会，各美其美，熠熠生辉。活动结束，孩子们填写《个人魅力档案》，一张张字迹满满的表格，记录的是"小钻石"们对自我特质的不断挖掘，"我是与众不同的宝石"！活动继续，这张卡片也将持续记载属于每个孩子的闪耀时刻，相信这份记录，也将实现"小钻石"们自我效能感的不断提升。

（二）中年段：光而不耀，彼此照亮，建立成长共同体

步入中年段，尽显光芒的"小钻石"们遭遇了成长难题，随着自我意识不断增强，集体中以自我为中心的现象日益凸显，各种成长问题频发。基于中年段学生个体生长的内在需求不断增强的特点，我设计了"四自"班本德育自治课程，以自主管理、集体教育促良好品格的形成，建立和谐的成长共同体（图2-2）。

图2-2 "四自"班本德育自治课程

1. 自主发展，尽善尽美

通过师生合作与家长支持，我们共建了班本德育自治课程框架，保障课程顺利实施（图2-3）。

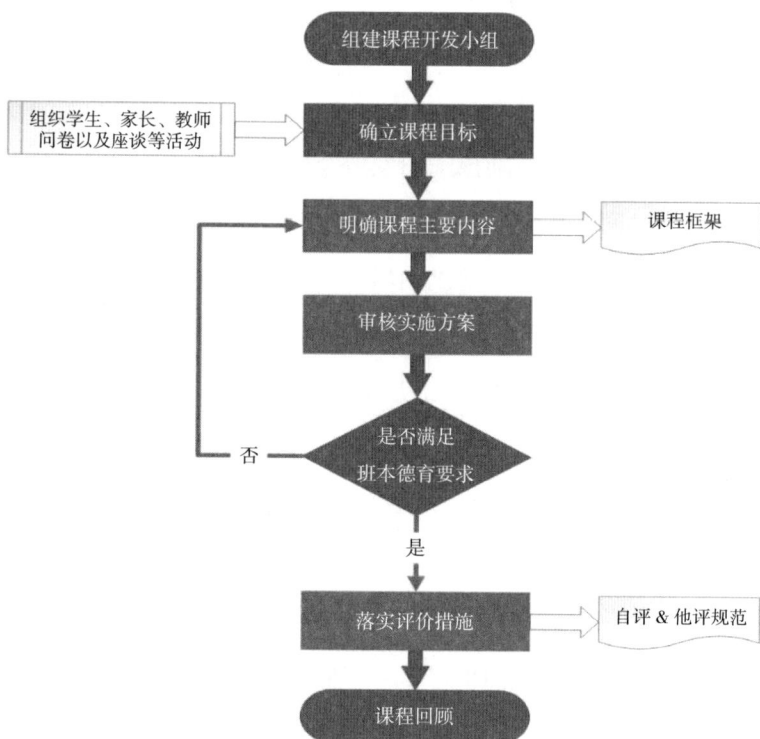

图2-3 班本德育自治课程框架

通过调查学生的特长爱好、家庭及社区教育资源以及科任教师的特长，课程开发小组根据目标，在最终形成的4大类、12小类班级德育自治课程中，选择一部分适合学生自主设计、自主参与、自主管理的内容，重点落实"自治"。

孩子们跟随学校"中科镖局""中科超市"活动组的高年级哥哥姐姐们实习，记录工作要点，了解工作流程，并在实践中产生灵感，立足学校报刊发放人手不足的问题，孩子们创建"小报童"分队，主动为各班分发杂志报刊，定时定点投放，并在服务中逐渐完善工作流程，像哥哥姐姐一样服务他人。

"生日祝福"课程，课程设计小组从日常生日庆典中获得启发，筹划了过10岁集体生日的创意，从活动策划到分工、组织，以及现场灵活调配，孩子们各个环节亲自操作、实施，虽然过程难免有疏漏之处，可在快乐、满足的情绪体验中，他们收获的不仅是生日的祝福，更是自我教育、自我成长、自我完善的人格塑造能力！

2. 合作共进，美上加美

小组成员间共同管理课程、师生及家长共同参与课程评价，以评促管，实现共管。四个课程大组，从课程方案的制订、实施过程及课程效果三个方面，建立课程评价标准。评价由自评、他评两种方式结合，过程评价与结果评价结合，学生、家长、教师评价相结合。建立每周课程反馈机制，在反馈中肯定优势，发现不足，总结省思，调整促优，以培养学生自觉反思、自我调控的习惯与能力，提高学生自主管理的能力。

这样的过程也是"小钻石"们彼此照亮，相互教育的过程，对钻石来说闪耀再自然不过，可光而不耀才能凝聚成长微光，点亮集体的力量。

（三）高年段：嵌饰升华，终身成长，培育社会适应力

立足于全球化社会以及"互联网+"的时代诉求，为了"中国梦"的实现，培养儿童具有现代公民的基本品格尤为重要。高年段，我着力培养

学生的社会性，实现终身成长。

升级"班级制度课程"，设立班级调解委员会——随着班级建设的推进，会出现各种各样的问题。把问题转化成学生成长的契机，通过模拟社会中的法庭调解，有角色设置，有被告、陪审团、检察长和辩护等，让学生在角色体验中发现问题、分析问题和解决问题。增强学生主人翁意识，在过程的评判中，也是一种班级正面舆论导向的引领。

我相信，当下的社会是孩子们广阔的教室，身边正在经历的事就是最好的学习。为解决废弃口罩的回收处理问题，孩子们深入研究：小组中分析困难所在，班级里探讨可行方案，校园里试行好点子，走入社区进行项目宣讲，活动后开展反思总结。伴随课程研究的深入，"小钻石"们正逐步学会与身边的世界相处，尝试为公民社会提供见解与解决方案，努力成为面向世界与未来的合格公民！

四、班级评价体系

我校建立"代币制"德育评价体系，实行多维立体评价，促进学生全面成长。建立学生"多元成才"的个性特长评价体系，激励学生个性特长发展，促进班集体积极建构。

我以"代币"为基础，衍生班级评价系统，为班级的德育工作赋能（图2-4）。设计"中科币"下沉机制——班级优化大师，记录各学科教师以及班级干部分发或回收中科币情况。

1. 多元评价，五育并举

评价方向涉及学校生活的各个方面，关注学生的成长过程和个体差异，从而发现学生的优点与特长，以促进学生在不同程度的发展。

2. 小组评价，凝聚力量

根据班级小组，将学生进行组别划分，每周进行小组评比及奖励，组内每个学生在纪律、课堂、作业、考勤、品德等方面的积分加减情况将直

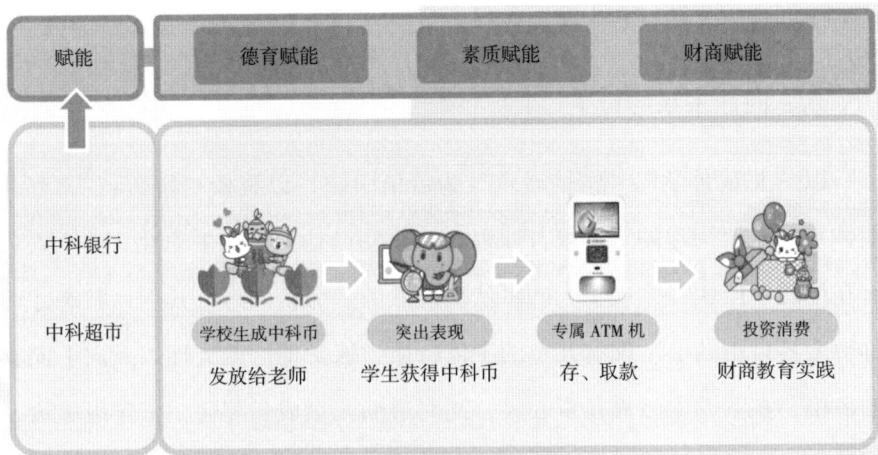

图2-4 "代币制"评价系统

接统计在小组总得分中，为自己争取荣誉的同时，为小组增光添彩，从而提高自我约束力和团队合作能力。

3.重视过程，记录成长

即时性的正向评价能够激励学生的学习型兴趣及向上动力，班级优化大师改变了传统量化评价过于重视结果的倾向，注重过程性、形成性评价，记录学生一点一滴的进步，同时及时发现学生退步原因，及时干预引导，促进学生个体发展。

五、那些闪耀的成绩

5年来"小钻石"们在校内外的活动中取得了优异成绩，校级、区级展示课上有他们合作探究、自信表达的学习样态，学校活动中能感受到他们团结一心、奋力拼搏的团队精神，家长的反馈中能听到他们自立自主、沟通有节的成长进步，整个班级呈现积极向上、合作共进的气象。我们的情景剧《爱拼才会赢》获得"发现南山"百强作品，并随着新媒体公众平台走进更多人的视野，我们多次被评为校级优秀班集体，2020年9月我也被评为南山区优秀中队辅导员，2021年12月，钻石中队荣获2020~2021年度"深圳市少先队红旗中队"称号。

六、向往未来的日子

以"儿童哲学""情境教育"为价值引领，以我校"科学+"德育课程体系为支架构建的班本德育课程，其出发点是生命的主动性。"个人只有在他的价值抉择体现了人的本然而应然的生命祈向时，其生命状态才可称得上是自由的。"理解儿童的主体特质，保护他们的天性以及向上向善的欲望，在活动中滋养儿童心灵，同时遵循儿童成长规律，依年段施策，将社会律令柔性地植入儿童心田。

未来的日子里，我将继续做那个充满热情的工匠，让每一颗钻石都释放最耀眼的光辉，愿育人三部曲能永远为他们的美丽人生领航！

赵秀秀，广东省深圳市南山区中国科学院深圳先进技术研究院实验学校小学语文教师，深圳市白莲花名班主任工作室学员。

心里有光，方能心之所向

杨秘

我从小就想当一名教师。小的时候，看到三尺讲台上挥汗如雨的老师，我就觉得他们满身都绽放光彩，似乎有一种魔力在吸引着我。教师——传道授业、教书育人，多么高尚的职业啊！于是，有个愿望在我小小的心里扎根发芽，那就是成为一名光荣的人民教师，去点燃孩子们梦想的火花，成为他们人生的引路人。后来，我实现了我的理想——当老师，准确来说是当一名"班主任"。

时光荏苒，我工作多年，成为班主任也有5个年头了。破茧成蝶，只需要一朵花开的时间，但班主任之路的践行，要经得起时间的考验。忆往昔，我的班主任成长之路仍历历在目。

点点星光，播下育人的种子

初为人师，有几分忐忑，几分惶恐，但更多的是激情和梦想，因为，我终于拥有了自己的班，我可以在我的班上"大显身手"。当我还在构想着怎样组建一个优秀的班集体时，却迎来了第一个挑战——"甲醛门"事件。

由于学校新装修，家长们担心装修安全问题，于是家长们纷纷不让孩子返校。已是开学时期，校园没有孩子，我教谁呢？刚接手一年级，还未曾和孩子家长谋面呢！家长们和学校处于如此对立的局面，我以后怎样和家长们相处呢？为了劝返学生，校领导要求我们进行家访。

我拿着学生名单，逐个打电话。询问家长是否接纳我的到来。家长们一听说我要去家访，立即在他们所建的群传开了。于是，我接连几个电话都是碰壁。"老师,我们正好要出去。""老师,我要送孩子上辅导班……"还没登门,便碰了一鼻子灰。这班主任不好当啊!看这情况,我索性和家长们摊牌。我拨通了小铭妈妈的电话:"喂,您好,是小铭妈妈吗?我是班主任杨老师。您放心,我不是来劝你们返校的。我只是想过来看看孩子,提前熟悉一下孩子可以吗?"小铭妈妈接受了我的到来。我亲切地搂过腼腆又有些胆怯的孩子说:"小铭,你好,我是杨老师。以后杨老师要陪你度过小学时光哦……"小铭妈妈似乎对我有些防备。于是,我和她从小铭像我弟弟开始破局聊天……小铭妈妈质疑我这么年轻,能带好班吗,我很自信地告诉小铭妈妈:"您等着瞧吧!您绝对没有看错人。"聊了好一会儿,气氛逐渐融洽,我也在这个时候说道:"我希望孩子早点回学校,步入学习正轨,我和你们有着一样的心情,一样的目标,都是希望孩子们好,我爱你之所爱,担忧你所担忧。"小铭的妈妈也点了点头,脸上露出了一丝笑意。

小铭家家访结束后,我的"家访之路"顺畅了很多,两天下来,我基本上完成了一半多孩子的家访。一周后,我的班级返回人数高达90%。"甲醛门"事件,让我取得了小小的成功,但接下来,我该怎样来建设这个班,怎样带领孩子们呢?

熹微晨光,照亮前行路

孔子说:"敏而好学,不耻下问。"于是,我找到了学校的资深班主任龚老师请教。龚老师微微一笑说道:"秘呀,怎样带班不是我说了算,是在于你。你想要把班级带成什么样呢?带班之前,你先要有一个带班目标。有了目标,你才会有方向。"

龚老师的话如清晨熹微的阳光一般点醒了在睡梦中的我。对,我希望他们成为积极向上、乐观、自信大方、始终坚信光的人。有了这样的目标,我开始去翻阅书籍,尤其是班主任管理类书籍。学习治班从哪里入手，开始着手记录我的治班想法和启发。有前辈的引领，有书籍的支撑，我开始有了治班的信心。

班级是一个整体，那我先从整体进行突破。一位家委会会长告诉我："如果把班级比喻成一艘船，那么老师是掌舵人，家长则是划桨人。家长和老师共同的目标是把孩子输送到成功的彼岸。"由于之前"甲醛门"事件，家校关系还未缓和。目前，孩子们刚返校，是全心治班也是缓和家校矛盾的契机。于是，我给自己一周的时间和家长建立关系。我先建立微信群，并立下群规。然后，我便开始和家长们分享我的教育观念，或者孩子们在学校的表现。当然，和个别家长沟通也是必不可少的。当我把家长们都拉拢到我身边时，再进行班级建设。

一位资深班主任告诉我："管理班级，不在于管，而是在于理。"带班如同修房子，一定是先打好根基，我从班级整体建设开始——搭框架。班级建设框架由班干部管理制度、班级日常行为管理制度、班级文化建设组成。三大体系先搭起来，再进行细枝末节的修补。每一项制度的建设，我都会深思熟虑，我想把孩子培养成什么样的人，那么这些制度就应该跟我的培养目标一致。于是，在每一项制度推行的背后，加班是常事，琐碎是日常。幸运的是，我的付出也得到了相应的回报。在开学仅有一个多月的时间里，孩子们已经养成了良好的行为习惯，也逐渐适应了小学生活。随着孩子们的成长，我们班级每一项制度都在进行更新升级以符合孩子们的身心发展特点。也很感恩这群孩子，我们在短时间内，建立起了心灵互通的默契。毫不夸张地说，带队时，并不需要我提高嗓门喊口令，仅需一个手势，孩子们便能理解。

璀璨光芒，看尽一路繁花

2019年是我人生中最重要的转折点。我怀孕了。怀孕初期，我没有惊喜，没有开心。我第一反应是我如果休产假，我的孩子该怎么办呢？刚刚帮助他们养成的好习惯，会不会因为我不在便松懈了呢？我有着一系列的担忧。

生完孩子之后，我并没有很快就进入妈妈的角色。时常在产假期间，担忧孩子们在学校是否变得不乖，担忧无法见证孩子们的进步，担忧家长们会更加喜欢代课老师……细细回想，这些担忧，是真地的担忧孩子们吗？不是，我只是担心我所得到的肯定被大家抹去，我所担忧的是不再被认同后的那种失落感，我所担忧的是长时间脱离校园，无法融入学生和同事的那种孤独感。

为了改变这种现状，我在同事的介绍下进入了名班主任工作室，跟着名师进行写作。因为我知道一个人可以走得很快，但一群人才能走得更远。也就是在产假期间，我开始我的班主任专业写作之旅。每次写完，我总会找老师进行指导和修改，然后再投稿……同时，不断阅读，参加各种研修，提升自己，以专业知识武装自己，想学生了，便带着孩子去学校看看他们。

产假期间，我写了10多篇的文章，每次投稿基本上都是石沉大海，但我依然坚信我遇见的那些让我感触过的人所带来的光。2019年的期末，我接到教育局的邀请做一个关于班级小组亲子活动建设的讲座。也正是从这个时候开始，我的人生仿佛被光照亮了一般，开始散发出璀璨的光芒。在2020年我的投稿多篇被征用。同时，我写的文章也被学校推送到广东省参加比赛。不仅如此，学校也让我代表学校参加区综合实践课比赛，我获得了区一等奖。

我不敢相信，能够获得如此多的荣誉。在我眼中，这一摞摞奖状不仅是荣誉，是对我的一份认可，一份肯定，更是我在班主任之路上的能力提升，因为这一段写作时光，我的班主任专业能力也在不断提高。因为写作，我的人生开始发亮。

感谢生命中的每一束光，照亮我前行的路。从点点星光在我心中点亮，再到细微光芒，指引我方向，一路荆棘，始终坚持，从未放弃。这一路，从开始懵懵懂懂、跌跌撞撞，犯过错、失败过、失望过、自责过，但每当有消极情绪如蝼蚁般麻痹我的神经时，想想我的学生、我的同伴、我的家人、我的孩子，便有一种力量灌注到心间，让我重新振奋精神满腔热忱地回到工作的状态。他们便是我人生道路上的星辰，遇见便能借光而行。

杨秘，广东省深圳市南山区南油小学英语教师，深圳市张日威名班主任工作室成员。

驶向专业成长的"帆"

黄晓珠

当小学班主任7年了，从刚毕业时凭一腔淳朴的师爱和个人成长经验带班，到根据班级师生特长量身定制，打造阅读和运动班级，再到去年，凭借带班特色我成功申报了南山区名班主任培养对象，这一路的成长蜕变，对名师云集的深圳教育沃土来说不算什么，但对于我个人的成长和职业幸福感的提升却意义重大。

新接班级，掌稳沟通之"舵"

工作两年后，因为工作变动，我来到了一所新学校，接手一个新班。如果说前两年的工作使我有些经验的话，那是因为我所带的班级学生是四、五年级的，师生之间正常沟通没问题，而现在面对的是需要从零开始的一年级新生，我犯愁了。心理学上的墨菲效应表明，越担心的事情越容易发生。新生入学第一周就发生了"家长问责"事件。有位家长在班级群里质问我"为什么孩子中午回家说自己头晕，班主任却没有告诉我，班主任是怎么当的"？刚接班就被家长问责，我一时不知如何回应，只能请教办公室的同事们。这件事可大可小，处理不妥，会导致其他家长对班级群使用的边界认识不清，也会影响我个人的威信。考虑再三，我决定请家长到学校来面谈。

我提前拟了谈话提纲，家长如约到校。见面初，我热情地欢迎家长，并表扬孩子："帅帅上课听讲认真，思维敏捷，踊跃举手回答问题；语言表达也很好，您一定非常重视孩子的阅读吧？"前来"兴师问罪"有些尴尬的帅帅妈妈听我这么一说，笑容瞬间堆满了整个脸庞，也打开了话匣子，与我侃侃而谈她是如何培养孩子阅读习惯的，我也不时点头、微笑、追问。眼看家长的情绪越来越松弛，我开始放慢语速讲述孩子在校"头晕事件"的来龙去脉，以及我和校医第一时间是如何处理的，家长静静地听着。末了，我说："很抱歉，当时在上课，事情处理妥当之后，也没来得及第一时间告知您，让您担心了。"家长连忙拉着我的手说："别这么说，黄老师，不是您的问题，孩子早上没吃早餐导致头晕是我照顾不周。您刚接一年级新班，琐碎的事情那么多，忘记是正常的。"沟通进展到这里，面谈的任务完成了一半。

破窗效应表明："环境中的不良现象如果被放任存在，会诱使人们仿效，甚至变本加厉。"为了杜绝在班级群"兴师问罪"事件的再次发生，我接着说道："是啊，如此智慧的您，肯定知道大人对问题的处理方式会潜移默化影响孩子。下次遇到类似的问题，是不是有更好的处理问题的方法呢？"

帅帅妈妈当即表示，"孩子的表达能力有限，以后遇到类似情况会先打电话或私聊老师了解情况。刚开学，就在班级群带了个不好的头，我要在班级群向老师和其他家长道歉。"

当晚，我在班级群看到了她的道歉，事件的处理告一段落。这次面谈，意外发现帅帅妈妈亲子阅读做得很扎实，入学调查显示班级部分孩子的识字量实在少得可怜。后来邀请了帅帅妈妈在家长会上分享经验，家长们反馈很好。

对待学生，我们提倡"好的关系才会有好的教育"，对待家长也是一样，"好的关系才会有好的沟通"。正是见面初，我发现孩子的长处，对孩子的赞赏，拉近了我与帅帅妈妈的心理距离；正是帅帅妈妈在分享、倾诉时，我认真倾听，适时肯定，掌稳了家校沟通的"舵"。

绘本育心，开启班会新思路

二年级的学生喜欢互取绰号，经常有学生来告状，头疼不已之际，听了陶红霞老师的讲座，看到她的"绘本德育"的有益探索，联想到学生喜欢取绰号这个现象，便想到依托绘本教育设计一节班会课会不会是可行的路径呢？在翻阅了众多绘本之后，我选择了在《我的名字克里桑斯美美菊花》的基础上设计一节名为《请你给我取雅号》的班会课。

班会课前，我做了两个准备工作。一个是我请学生回家询问爸爸妈妈，自己名字代表的意义，例如，"周德彬，德才兼备，文质彬彬"，并通过QQ发送给我。另一个是我请被取过绰号的同学排练情景剧《我不喜欢被取绰号》。班会课上，我首先带着孩子们通读了一遍绘本，读到克里桑斯美美菊花因为名字"像一朵花"被同学嘲笑时，我在课件上出示了班级同学的名字，请他们分享自己名字的意义。"父母给我们取的名字代表了他们对我们成长的希望，这是一件多么美好的事情啊！试想，当你的名字被同学拿来取谐音嘲笑时，你的心情会怎样？你的爸爸妈妈知道后心情会怎样呢？请欣赏由'萤火虫小剧场'带来的情景剧《我不喜欢被取绰号》"。

我一边看表演，一边观察平时喜欢取同学绰号的小轩，看着同学哭诉被取绰号时的伤心无助，他的头越埋越低，显然他意识到自己的不文明了。矛盾是对立统一的，对立统一是可以相互转化的。接着，我向大家提问，"谁有金点子来安慰一下刚才这些被取绰号的同学？"小轩把手举得高高的："不如我们给他们取个雅号吧，就像'诗仙李白''诗圣杜甫'那样子的。"这真是一个好主意！每个人都希望自己能够得到别人的肯定和赞美，"为同学取雅号"这个环节把课堂气氛推向了高潮。

当天晚上我收到了家长的信息："黄老师，谢谢您，今天轩轩说您在班会课上表扬他的金点子了。轩轩喜欢给同学取绰号这件事困扰了我们这么久，提醒了那么多次，没想到一个情景剧让他感受深刻，变取绰号为取雅号。"

这节班会课让学生印象深刻，大大改善了互取绰号的状况，因为它直击以往班会课"单项灌输，缺乏真切情感和生活体验的痛点"。后来根据班级学生德育难题，我又陆续设计了情绪管理班会课——《我的情绪小怪兽》、悦纳自我班会课——《我喜欢自己》等课程。在摸索的过程中，我尽力做到：不为单向说理而上课，赋学生知识学习以情境；不纠结于行为结果的说教，赋学生学习过程以体验；利用文图兼美的绘本书籍，赋教学过程以美感；关注学生行为的改变，赋学生以美好品格的塑造。

以赛促学，阅读奠定底蕴

为了让专业成长走上快车道，我报名参加了南山区班主任专业能力大赛，想通过比赛的历练触发自己的专业觉知。然而，在写5000字"带班育人"方略文本时，尽管心头千万思绪，却无从下笔，这时我发现没有系统专业书籍的阅读输入，难以有文从字顺得体的输出。

如何系统、有指导性地进行专业阅读呢？一次机会，我申请加入了张日威名班主任工作室，在张老师的引领下，与工作室的老师们一起踏上了阅读的旅程。

读《智慧教养三十六计》时，我带的班级学生上了六年级，他们中有个别孩子变得敏感、要强，容易情绪爆发，时常因为一件小事与同学产生矛盾。这时，书中的观点"每一种情绪都是一种语言，都是带着信息来跟我们沟通的，有的情绪激烈，你看得见行为；有的情绪隐忍，你看不出变化"给了我启发。在处理小杨同学因为小白鞋被同学踩脏在教室里破口大骂的事件时，我没有像以往一样厉声制止他的行为。这次我采用"共情法"，觉察并说出小杨同学的感受，再猜测孩子的愿望，"你感到生气，是因为小萱踩脏了你的白鞋，你希望她以后走路小心一点，不要踩到你的白鞋，对吗？""看见情绪"的沟通开场为小杨后面平复情绪，说出自我反省的话做了良好的情绪铺垫。先处理情绪，再处理问题，情绪好了，问题会迎刃而解，要相信每个人都是解决自己问题的专家。

读了《班级管理课》，我用书中"责任到人，制作各科作业表格"的办法，培训科代表利用每天早读时间，快速清点出未交作业的名单，提交给科任老师，减轻了科任老师收作业负担。读了《家庭的觉醒》，我在家长会上与家长们一起思考"如何破解家庭教育的迷思"，我们达成了家校共育的共识：要想进行有效的家庭教育，构建良好的亲子关系，最关键的不是想办法去改变孩子，而是改变家长（家长需要觉醒），觉醒的家庭才能养出觉醒的孩子。

正如《终身成长》一书中所说：人类的某项专长并不是固定的先天能力决定的，而是通过有目的的锻炼获得的。班主任的专业能力也是可以训练的。

专业阅读、班会实践、家校沟通，甚至一件件细小的学生事件的用心处理，就是我驶向专业成长的"帆"。

黄晓珠，广东省深圳市南山区海滨实验小学语文教师，深圳市张日威名班主任工作室成员。

从"0"开始，从无到有，从有到优

林敏莉

16年前刚毕业的我，是中职教育领域的"菜鸟"。常言道："笨鸟先飞"，所以我肯定需要"菜鸟先飞"，从"0"开始，学做一名合格的中职教师，学做一名智慧的中职班主任。每当步入成长的瓶颈期，面临着人生的另一个挑战时，每当遇到自身的短板问题时，我都尝试用"老鹰蜕变"的勇气去接纳自己、改变自己、超越自己。"菜鸟"蜕变成"大鹏"要经历种种挑战和困难，而我选择勇敢面对、接受挑战。

一、参与比赛，踏上专业成长路

2014年，我遇到了一个挑战，同时也是我的一个重大机遇——学校推荐我参加汕尾市中小学班主任能力比赛。一开始，当我了解到班主任专业能力的比赛项目并不是我想象中的简单时，我内心充斥着忐忑不安。比赛需要比拼4个部分：班级建设方案（笔试）、成长故事叙述、情景处置、主题班会设计，非常考验班主任的理论水平和现场应变能力。可是对于一个赛场"菜鸟"，只有4年班主任经验的我，面对这些棘手的任务，自然是摸不着头脑，心情很烦躁，也很焦虑。

记得当时，我熬了无数个夜晚，写了很多篇班主任成长故事。为了锻炼自身的综合素质，平时一有时间，就阅读一些相关的书籍。我经常对着镜子反复练习，力争每一个动作都落落大方、恰到好处……极其幸运的是，我获得了汕尾市选拔赛一等奖，被推荐参加省赛。

一只"菜鸟"突然飞到了更高的地方，来到了高手林立的赛场上。

在那里我亲眼目睹了"神仙打架"的情形后，我犹如"井底之蛙"跳出深井，一对比才明白自己究竟有多"菜"，也更加深刻地领悟到"天外有天"的道理。站在舞台上，面对一千多名观众，那一刻我心虚，全身颤抖，紧张到心底残存的那份自信刹那间土崩瓦解。这时，我才知道，想要成为一名有智慧的班主任，除了满腔热情，还需要科学的方法，用专业的理论知识指导实践工作的开展。

从此，我踏上了班主任专业化成长之路：十几年来，我一直参加各种线上或线下专业培训课，聆听专家名师的经验和方法；投身于学校举办的班主任沙龙或交流会，与班主任沟通交流带班经验；参加名班主任工作室，借助各种平台接近名师，与优秀同行学习和交流。无论什么活动，只要能让自己进步，我都会去参加，"菜鸟"也随之正式起飞，为未来的蜕变打下坚实的基础。

二、赋能成长，天堑变通途

"你尽管去努力，其他交给时间。"成功并非天赋，而是靠后天努力。从小妈妈便教育我：你不聪明，勤能补拙。这句话对我影响很大，让我明白并不聪明的我必须要踏踏实实、勤勤恳恳、戒骄戒躁地努力学习和工作。工作16年我获得了很多成绩，全是靠自己的踏实努力换来的。在赋能成长的过程中，以下几个方面对我影响特别大。

1.用阅读促成长，提升自学能力

参加完省赛后，我深知自己的理论水平较差，如果想更快更有效地提升自身能力，就要依托自学。很多优秀的班主任都是通过自学不断成长、成熟起来的。古话说，"书中自有黄金屋，书中自有颜如玉"。我主动参加学校和省名班主任工作室举办的读书分享会，使自己养成"爱读书、会读书、读好书"的好习惯，静下心来阅读，潜下心来育人。

作为一名教师，我要求自己阅读关于管理类、教育心理类的书籍，从书中也汲取不少教书育人的智慧。例如，我认识到"每一个成功的教育行为背后一定有契合的心理原理"。在现场分享活动中，我总陶醉在分享者阅读后的心得感受，他们将书里的内容与带班个案巧妙结合、融合分析，这为处理问题提供了新思路。

从此，原来只懂"救火灭火"的那只焦头烂额的"菜鸟"，已经会运用"马斯诺需求原理"来分析学生每个阶段的心理需求了，还懂得了使用"南风效应"来引导学生向上向善发展。不仅如此，我用书中的理论引导教学实践，鼓励学生要用"成长型思维"发展自己，并合理使用好班委会的"三驾马车"，培养出一批为班级服务的班干部团队，最终形成积极向上、团结奋进的优秀班集体，在引导学生自我管理的同时，我也逐渐修炼成一个会"偷懒"的班主任。

2. 积极参加培训，提升业务能力

有人这样形容培训的重要性："读万卷书不如行万里路，行万里路不如名师指路。"走出去参与培训，尤其是班主任的能力培训、德育工作培训等，汲取大师们的教育智慧，同时也可以和来自五湖四海的同行交流合作，对我们更新教育理念、拓展工作思路有很大帮助。我参加过各种形式的培训，确实让我更新理念、增强能力、提高素养，有力地促进本职工作不断提升。暑假是教育工作者最好的充电时间，于是每有"走出去"学习的机会，我都会第一时间报名。

2018年，我参加了《快乐高效课堂教学能力提升班》，虽然这是教学能力方面的培训，可对我日常的班级管理也起到很大的作用。当时那位老师主张用"体验式方式"学习教育教学新理念，这让我懂得了作为教育者不能一味地使用"填鸭式"说教，而是要善于改变教育方式，懂得利用班级文化育人、主题班会育人、实践活动育人等。培训后，我立马将这种治班理念实践在班级管理中，带领着学生在活动中体验，在体验中学习，一步一步指引学生，使他们潜移默化改变固有思维——这简直就是事半功倍的好途径。

2020年是不平凡的一年，互联网成为彼此沟通的纽带。对我的教学事业来说，这一年也是大胆创新的一年，我尝试投身一种新型的培训方式——线上直播培训。一如既往地，我积极报名参加了省名班主任工作室承办的起始班主任培训，每门课程都是由一线班主任在屏幕前做经验分享，无私奉献着他们在班级管理和育人实践过程中的成功宝典。我这个"菜鸟"也通过培训吸取优秀班主任的经验，认识到班主任工作应该是做细、做真、做强的，同时借鉴他人的可行性做法，从而让自己带班得心应手。

3. 加入成长平台，连接优质资源

我是在一所山区中职学校工作，内心知道自己要学习、要成长，但是由于工作量大、遭受现实打击后行动力较差，再加之经济条件的限制，自然就懈怠下来，失去了刚开始的激情。广东珠三角地区是非常重视班主任专业化能力培养的，多年前就成立省级、市级、校级名班主任工作室。然而，目前为止，汕尾地区没有省级、市级的中职班主任工作室团队，并严重缺乏专业知识的培训与专家指导。这使我慢慢萌生出一种想法：如果我们可以加入名班主任工作室，跟随名班主任学习、开展科研，抑或是我们学校层面创建校班主任工作室，由工作室规划和带领学校班主任搞研究，以点带面，形成一套适合本校实际的培养计划，通过对成员在学习、阅读、反思、科研等方面系统性的要求和指引，有效推动班主任更快速全面的成长。

于是在2019年9月，我作为主持人，与另外8位班主任自发成立了"菜鸟先飞"工作室。工作室里，每一位都是"菜鸟"，对工作室如何运作和发展尚属于自我摸索阶段，全凭一股热情在运作着。我们深知，如果我们想要得到学校的支持，必须要做出点成绩。

可是，这条路并不平坦。刚开始的第一年，工作室发展停滞不前，甚至身边还有人产生了质疑。但机遇总是与挑战相伴相生，在一次德育培训会上，我有幸听了省赛一等奖选手的分享，认识到加入更高一级的名班主任工作室的重要性，于是我抓住机会，申请加入了省名班主任工作室和深圳市名班主任工作室。

在如此高级的平台学习，我结识到很多优秀的同行，学习着高级工作室的组织运作管理与发展理念，在他们的领航下，时刻鞭策自己不断学习和前进。我把学习到的经验和掌握到的一手资源及时内化，并传输到自己的工作室，带领着成员一起加入网络学习，参与研修，同时也"模仿"着开展活动，根据实际设计了适合本校的"非常6+1"班主任培养模式，更好地调动班主任的积极性和学习的内驱力。

三、冲破云层，"菜鸟"将展翅高飞

"菜鸟"想冲破云层，必定会遇到很多荆棘，需要付出比别人更多的精力和时间，也需要得到周边人的理解和支持。这一路上，我很庆幸遇到"爱学习"的自己，"爱家庭"的家人，"爱进步"的同伴。我也很庆幸遇到了各种优质的平台和资源，借助它们，我更快速地成长起来，把成功的管理和育人经验实践于自己的班级管理当中。

11年的班主任经验帮助我慢慢地成长为骨干班主任，在班级管理中得心应手，所带班级多次获得优秀班集体，我也获得"县十大最美老师"和"市最美中职班主任"的称号，成为广东省名班主任培养对象。在2022年，我带领着学校工作室成员参加了省名班主任工作室建设组的比赛，倍感骄傲的是，我们在众多的团队中脱颖而出，拿到了省决赛的入场券，这让我们这些"菜鸟"们既惊讶又兴奋，也让我们明白，之前付出的一切努力终将迎来回报。

在名师的指导下，团队在决赛中表现出色，获得了广东省二等奖——出色的成绩是"菜鸟"蜕变的见证。16年的跌跌撞撞，从"0"开始，从无到有，从有到优，我不再是阴暗环境里的那朵弱小的蘑菇，我终将冲破

尘土，站上更高更大的舞台，去自信地展示自己。

"大鹏一日同风起，扶摇直上九万里。"我相信不只是我，一代又一代的"菜鸟"们必定是在经历暴风雨后，终于在山巅见到久违的阳光。我还会继续前行、继续攀登、继续蜕变成长为更加优秀的自己，为职业教育奉献我的力量。

林敏莉，广东省汕尾市陆河县职业技术学校高级讲师，深圳市张日威名班主任工作室学员。

我是老师，也是妈妈

李思玫

一、困境：路灯下的背影

我的手机屏保上一直保持着同一张照片，昏暗的路灯照着一小片路砖，一团小小的身影在路砖上屈腿坐着，望向小区大门方向。那是又一个加班的夜晚，3岁的女儿在楼下等待加班未归的我。小家伙一边等，一边喃喃念叨"呦呦要在这里等妈妈下班一起回家"。奶奶觉得可爱，拍了照片发给我。

彼时的我刚历经重重考验，通过了社招考试，加入了新的学校，接手了新的班级并担任班主任。当知道考编成功上岸成为一名教师时，家里人都为我高兴，"稳定""每天只用上两节课""轻松"等，这都是外界对这个职业的印象。身在其中，我才知道，一名中学班主任的工作量竟然这么多。

备课教学、班级管理、年级活动、培训学习、专业比赛、家校沟通……每天太阳还未出山，我便已上班，月亮已然高挂却还未回家。有时候好不容易早些下班了，连陪女儿读会儿绘本的时间，手机工作信息也震个不停，更别说想有些个人休闲时间了。

日复一日，无尽的工作让我精疲力竭，压力山大，而那张照片中孤单等待我的小小身影，成了压垮我内心的最后一根稻草。如何平衡我的工作和家庭？我陷入了深深的思考。

二、觉察：是什么导致了失衡

工作和家庭失衡，说白了就是个人时间和精力分配不当。一开始我认为我工作时间长一定是我效率太低，工作规划没有做好。于是我开始常常给自己制订精确到分钟的时间表，争分夺秒把每一分钟都安排好。但事实上却根本实施不了几天，备课是细致的脑力活儿，还常常需要查找资料和灵感，根本无法在精确时间内完成。学校的临时任务每个都非常紧急，容不得拖延。学生的突发状况更是无法预料且需要及时处理。

为了找到我的规划弊端所在，我决定先跟踪观察自己的每日生活。得益于学校生活规律的时间表，我的生活节奏整体也比较规律。每天早上6点起床，简单梳洗后，6点半到校上班。吃完早餐后，回到办公室，打开电脑，烧上一壶茶，开始处理当天的工作。7点进班开始班级的晨间管理工作，如检查卫生、催作业、看早读、陪跑操。8点开始上课，每天两节课。上午的课余时间则拿来备课、改作业，至此都还算从容。

中午餐后进班看午睡，下午则巡班，处理和转发各类通知，找学生谈话，策划班级活动，一天的工作量基本就排满了。这时再来个教师的线上或线下的培训或教研，半天时间就过去了。这半天没完成的校内工作就只能带回家。碰上需要参加比赛的时候，赛程短的一两周，长的持续几个月，这时就需要每天拿出一两个小时来练习备赛，再算上其他突发情况或临时任务，每天的工作时间怎么看都远远不够。

三、寻路：鱼与熊掌兼得之道

如何在时间和精力有限的情况下，高效地安排工作和生活？这不是我一个人的困境，许多人在这个领域进行了探索。我开始大量阅读相关书籍，如《正念高效工作法则》《清单革命》《化繁为简》《刻意练习》等，结合他们的经验，我开始调整自己的规划。

1.树立家庭和工作的边界意识

家庭和工作都很重要，为确保整体规划的顺利运行，我认为首先要树立家庭和工作的边界意识。在工作时间段不做个人的事情，应该下班时就自然下班，且在家庭生活时绝不把工作带回家，从而倒逼自己在工作时间内提高效率，也使家庭生活时间有了保障。

2.用对方法，提升管理效率

为了不把工作带回家，就需要提升效率，在工作时间内高效地完成当天所有工作。我先把自己所有的工作内容分成了教学、班级、个人事项三类。再根据这三类的具体内容，结合时间管理四象限法则，将工作内容再次归类。然后根据时间段是否完整和精力是否充沛，将自己的状态分为黄金时段和零碎时段。把最重要的事情放在黄金时段处理，比较琐碎的事情则放在零碎时间段处理。

以前我认为，作为班主任，班级管理一定是第一位的，所以我花了大量时间巡班，怕学生违纪犯事儿，我甚至常在班上守着。后来发现，我花费了大量的时间却收效甚微。有我守着时，学生看起来规规矩矩，我不在班级时，学生的自律性全无踪迹，可见这样的时间耗费意义不大。

于是我开始转变策略，我开始学会精心设计好每一节班会课。有时候，一节直击人心的班会课起到的作用，比我守在教室里几个星期都要好。比如一开始我们班的卫生总是做不好，许多学生值日偷懒，班委叫也叫不动，只能一次次地让我在做值日时亲自守着看着。于是，在研究学情后，我精心准备了一节《劳动让生活更美好》的班会课。学生们在班会课的体验中，逐步认识到劳动对人生活的重要意义。班会后，愿意认真劳动的同学多了起来，再也不需要我时刻守着做值日了，就这么一项，每天就能节省我将近40分钟的时间，这让我感受到方法用对的成就感。

3.巧妙利用时间，提高备课效率

我发现自己常常带回家做的工作是备课，每天都需要备课。但在校内时，由于花了很多时间在班级管理上，学校的临时任务和学生突发情况也容易把工作时间变得零碎，因此总是无法静下心来备课，而备课往往又是最重要的，于是就只好回家加班。分析了四象限法则后，我开始把备课调整为最重要且最紧急的任务，拿出在校期间最完整且精力最充沛的时间段来进行备课。在这期间暂时屏蔽通知信息群，戴上耳机隔绝办公室声音干扰，心里也不纠结其他任务有没有完成，只是专注地沉浸到备课中，这样下来备课效率大大提高。

把课备好了，其他的零碎任务就很容易安排了。巡班的时候顺便转发通知，看午睡前处理一下学生矛盾，守自习的时候再改个作业。一天下来，最重要最紧急的事情完成了，不那么重要或紧急的事情自然可以再找时间完成，而不必非得带回家加班了，家庭生活时间自然就有了保障。

4. 参赛功夫要放在日常磨炼

工作里有一项个人事项既是工作内容又只关乎个人，那就是参加专业比赛，这是个人专业能力提升的重要路径。我积极参赛，每次参赛时，要么其余工作都为比赛让路，要么选择加班，让家庭生活为比赛牺牲。然而几轮比赛下来，我最大的感受是，参赛不是一时的，而是一辈子的事情。几十分钟的赛场表现纯靠比赛前的一两个星期甚至一两个月突击是远远不够的，专业赛场上，考察的其实是每个选手的日常积淀是否足够丰厚。比赛也是为了让选手在工作中有更明确的实践方向。

有了这样的意识，我不再把比赛作为工作安排的第一要务，而把备赛放到了日常工作的每一天。每天早起，我是到校最早的。到校后趁着还没有工作任务安排前，我就读几页书，写一写工作反思和总结。每天睡前，把熬夜刷手机的半小时或一小时也拿来读书或写作，状态好就多读些，状态不好就少读些，不给自己一定要读多久读多少的压力。但一定坚持这样的习惯，久而久之就养成了良好的阅读习惯。再遇上备赛，就从容多了，也不需要临时突击为一次比赛打乱自己的工作节奏牺牲自己的生活时间了。

5. 身体健康和工作支持系统

效率的提高，除了得益于时间的调整，还有精力的调整。定好闹钟，强迫自己不可以熬夜，下班后的一小时固定拿来运动。睡眠和运动的保障让我每天绝大部分时间都能精力充沛，工作起来事半功倍。

此外，支持系统的完善对工作效率的提升也起到了巨大的作用。我的工作支持系统可以分为物和人。第一类支持系统是物，物一般是指各类信息技术手段，比如用有道云笔记和印象笔记可以极方便地把大量冗杂的信息和资料进行分类管理，用Notion能高效地对工作进程进行跟踪，用班级管家、教师助手等软件让家校信息收集工作难度大大降低。事实证明，这样的研究时间成本是很值得投入的，大大提高了我的工作效率。

第二类支持系统是身边的人，即同事、家长、班委、家人，我用更真诚的态度与他们沟通，给他们更多信任，取得他们的支持和配合后，许多工作难题迎刃而解。比如在班级管理中，我之前会有"班主任是一个班级的主要管理者的错误意识"，弱化了科任教师的作用。后来，我调整认知，携手科任教师共同参与到班级管理中来，班级管理的效率就大大提高了。一些学生可以完成的任务，就放心大胆地交给班委去做，比如，班级大扫除安排、早自习纪律管理等。放手让班委参与班级管理，抓大放小，不必事事亲力亲为，这样既能让我节省很多零碎时间，又能让班委得到成长和锻炼，一举两得。

经过多方面不断的摸索和调整后，我的工作效率得到显著提升，不仅陪伴女儿的时间越来越多，我还养成了健身和阅读的好习惯。如今，我的家庭生活和工作或许仍偶有冲突，但更多的时候却变成了互相支持系统，工作不再是家庭生活的阻碍，家庭也变成了我工作的动力。

李思玫，广东省深圳市南山区南海中学语文教师，深圳市张日威名班主任工作室成员。

工作向左，生活向右

李俊涛

种别人的田，荒自己的地，当过班主任的老师经常会这样自我调侃。作为一名教师，很多时候我们会因为工作而疏于对家庭的照顾。教好了别人的孩子却没有时间陪伴自己的孩子。我和爱人都是小学教师且兼任班主任，把工作带回家完成更是一种常态。结婚组建家庭后，既要忙于工作，又想要照顾家人，让我身心俱疲。

孩子的到来更是让我的生活忙得不可开交。在学校虽然表面上看似忙忙碌碌，但实际上毫无收获，成绩也无起色，于是我开始认真思考如何做出适当的改变以适应环境。因此，如何高效地完成工作并兼顾家庭是一个摆在眼前亟须解决的问题，于是，我开始尝试做出一些改变。

科学有效地管理时间

以前的我总是热衷于用整段时间去完成一件事情，不重视零碎时间的运用。班主任事情繁杂，时间总是被切分得七零八碎，所以工作中总是感觉时间不够用，于是我对自己进行时间管理。在充分了解自己每日工作固定内容的前提下，可以利用时间管理中的"时间矩阵"理论，提高时间的利用率，将时间的重心放在最重要的事情上。我们的事情一般可以按照"紧急—不紧急"与"重要—不重要"两个维度将自己的工作任务分为四类：重要—紧急型，重要—不紧急型，紧急—不重要型，不紧急—不重要型。我在每天睡觉之前把第二天要做的工作提前列好清单，提前思考第二天每个时间段要做哪些事情。把工作任务根据情况分为四类，作为老师，备好课上好课是工作中的重中之重，我首先会把每天的教学任务安排在效率高、干扰较少的时间段去做，在工作中善于利用完整的时间去完成最重要的工作。

在工作中学会将大任务分割成小任务，利用小块的时间去完成重要的事情。在学校每学期都会有固定的重大活动，比如，国旗下演讲，我会提前一个月把主持人的选拔训练、主持稿的拟定以及节目的彩排分别在不同的时间段完成，每个阶段完成不同任务。领导和同事都以为我花了很长的时间去训练，实际上准备时间跨度虽然较长，但实际上把所有零碎的时间加起来并不长，我把任务分割成不同的时段去完成，轻松地完成了最重要的事情，也取得了良好的效果。任务分割法有效地降低了做事的难度以及节约大量时间。

在工作中利用零碎的时间用来处理简单微小的事情。比如，利用课间时间处理班级学生矛盾或者完成学校布置的额外任务，利用中午休息前的时间找学生谈心等，作为班主任，我们每天除了要面对烦琐的事务性工作，更加避免不了的是和家长沟通交流。工作时，面对家长的QQ消息或者微信消息，我尽量利用在学校零碎的时间去回复，努力在学校完成所有的工作，如非特殊情况尽量不用休息的时间去回复家长，下班后把更多的时间用来陪伴家人。和家长进行沟通时，我尽量采用电话或者微信语音方式进行沟通，减少文字的交流，以节约时间提高效率。这样工作就不再像以往那样忙碌且毫无头绪，反而越来越得心应手。

每天结束一天的工作之后，我们可以思考这一天都完成了哪些事情？哪些事情是有意义的？哪些事情是无意义的劳动？时间被浪费在哪里了？如何才能用最少的时间做最多的事情，通过不断的思考和调整以提高我们时间利用效率。

工作是为了更好地生活，我们既要努力工作又要认真对待生活。科学有效地管理时间能够让我们更好地平衡工作和家庭。

提高情商，改善人际关系

学校是一个小社会，虽然教育背景、兴趣爱好等方面都不同，但大家为了教书育人的共同目标而走到一起。如果想要高效工作，教师需要学会跟同事和谐相处，这样才能实现共同目标，教师的工作价值才能更好体现。

以前我总是埋头做好自己的事情，不太擅长跟同事进行沟通交流，因此跟同事彼此之间缺乏了解，所以在当年级组长期间，有些同事可能因为说话方式或者做事风格的原因导致对我的误会。比如说在一次运动会活动中，因为年级要单独排一个节目进行表演，这个时候就需要各个班主任协助，我来进行统筹，有的老师可能会开玩笑说：班级里没有合适的人选，我可能立马就认为班主任不配合工作而起语言冲突，有些时候我也会因为个别老师做的事情不符合我的要求或者做的事情太少而发火，久而久之同事关系就会紧张。因为不能和谐处理同事之间的关系也导致年级的工作开展起来不是很顺利，效率偏低就会导致我得占用生活的时间去处理工作问题。在后期的工作中我也有意识地加强与同事的沟通和交流，平时积极组织年级老师聚餐以及开展各种活动，创造机会加强彼此的沟通和了解。在工作中遇到同事都会主动热情地打招呼，有问题多跟同事虚心请教，对于领导布置的任务我总是认真细致地完成，对于同事偶尔提出的要求我也会尽自己所能去完成。作为班主任，对于科任老师提出的班级问题，我会及时回应并解决，比如，作业收不齐、上课纪律差等，我会认真思考及时协助老师解决班级存在的问题，给科任老师减轻教学负担。年级组有任务分工时，我也主动把任务重的让自己来承担。慢慢地跟同事的关系开始和谐起来，年级组做起事来就顺手很多，工作效率提高很多。

提高情商，改善人际关系对于提高工作效率显得尤为重要。这样既可以保质保量按时完成学校布置的学习任务，同时也可以让我有更多的时间去照顾家庭，做到家庭和工作同时兼顾。

换位思考，保持乐观心态

作为一名教师尤其是班主任，烦琐是我们生活的常态，我们要学会换位思考，保持乐观的心态去努力做一名幸福的教师。

在班级中，有一位特别调皮的孩子，平时家长不怎么管，有一次孩子在学校没有跟同学借到笔，大晚上家长突然给我发几条微信，其中有一条很愤怒地说："李老师，平时跟你沟通我觉得自己孩子非常优秀，我也高兴孩子能遇到这样好的老师，为什么今天孩子在学校没有人愿意借笔给他，他到底是有多么差劲？不知道你是怎么教育孩子的？"当时看到消息，我顿时想发火，胸口堵得慌。原本很想怼回去，但是理智告诉我这样做后果不堪设想，除了激化矛盾别无益处。于是我没有立刻怼回去，而是换位认真思考孩子父母为什么会出现这种情绪？如果是我自己的孩子出现这种情况我会怎么想呢？想到这里我便理解这一位母亲正常的情绪反应，于是便安抚道："孩子妈妈，你先不要激动，也不要生气。我很理解你现在的心情。但是我还不了解具体情况，如果确实是班级所有人都不愿意借东西给他，那说明我在班级孩子品德教育这一块还有所欠缺，因为我在班级一直强调同学之间互助互爱，这是我做得还不足的地方。明天我跟孩子了解了具体情况再回复你。"回完之后内心既忐忑又内疚，但不久就收到孩子妈妈诚恳的道歉，说自己太心急没有了解清楚具体的情况。听到这里我便顺便给家长汇报了孩子的学习情况，家长心里满怀感激。很多时候我们需要换位思考，将心比心，这样老师和家长的认识才能趋于一致，达到教育效果的最优化。

作为老师，无论是家长还是学生的一些行为，很多时候我们尝试着换位思考，不同的思维方式决定着我们的行为模式，进而决定事情的发展态势。

现实中我跟大多老师一样，经常会抱怨工作太辛苦，老师教得辛苦，学生学得辛苦。"苦教"固然值得可敬，但是如果我们体会不到教育的快乐，自然而然就会选择逃避。后来我慢慢明白只有保持阳光的心态，不断用一双欣赏美的眼光发现教育中的美好，发现美好才能享受教育的幸福。于是在学校我开始关注孩子每时每刻的变化，当孩子认真出板报时我会用照片及时记录下来他们认真的样子；当放学后孩子把教室打扫得一尘不染时，我会奖励他们每人一点零食；当孩子在我的辅导下成绩慢慢进步时，我一天的心情都是美好的；当我以一种阳光的心态去发现教育中的亮光时，慢慢感受到教育是一件美好而快乐的事情。如此我们才不会将消极的情绪带到家庭中，在单位快乐地工作，在家庭幸福地生活，两者是相辅相成的。用乐观的心态去面对生活，你的生活才会充满快乐。

保持工作与家庭的平衡是教师面临的一道人生难题。若想"鱼"与"熊掌"兼得必须两手抓。平衡工作和家庭的关系，说起来容易，做起来难！工作向左，生活向右，就好比天平的两端，任何一方减少重量都会影响整个平衡，左右之间才是人生的全部。

李俊涛，广东省深圳市南山区珠光小学语文教师，深圳市南山区衣兵名班主任工作室成员。

弹奏家庭与工作的最美和弦

蒋晓曦

作为在职教师，我们每天都在家庭和学校之间奔波着，有时难免顾着家庭工作有疏忽，顾着工作家庭又照顾不到，想做到家庭与工作两头兼顾并非易事。其实，高效工作和经营家庭是有方法的，领悟其中的技巧，我们每个人都可以做到工作顺心，家庭和睦。

一、把握节奏，分清轻重缓急

1. 合理分配时间

工作和生活中的事情一般都会有轻重缓急之分，我们要做好预判，把大块时间分配给重要和紧急的事情，零散的时间则用来处理轻缓之事。如果感觉每天都是忙忙碌碌的，那就应该好好思考，如何安排和管理有限的时间，把时间分配得更加合理，让自己从容而高效。

在工作中，即使非常忙碌，我也会把一天做过的事和心得体会记录下来，以每件事为一个单位，看看自己每天做这件事需要多长时间，例如，批改作业一个小时，备课一个小时，和家长沟通、发通知、反馈学习情况是利用比较零散的时间，平均每天一个半小时……每隔一段时间，我都会做一个分析，思考如何更有效率地安排时间？有没有事情占用了除上课以外过多的比例？是否有方法提高效率？只有把上班的时间做到合理分配，家庭生活才能不经常被工作影响，家务事才有时间安排。

2. 高质量的陪伴

我们要高度关注有质量的陪伴，例如当孩子写作业时，我就会坐在旁边，进行"书头案"的备课或做一下读书笔记。我相信，高质量的陪伴，不是24小时都陪着孩子，满足孩子的所有需求，而是了解孩子身心发展规律，在每一个年龄发展阶段，给孩子正确的引导与爱，以身作则就是最好的方法之一。

休闲时光，家人一起看电视，我会和大家坐在一起，用笔记本电脑处理工作，家人也觉得我就是在陪他们了。但是，当全家人一起玩游戏时，我会态度非常端正地投入游戏中，认真听取游戏规则并配合组织游戏开展。另外，多留心家人的喜好，在周末、假期尽量一起外出走一走，完成家人的小心愿和平时因为工作忙碌没能陪家人做的事。

在工作的时间内，我尽量不去想与工作无关的事情，避免因为不够认真和专注而导致工作上的失误。当然，如果工作中有什么不顺利，我也不会把不开心带回家，影响家庭氛围。同时，我也会调整自己，不把家庭生活的不愉快带入工作，绝不让自己带着情绪工作。但也要注意，不要一投入工作就完全忽视了家人，即使有时非常忙，如果知道家人身体不适，我也会抽出时间打电话问候和关心，我相信，有时候那5分钟的体贴比24小时的陪伴更让人温暖。

所以，拥有对家人高质量的陪伴，即使时间短暂，对彼此来说也是鼓励和温暖，家人对我的理解和支持是最强有力的后盾。

二、调整强度，注意张弛有度

1. 合理利用空余时间

2012年休完产假回到工作岗位，我迫切地觉得自己需要在专业上进行提升，于是报名参加了区里的班主任专业能力培训。我觉得时间就像海绵里的水，要想挤总会有的。虽然不能像其他老师一样拥有游刃有余的时间进行讨论和反思，却一直努力跟上大家的步伐。

照顾孩子的间隙，我随时关注着班主任学习群的动向，并开始利用空余时间进行听课学习。很多时候因为忙家务事没能赶上上课，我就会反复听线上回放的课程。虽然每天下班就急着赶回家喂奶、做饭，但依然觉得那是一段艰辛却充实快乐的日子。

我会趁上下班路上的时间听线上课，儿子睡觉的时候读案例分析，午休时间写学习心得，做家务的时候再进行复习，每天分秒必争。在老师的启发与引导下，我第一次对自己的工作进行了回顾、思考与梳理，并把多年来的工作经验总结与提炼，把自己的想法和年级组的老师们一起当作项目来实践。

2. 巧妙利用碎片时间

平时，我们要学会利用时间碎片，例如，每天搭车或等车时，回复家长的信息、填写各类报表，寒暑假的时候，有整块的空闲时间可以利用，就把平时想做的而没有时间做的工作归类，做好记录和收尾。

有一次，我和同事出差去培训，回来后大家都抱怨因为出差，累积了很多作业没批改。但是，我的作业却都批改完毕了，因为出差前，我发现培训内容并不是非常紧凑，就把作业有计划地布置好，提前告知家长，学生每天完成后，家长拍照上传，我在线上批改后再进行反馈，家长督促学生订正。这样，我在飞机上、大巴车上和培训休息的时间里，已经批改好了相应学习进度内的所有作业，并且把学生有疑问之处都做了解答，所以虽然人不在学校，但该处理的班级事务和学习情况的跟进，都没有受到影响。

三、反思感悟，改变由内而外

1. 把冲突转化为平衡

因为专业对口，毕业后我便进入南山区的小学，担任班主任和语文教师，有校领导的引领，有师傅的指导，同事的帮助，再加上自己对孩子的喜爱和对教学的热情，工作做得顺风顺水。直到生育大宝后，我才第一次对家校平衡和职业发展产生焦虑，觉得家庭和工作很难兼顾。

产假后，我觉得自己急需提升，想尽快找回工作状态并尽可能多参加培训和学习，然而我全身心投入学习和工作的状态却引起了爱人的不满，以至于有一天早上，爱人拍着桌子对我大吼起来："你每天都在忙些什么，为什么连我说话你都经常听不到！"那天上班的路上，我的泪水不停地流，心里不断地问自己：我是不是错了？我努力工作学习，却使工作和家庭产生了冲突，这样的结果是不是违背了我的初衷？

如今，回忆起这段经历，我已经没有了当时的困惑和无助，而是满心的感恩。没有爱人吼醒了我，也许我还沉醉在自己的世界里，没有好好去思考和理解家人对我陪伴的渴望，如果培训和学习影响了对家人的关心和爱，那就失去了我努力的根基和保障，也违背了我的初衷。

随后我便放慢了学习和工作节奏，多关注家人的需求。孩子一天天长大，我也努力调整自己，无论多忙，我都会拿出时间和家人沟通，和爱人分享我的成长和经验，共同肩负起养育孩子、维护家庭和谐稳定的责任。

家庭与工作的平衡不是单方面的索取或付出，而是家庭成员在互信的基础上共同努力才能得到的。而我则把自己的教育理想和目标分解成一步步的小目标，虽然更加忙碌，却能从容不迫。

2. 把平衡转化为促进

作为两个孩子的妈妈，我总觉得自己和其他同事相比，花在工作上的时间减少了，所以工作成果也不那么突出。

我也曾经为此感到失落沮丧，因为晚上照顾孩子白天总是没精神，容易紧张焦虑，身体状况不佳，易感冒生病，形象上也疏于打理……通过一次和师父聊天，我才豁然开朗，我们不是牺牲自己、没有自我才能把孩子照顾好，而是应该调整心态，积极阳光向上，与孩子共同成长、共同进步。

于是我努力改变，每天带着正能量，尽量做到美丽有朝气，做到妆容精致优雅，穿着简洁干练，做事积极主动。我开始转变思维，逐渐发现教师这一职业，不但可以使我们保持家庭和工作的平衡，而且比起其他职业，更有优势把这种平衡转化为家庭和工作之间的相互促进。

凡事都要为成功找方法，不为失败找借口。我把以前觉得烦琐、无序的工作进行归类、整理，我发觉帮助家长和学生，就是在帮自己。在陪伴自己孩子成长的过程中，肯定会产生各种各样的问题，提前协助家长解决教育问题，不但提高了自己的专业水平和能力，积累丰富的经验，更是为教育好自己的孩子打下坚实的基础。换个角度看，父母是孩子的榜样，我积极上进工作，就是对孩子最有说服力的言传身教。

总之，我们想改变自己时，要先从内在自观、自省，不要怨天尤人，把一切都归于外界环境导致。先确定自己的目标与初衷，对自己的现状和环境进行分析，根据工作与家庭事务的轻重缓急排出优先等级，帮助自己从宏观和大局的角度决定每天的时间分配与安排。

在家庭生活上，我们要正确认识到自己是需要帮助的，并且可以求助，我们的伴侣、父母、亲戚、邻居、同事都是我们的支持系统，他们可以在我们需要帮助的时候迅速发挥作用；我们也要有一些志同道合的朋友，这样的社会支持可以让我们有放松的空间，让自己能量充沛。

如今，因为有了多年来的积累，不但在工作上取得了一点成绩，而且也开始带领团队，共同探索教育教学和班主任工作，同时，也意味着我要继续探索保持家庭与工作平衡甚至相互促进的新方法。相信只要用心、用情，我们就一定可以弹奏家庭与工作的最美和弦！

蒋晓曦，广东省深圳市南山区第二外国语学校（集团）海岸小学语文教师，深圳市南山区名班主任工作室主持人。

一间融合共长的教室

黄晓芬

听说每个人走上三尺讲台，背后都有一个"美丽"的故事，但无论是什么，与教师肯定有不解之缘。高中的时候我的志愿并不想填报师范专业，但因为高考没考好，没有好的学校和专业，加上家里人都希望我读师范，自己也不排斥，也算天时地利人和吧。从刚毕业受家长质疑的黄毛丫头，到懵懂犯错不断蜕变的青年教师，再到迅速成长为学校委以重任的骨干教师，那些岁月恍如昨日，却珍贵无比。回首过往，不禁要感谢命运赠与的磨炼，感谢那些人、那些事，锻炼出我带班的智慧。

一、突发事件让我警醒

第一次在公立学校代课，我学到了很多知识和技能。相比私立，公立学校氛围很不一样，平台也更宽广，但我有点被舒适环境麻痹了，个人战斗力不足，争取自我成长的意愿还不强。直到半年后，班级发生了一件对我来说打击非常大的事，才将我从舒适窝中震醒。

记得那是一个和往常一样平静的夜晚，我接到班里一位妈妈的来电。这位家长跟我也不算陌生，平常我们聊她家娃的事能聊一个小时。她家娃是个调皮的男孩子，那是在班里排得上号的人物。但是男孩子调皮，也是正常的，平时有事我都主动和家长联系，自认为也是劳心劳力。这位妈妈在电话里的表现就跟往常一样，轻松欢愉的语气跟我反映了另一位老师弄到她家孩子的手臂瘀青了。本着没经验的反应，也没考虑事情的严重与否，以为就是家长与老师的误会，我表态确实不应动手，表示会跟这位老

130

师好好沟通，家长和孩子都不喜欢这样的方式，教育要好好说，不能随意动手。这位妈妈最后也没说什么，还笑嘻嘻地说给我添麻烦了结束了电话。

第二天一大早，我还没来得及找涉事科任老师交谈，班级里一群家长就如排山倒海般冲到学校，直接到校长室把那位老师给告了，同时也有我的是非：说我袒护同事，替同事说好话。一时间我都蒙了，没想到事情这么严重。头一晚家长们情绪持续发酵，提前商量好了今天的"大事"。

这件事看来与我没关系，但是作为班主任，我还是错了，错得很稚嫩。面对突发事件，第一，要有问题敏感度，遇到家长来反馈，无论对方是好的还是差的态度，都要引起重视。第二，遇到问题要凭事实说话，不能主观臆断觉得就是怎样的，事实是什么要先调查清楚再做下一步打算，不能轻易下结论。第三，作为班主任，是连接家长和学校的桥梁，不是事无大小都靠自己，遇到较严重的事情，要及时上报上一级领导部门。第四，平时就要和家长建立链接，争取得到家长的信任与支持，才能做到有事好商量。此次事件家长并没有跟班主任说全部事实，我反思了一下，现在的家长维权意识是比较强，但明显越过班主任直接找学校了，说明我这个班主任分量还是不够。

二、开启家校共育

第二年我接手的是一年级新班，我有种奋起直追的拼劲。有了上次血的教训，新班一接手，我就注重与家长建立链接。可惜升上三年级时，因工作调动我没有再带他们班，第一时间听到消息的娃们崩溃大哭，令我意外的是家长打电话过来也哭了。分开后的第一个教师节，他们仍像往年一样为我准备了一束全校最大的鲜花，来办公室看我，眼眶都湿润了，眼里充满了不舍。我没想到家长们对我有这样的情怀。细想一下家长们如此亲师信师，是因为家校建立了很好的链接，主要有以下几个方面。

1.倾情付出，一个都不落下

两年相处期间，每一个学生我都倾情以对，无论差生、优生，与家长及时联系反馈，一个也不落下。课堂上我给足每个孩子平等交流的机会，课后针对优生和差生有不同的培养思路，会跟家长一对一沟通并指导各自开展提高计划，比如，差生会留堂下来辅导并且告知家长孩子薄弱的环节是哪些，应该怎样加强等。后来孩子不断进步，家长既高兴又感激。家长们也很重视，我对孩子的付出他们看在眼里，也积极配合我的工作。当然家长们也不是一开始就信任班主任，他们会从各个方面细微观察，来对你这个班主任做出评价。家校互动好，班级也很团结。每次拜托家委的任务，都完成得特别棒，我说出5分，他们能做到10分，全班紧紧团结在一起。这对于班主任工作的开展有极大帮助，能起到事半功倍的效果。

2.家校联合，开展班级活动

在指导学生学习之余，我也注重活动育人方略，定期开展班级活动。布置周末实践作业，让学生深入生活、社区、工厂等，比如，到超市认识五谷杂粮，小鬼当家一天，寒暑假游学，到社区做义工，参观金龙鱼生产基地、卡士酸奶基地等。实践活动更多的是发挥家长的资源，由家长联系和提供路径，受益全班。在这些活动中，既丰富了学生的课外知识，锻炼了他们的能力，又使班集体的力量更加凝聚和团结。

3.参赛锻炼，提升教育技能

工作中的金点子，跟自我提升学习脱不了关系。那两年我积极参加学校的各项比赛，不知是否越努力越幸运，每次比赛我不是第一名就是一等奖，感觉我的磁场很大。最荣幸的还是代表学校参加南山区班主任大赛，获得了一等奖。在这里要再一次感谢学校领导的栽培，手把手地指导我参加比赛，个人的受益是最多的。那段特训的日子，是我成长进步最快的时间，阅读了很多书籍，得到极大的舞台锻炼。所以，要想迅速提高教育技能，参赛锻炼是最快速的途径。

三、打造融合共长的教室

工作超过七八年，明显感觉到了瓶颈期，貌似走在人生的十字路口无所适从。你不再是刚毕业的新手有前辈带，敢于随意尝试，此时的你在大家面前应是有所成就的"老教师"，该有自己的风格和特色了。然而，无论此刻的你成就有多辉煌，那都是过去了。人生如逆水行舟，不进则退。一代又一代的新人涌入，他们充满朝气和智慧，加之时代时时刻刻在变迁，如何适应新环境，在前进的道路走出更明朗的明天，成为骨干教师迫切需要突破的难题。

在我处于职业懈怠的时候，有幸再次参加名班主任工作室，我好像又被注入新的生命力，有了更多学习的机会，不断开拓自己的视野。有优秀伙伴们的榜样示范，不断激励自己不能停下前进的步伐。有幸成为名班主任培养对象，让我进一步思考前进的方向，找到自己下一步要挑战的领域：打造融合共长的教室。

魅力教室必须积淀独特的拥有共同价值取向的班级文化，穿越卓越的拥有足够长度厚度的班本课程，创新科学的拥有完整体系的班级管理机制，叙写精彩的体现师生生命成长历程的故事。那么，如何打造融合共长的教室呢？结合10年教育生涯，我整理了如下思路。

1. 注重仪式教育，培养责任感

①构建班级文化密码：班名、班徽、集体照片等。在教室布置大家庭照片墙，让孩子们在教室里找到归属感和爱的氛围，同时时刻提醒孩子我是班级的一分子，我是班级的主人。

②重视开学典礼。根据不同年级设定不同目标，用具有象征意义的诗歌和故事，上好开学第一课，开启新学期。

③注重成长礼。给孩子们过集体生日，长一岁，代表着什么？在活动中体会我长大了，应该更有责任感和担当。

2. 激发孩子的兴趣

这个班的学生女孩子居多，男孩子几乎都调皮，现在的孩子生活条件优越，学习是懒洋洋的。我便从生活实际出发，创设丰富多彩的学习情境，设计有挑战又新鲜的学习任务，设立班级小电台、班级小舞台、课本剧、童话剧等，让学生做主播、做演员，做自己爱做的。通过设置名头，吸引学生兴趣，调动学生参与，促进学生自主合作、探究学习。

3. 建设班本课程，生成班级文化

根据我班成长目标与班级现状，确定班本课程内容，找到班级文化建设的着力点，班本课程有阅读课程、写作课程、劳动实践课程、节日活动课程、习惯养成课程等。接下来计划开理财课程，开展"班级超市日""班级银行"等，让学生用自己在班级攒下的货币，在"班级超市"购买东西，打理自己的"银行"账户。试想，当孩子们用自己努力赚来的"钱"买家庭餐给家人享用，该有多自豪。

孩子们由一开始的懒懒散散，胆小退缩，到现在可以和志同道合的同学组建社团，自主开展学习活动，自己当队长领读，人人当值日班长管理班级等。一间融合共长的教室，是家校和谐共进的天地，是孩子们成长的乐园！作为教育者，要保有那份热爱，更要有横向纵向不断往上的生长力，我会继续用心享受教育的点点滴滴，努力打造这样的教室，让每一个孩子都勇于做自己并快乐成长。

黄晓芬，广东省深圳市南山区南海小学语文教师，深圳市张日威名班主任工作室学员。

我的魔法教室

李佳贞

从教7年，当班主任5年有余，从一开始的手忙脚乱、心力交瘁到如今接手第三届学生的从容淡定，见证我一步步蜕变、成熟、成长的，正是我每天身处其中的小小教室。

信任，让教室和谐有序

我的故事，从一间教室说起。

看，教室里又出现这样的画面：扫把横躺在讲台上，垃圾桶侧翻在地，十几个废纸团，零星地散落在教室里，桌椅歪歪扭扭。再看看课间休息的孩子们，则有说有笑，像没看到一样。

中途接手新班级后，每天盯着教室里的"脏乱差"碎碎念，成了我的疲惫日常。那时的我，特别希望有一支哈利·波特一样的神奇魔法棒，振臂一挥，便能让眼前的教室改头换面。

事实是，我只能做一个提醒者，甚至是清洁工。那段时间，我不敢轻易参加任何外出培训或比赛，甚至不敢请假，每天守在教室里四处"灭火"。

几天后，教室又是一番凌乱。我琢磨着，一个计划萌生了。我拿起手机在教室里东拍一张、西拍一张，一堂《"受伤"的教室》班会课诞生了。每张照片都配上了灵魂之问——地板说："是谁弄脏了我的脸？"粉笔说："是谁把我丢弃在角落里？"同学们都安静地听着……

下课后，不少孩子纷纷行动起来，就连平时卫生意识差的孩子也加入了。我又拿起了手机一顿拍……一个《被"拯救"的教室》PPT又出现在课堂上，还配上了灵魂之赞——"谢谢你！是你让教室变得更美丽！"那一刻，教室里响起了阵阵掌声。

多么完美的一次德育！我心里暗喜，感觉自己手中似乎真的有了一支魔法棒。然而，几周过后，教室里又恢复从前的乱糟糟，鸡飞狗跳的日常依旧上演。一位经验丰富的班主任提醒我："一次道德唤醒并不能持久地解决问题。"确实，要让每个孩子最大程度地参与自己的事，树立规则意识、培养责任担当，才能促成真正的改变。

一次，我偶然看到省名班主任王怀玉的一篇文章："让管理和制度本身成为一种教育的手段和力量。"这句话启发我重新思考带班策略。

后来，我在班里实行岗位分工制：老师发布岗位，学生自选申报、竞聘，人人上岗，定期轮岗。召开岗位聘书发布会时，孩子们都兴奋极了！一双双眼睛写满了期待与自豪。

终于，这间教室开始有了魔法的力量，班级不仅实现了常态化整洁，常规也越发有序。

为了进一步激发孩子的潜能，我又升级了班级管理。全班头脑风暴："我能为班级做些什么？"进而为每个孩子量身定制出了专属班级岗位："小捣蛋"成了班级小卫士，"小胆怯"成了医护小天使……孩子们发自内心地参与着，服务着。渐渐地，我的魔法棒开始有了无形的威力，它是一道光，是一个个准则，更是一份无价的信任。"李老师，感谢您让我发现自己原来是一个重要的人。"

从"要我做"到"我想做"再到"为每个人量身定做"，这间越发自主、自律、自治的魔法教室，变成了孩子们喜爱的成长乐园。

尊重，让教室快乐生长

如何让这间教室拓宽为更广阔的梦想天地，继续滋养孩子们的成长呢？尝到班级管理自治甜头的我开始更加大胆地进行教育尝试，探索建设班级文化，丰富学生的心灵成长。

有一次语文课上，那时正值期末复习阶段，学生正在埋头做训练题。一只小鸟停在教室的窗户边上，孩子们纷纷转头观望小鸟，有的尖叫起来，有的跃跃欲试想要去摸摸它。顿时安静的教室有点闹哄哄，但却笑声不断。我心想：一只小鸟就带来了这么多欢乐，真是单纯可爱的孩子！"这是一只小鹦鹉，它胆子有点小哦，比较害羞。"说罢，我从讲台柜子上拿出一个纸杯，"谁给它一点儿水喝呢？"一个孩子小心翼翼地把水杯放在鹦鹉旁边，其他同学很兴奋，但看得出他们压低了声音，生怕吓到了这只小鸟。没多久，那只小鹦鹉就飞走了，但那节课上孩子们脸上洋溢着的那份开心、兴奋、好奇、单纯却深深印在了我的心里。

面对这一张张天真烂漫、朝气蓬勃的笑脸，比起教育他们，那一刻，我更想陪伴他们，陪他们一起看云卷云舒，听雨声风声，一起好奇这个多姿多彩的世界。

很多时候，我们总想做一艘渡船，把学生渡往我们所期待的远方；我们总想做一个支点，最大限度地让学生撬动世界。事实上，引导学生认识世界和认识自我，鼓励学生真实表达自己，保持真实的自我，也是孩子们成长中重要的一课。教育的本质在于尊重孩子，尊重生命，让每个孩子得到应有的个性化发展。

在班级建设中，我通过丰富多彩的活动看见每一个孩子，尊重每一个孩子的个性化发展。全班同学分为5个"红领巾小队"，家校形成合力，队员们在老师、家长的指导下轮值"活动组织员"，自主安排小队队员的周末活动。他们有时化身为"运动小健将"，在深圳湾公园集体跑步、骑行；有时化身为"劳动小能手"，在"周末小厨师"评比中脱颖而出；有时是爱阅读的"小书虫"，在"读书分享会"上推荐课外书；有时是爱实践的"小创客"，和同学合作探究科学小实验……艺术节有"六一大联欢"，孩子们自行组队表演节目，精彩纷呈；体育节有拼搏的运动健儿和忙着写加油稿、做助威棒的强大啦啦队，每个人都重要；科技节有科学小制作、科幻画创作、"科普书我推荐"等活动，自选参与……孩子们自信地展示着，快乐地成长着。

童趣，让教室充满惊喜

要想做好孩子的引路人，首先要成为孩子的知心人。成尚荣老师在《儿童立场》这本书中写道："儿童研究是教育研究的母题，儿童立场是教育的基本立场。"了解儿童，走进儿童的心灵，正是教育发生的开始。我继续进行着儿童研究和有关儿童教育的探索之路。

冬去春来，我又接手了一个新班级。这一次，我从一年级带起。结合语文学科特色，我在我的魔法教室里成立了魔法诗社，尝试以贴近孩子的童诗、游戏为载体进行德育。我和孩子们一起将班级取名为"星河中队"，我们希望星河中队里每一个人都是不同光芒的小星星，汇聚在星河教室这个集体中，发光发热、多彩绽放。

1. 童谣浸润童年

童谣这一语言形式适合小学生的阅读和认知规律，儿童易于接受。一年级入学初，我带着孩子们诵读各种常规童谣："按时上学不迟到，见面说声早上好。走进班级静阅读，交齐作业来早读。""上课铃声响起了，小朋友们进教室。文具、课本右上角，静候老师把课上。"……渐渐地，那些朗朗上口的规范和礼仪变成了孩子们身上的好习惯。

除了"好习惯"系列童谣，一年级我们还读了《小学生小童谣100课》《金子美玲童谣集》；二年级诵了《声律启蒙》《三字经》，这些诗篇让孩子们启蒙了真善美，浸润了传统文化，发挥"细雨润无声"的作用。

好的童谣就像蒲公英的种子一样，随风飘荡，随处扎根，具有永恒的魅力。对孩子们而言，这些童谣也形成一条童年的探秘之链，领着孩子们进入多姿多彩的童年城堡，为童年注入了美好、丰盈的生命底色。

2. 游戏激活童趣

低年级学生处于6~8岁的年龄，游戏对于他们有天然的吸引力。用游戏的方式更容易走进学生心里，与学生建立亲密联结，让学生在童趣中激活天性中的合作与勇气、自信与担当。

在我们班级中，最喜闻乐见的活动莫过于抽奖游戏了。要获得抽奖资格，可大有门道。我们的魔法教室里有个"好事魔法罐"，每周我和同学们会一起努力发现表现好或做好事的学生，这些学生把自己和所做的事写在小纸条上，然后投入"好事魔法罐"里。每周一班会课上，我们会随机从"好事魔法罐"里抽小纸条，被抽中的学生可以获得小奖品。

课程中的游戏同样深受孩子的喜爱，也收到了良好的育人效果。二年级时我们在班会课上开展情绪管理课程，对于情绪，有些孩子并不能很好地识别或控制，我们通过"我演你猜"的游戏让同学们说出有关情绪的四字词语，这一环节的体验让孩子能够直观地识别、感知各种情绪。再如职业启蒙课，通过"角色互换""时光机"等游戏体验，激发了学生的责任意识……学生和家长均反馈不错，我的游戏活动也越发设计得起劲。

3. 童诗焕发童心

儿童是天生的诗人，除了读童谣童诗，我们还自己创作童诗、编写诗集、举办新年诗会。

有一次，我们在课堂上一起耷拉着好奇的脑袋，苦思冥想一首关于爸爸的童诗，那首诗的名字叫《我的爸爸是干什么的》。每个同学都兴致盎然地写下了关于爸爸职业的谜语，等待其他同学来猜一猜你的爸爸是干什么的。有的写"我的爸爸不是大鱼，却能够在大海里穿梭"，原来他的爸爸是一名航海员；有的写"我的爸爸不是机器，却能把山瓦穿"，原来他的爸爸是一名建筑工程师……写完后同学们在班上宣读自己的作品，我们不仅认识了同学们的爸爸，更读到了每个人对自己爸爸的爱。父亲节的时候，我让同学们把自己的童诗配上插图送给了自己的爸爸，并鼓励他们不仅要学会感恩，更要像父亲一样懂得承担和责任。后来有些家长给我私信"觉得孩子懂事了、长大了"。

用诗性智慧育心、启智、赋能、蓄力，更能走进儿童的心灵，激发儿童的内生机制。

童谣浸润童年，游戏激活童趣，童诗焕发童心，在我们的魔法教室里，诗性之光、游戏之乐如同魔法棒一般照亮了儿童的心灵，班级氛围越发融洽、欢乐，充满惊喜。更重要的是，在这个魔法教室里，孩子们可以真实地做自己，勇敢地挑战自己，做更好的自己，和谐共生，多彩绽放！

求索，让成长焕发力量

与我而言，和一开始的初为人师相比，我想最大的改变在于：我终于不再盯着教室里的"脏乱差"，不再盯着幽暗深处的平庸和缺陷，而是抬头看见了每一个真实的、不完美但朝气蓬勃的个体。我终于明白：教室里并没有魔法，它的真正魔力在于桌椅之外流动着的那一个个生命能量。信任，让教室和谐有序；尊重，让教室快乐生长；童趣，更让教室充满惊喜，我和我的学生一起成长着，一同书写着这间教室的故事，也一同走向更为璀璨的远方。

正是在这间教室与学生相处的点点滴滴的故事，带班过程中一波三折的问题，让我产生困惑，也让我一次次反思、学习、总结。教室里的魔法也滋养着我，将黑夜里的那些无奈与彷徨变成无所畏惧的力量，让我上下而求索：加入名班主任工作室，向周围的名师请教学习；大量研读教育学、心理学相关书籍，掌握先进科学理念和方法；参加家庭教育、班主任专业能力等相关培训，努力提升育人水平；勤于动笔，将问题转化成课题和思考，做课题、写论文……我给自己制定了"三合一"的行动方针：做是基础，立足班级建设和育人实践；研是提升，提升终身学习力和探究力，写是沉淀，加强成果转换力，全面提升综合素养。在引领学生成长、进步的同时，我也一路求索、奔涌前进。

一名优秀的教师，必然具备较高的专业水平，我深信，一个具有专业素养和教育智慧的班主任，有能力滋养孩子的人生。这是作为一名老师的幸福，也是我孜孜不倦的追求。未来，我将一如既往地和我的学生们站在一起——在我们的魔法教室里，相依相伴、互相成就、圆满彼此。

李佳贞，广东省深圳市育才四小语文教师，深圳市张日威名班主任工作室学员。

菜园子云端会议，提能启智促三会

蔡泽慧

离开校园的学习，初一的孩子很难做到自律。而史上最长寒假40多天的居家学习，如何保证学习效果，减轻家长管理压力，减少亲子冲突呢？我所带的班级以"菜园子云端会议活动+班主任假期巡堂模式"开展40天居家学习，学生反响好，学习积极性高。

一、活动简介

我姓蔡，我给自己所带的班级起名"一亩菜花地"。孩子们自由组合，形成的班级互助小组称为"××菜园子"。互助小组组长为菜园长，组员为园丁。每个菜园子有自己的园名、园子目标、人员分工；在园子成员磨合稳定后，还将设计园徽、讨论园规及奖惩制度。

云端班会课，征得孩子们一致同意后，我们决定在40天居家学习中，以菜园子为单元，菜园长为主要负责人，园丁轮流主持的形式，开展云端学习会议。菜园子根据成员时间，确定并固定学习时间，每周1~2次，每次1小时。

二、活动目标

第一，青春期的孩子具有"心理闭锁期"的特点，表现为对成年人闭锁，不愿意听从权威的教育，反感父母师长的"道理絮叨"，但对同龄人则是开放的态度，他们渴望友谊，在乎同伴的评价。同时，七年级的孩子对自我评价不完整，学习方法、学习目标都处于摸索阶段，部分孩子学习自信心不足，对人际交往比较敏感。而菜园子云端定期学习会议，借助同伴力量，共订任务，互鞭互促，快乐学习。组群讨论，促进友谊；轮流主持，提高能力；及时肯定，培养信心。

第二，初中阶段，各科需要记忆、背诵、默写的内容很多，单靠学生自觉或是科任老师主抓，难以做到"人人过关"。而父母忙于工作，或是文化程度不高，配合起来也是"心有余而力不足"。通过菜园子互考助学，同伴激励，提升学生学习兴趣，让"记背默"成为一件趣事。

第三，2022版新课标将"立德树人"写进课程标准。而数学课程标准也提出要培养学生"三会"的数学核心素养——会用数学眼光看待现实世界、会用数学思维思考现实世界、会用数学语言表达现实世界。通过项目式数学活动，菜园子讨论活动流程、分工合作，建立数学模型解决现实生活中的问题。

三、活动形式

菜园子云端会议活动+班主任假期巡堂模式。

四、活动步骤

1. 以作业单为蓝本，制订寒假"园计划"

在云端班会课上，请同学们根据寒假作业单，以菜园子为单位，周内召开菜园腾讯会议，商讨寒假学习计划。在巡视各菜园子云端学习会议时，我发现稚嫩的孩子们对云端学习会议光有热情，缺乏策划能力，要么通知不到位，成员来不齐；要么进到会议室，还胡扯八道，浪费时间；还有准备不充分，成员之间的讨论陷于尬聊……

提炼各个菜园子的"亮点"，转播到学生大群给予肯定后，我召开"菜园子云端学习"班会培训课。

2. 云端班会培训课，细化云活动流程

时间	必做	选做	备注
2022.12.26	第一部分（章节复习）1.富的图形世界（4页）		**第一阶段：扎实基础 查漏补缺** 该部分作业目的在于梳理全册知识点，建立知识架构，查漏补缺。要求： 1.做完红笔自批，答案在企业家长群； 2.错题务必弄懂，红笔订正过程； 3.2023年1月5日，录视频提交该部分作业（一班）。每周一次菜园子活动，互相探讨作业困难点，建立QQ群，蔡老师和刘老师入群。每次活动在腾讯会议，提前发会议号。园长组织活动后，写一个简单的小结给班主任，根据小结情况给予加分。
12.27	第一部分（章节复习）2.有理数及其运算（4页）		
12.28	第一部分（章节复习）3.整式及其加减（4页）		
12.29	第一部分（章节复习）4.基本平面图形（4页）		
12.30	第一部分（章节复习）5.一元一次方（4页）		
2023.1.2	第一部分（章节复习）6.数据的收集与整理（4页）		
1.3	第三部分（题组演练）选填及简单解答题5、6（4页）		
1.4	第三部分（题组演练）选填及简单解答题7、8（4页）		
1.5	第三部分（题组演练）选填及简单解答题9、10（4页）		
1.6	第五部分 寒假作业（1）（2页）	第二部分（迎考专题）1.有理数的混合运算（2页）	**第二阶段：专题演练 拓展提升** 1.该部分作业目的在于拓展提升； 2.选做部分，要求完成。 3.《宝中宝》应考专题，是各章知识点的综合应用，考查学生融会贯通、灵活应用的能力。选做部分每完成2页，奖励成长树积分1分，下学期开学统一加分。 4.2023年1月14日，抽查作业
1.9	第五部分 寒假作业（2）（2页）	第二部分（迎考专题）2.整式的运算及化简求值（2页）	
1.10	第五部分 寒假作业（3）（2页）	第二部分（迎考专题）3.解一元一次方程及有关的参数问题（2页）	
1.11	第五部分 寒假作业（4）（2页）	第二部分（迎考专题）4.实际应用（2页）	
1.12	第五部分 寒假作业（5）（2页）	第二部分（迎考专题）5.几何计算与说理（2页）	
1.13	第五部分 寒假作业（6）（2页）	第二部分（迎考专题）6.动态问题	
1.16	第五部分 寒假作业（7）（2页）第六部分 新知展望1.同底数幂的乘法（2页）		**第三阶段：自主学习 预习新知** 新知展望部分，同学们可以学习"洋葱数学"。 自学七（下）第一、第二章内容。下学期，我们除了完成七（下）的内容，还会提前学习八（上）内容。
1.17	第五部分 寒假作业（8）（2页）+第六部分 新知展望2.幂的乘方与积的乘方（2页）		
1.18	第五部分 寒假作业（9）（2页+第六部分 新知展望3.同底数幂的除法（2页）		
1.19	第五部分 寒假作业（10）（2页）+第六部分 新知展望4.整式的乘法（2页）		
1.20	第六部分（新知展望）5.平方差公式（2页）		
1.30	第六部分（新知展望）6.完全平方公式（2页）		
1.31	第六部分（新知展望）7.整式的除法（2页）		
2.1	第六部分（新知展望）8.两条直线的位置关系（2页）		
2.2	第六部分（新知展望）9.探索直线平行的条件（2页）		
2.3	第六部分（新知展望）10.平行线的性质（2页）		
2.4~开学	重做错题，总结方法；利用方法，巩固练习。 文科记背默知识点，滚动背诵，要背得滚瓜烂熟。 寒假是个人素养提升的黄金时期，希望同学们广泛阅读。腹有诗书气自华，读书的你一定比其他人更帅（靓）更有气质。 读书分享会，期待你的精彩绽放！（第一次分享：家长会？） 做好开学前的准备：（1）作业规整好；（2）学习用品准备好；（3）七（下）参考书、教辅书		

图2-5 寒假数学作业详细说明版

SMART目标管理原则提到，计划的制订得是具体的（Specific）、可以衡量的（Measurable）、可以达到的（Attainable）、与其他目标具有相关性（Relevant），且要有时间限制（Time-bound）。以数学学科为例，根据学生的接受情况，将任务细化到每一天，并对任务提出要求。同时，

请各菜园园长以数学为例（图2-5），将其他科目作业，根据SMART原则，将任务具体化、可实施化。

另外，规范云端学习内容，要求必做项目：数学作业疑难问题讨论、文科"记背默考"；选做项目：小专题学习（时事政治讨论、新知预习、冷知识了解等）。除此以外，各菜园进行数学项目式学习（健康生活之奶茶篇）。

为保障菜园子云端学习顺利进行，结合一周来各菜园学习的情况，制订《一亩菜花地菜园子线上活动约定》（图2-6）。结合菜园子前期的亮点，对菜园子活动会前、会中、会后提出要求与建议。

会前：订会议号（菜园长负责）、明晰任务（主持人负责）。

会中成员之间要学习发现问题、提出问题、分析问题和解决问题。这是数学课标中的"四能"。学习是相通的，希望学生能用数学人清晰的眼光去发现问题、用数学人严谨的思维去解决问题、用数学人简洁的语言去表达见解。通过同伴间的合作交流、活动过程中的互相激励，激发学生主动求知的欲望。培养主持人和菜园长的领袖意识、组织能力、统筹能力、协调能力、控场能力等。活动过程中，成员也习得团队合作能力、提高语言表达能力。

会后，总结提升，填写一亩菜花地菜园子活动小结表格；班主任通过巡堂和小结表格，给予成长树加分鼓励。

根据SMART原则，计划目标与其他目标要具有相关性。而正向激励能激发学生的挑战欲和自驱力。和班长团商量后，制订《一亩菜花地2022级1班学习激励方案——挑战"肯德基合家欢"》奖励方案（图2-7）。

3.菜园活动展精彩，项目学习促三会

培训会后，每个菜园的云端学习活动如火如荼地开展起来。每个菜园的每场会议，我基本都参加。观摩学习，及时发现亮点。在会议留言区肯定点赞，并描述亮点转播到学生QQ群，供其他菜园学习。

当菜园子活动有序开展起来后，我曾给菜园子布置数学项目式学习内容"健康生活之奶茶篇"（图2-8），请各菜园长组织成员讨论、分工合作。

结合北师大版7的"调查问卷设计"知识，率先完成奶茶受欢迎程度问卷。该问卷有100多人提交，涉及各个年龄层。问卷设计目标明确，提问具体，考虑全面，是一份优秀的调查问卷。

问卷结果出来后，成员们对数据进行分析。根据分析情况，再次分工，查阅资料。然后汇集观点，并邀请生物学科老师解答研究过程中的疑惑，理清思路，做PPT展示。

一亩菜花地菜园子线上活动约定

-争创最美菜园子-共度和谐寒假期-

1. 成立菜园子QQ群，并邀请班主任和副班主任入群；

2. 每次会议，园长提前订会议号，并发到菜园子QQ群，提醒园丁们准时参会学习；

3. 会议结束前，要确定下一次会议主负责人；

4. 主负责人在会议当天，提前将会议的学习内容发到群里，园丁们做好学习准备（必做两项：①数学作业疑难问题讨论；②文科"记背考"）；

5. 会议前，主负责人要做好讨论的准备，比如，共享白板，方便相互交流；

6. 会议期间，主负责人要把控时间，切忌在某一项内容延时太多，组员们失去参与热情；

7. 会议结束，主负责人做总结：今天我们解决了……感谢大家热情参与，接下来，请大家谈谈本次会议的学习体会或请对以后会议提出宝贵建议，及时进行评价与反馈，有助于更好学习；

8. 会议结束后，请主负责人及时填写菜园子小结记录表，并发在园子群中；

9. 会议期间，互相讨论相关的学习问题，不允许捣乱；违规者，可依园规处罚；重症者，移到"小黑子"群；

10. 班主任随时巡视，记录各大菜园子亮点，并根据记录表给予加分。

图2-6　一亩菜花地菜园子线上活动约定

一亩菜花地 2022 级 1 班学习激励方案
——挑战"肯德基合家欢"

一、名次进退步折算标准

1. 进步名次折算（以上一次考试排名作为折算标准）

1~20 名：进步 1 名，折算 4 名；

21~50 名：进步 1 名，折算 2.5 名；

51~70 名：进步 1 名，折算 1.5 名；

71~161 名，进步 1 名，折算 1 名。

2. 退步名次折算（用于评比最美菜园子）

1~10 名内退步，不计负数；

10 名以后，每退步 1 名，折算 –1 名

二、"最美菜园"评比、"最美学习者"评比

1. 最美菜园评比

（1）菜园所有成员都进步（年级排名）；

（2）进步总平均名次最多（所有成员进退步的名次总和 ÷ 总人数）；

荣获最美菜园的园长和园丁，授予"最美菜园子·最佳合作者"水晶牌

+ 肯德基合家欢（大份）+ 成长树加 5 分，班级公众号宣传

2. 最美学习者

（1）年级前 10 名相对于上一次未退步者；

（2）进步 30 名及以上者；

授予"最美学习者"水晶牌 + 肯德基单人套餐 + 成长树加 5 分

三、学业优秀奖、学业进步奖评比

1. 学业优秀奖：年级前 30 名（不含"最美学习者"）；

2. 学业进步奖：进步 1~29 名

分别授予"班级优秀学习者""班级进步之星"，

授予奖状 + 成长树加 1~4 分 + 文具一份

图2-7　一亩菜花地2022级1班学习激励方案

班会课：健康生活之奶茶篇

1. 奶茶受欢迎程度问卷调查—问卷星
设置问题：性别、年龄、职业、喝奶茶频率、品牌、喜欢的原因、什么情况下喜欢喝奶茶、是否了解奶茶的成分、是否了解奶茶的制作
2. 对问卷进行分析，做分析报告
3. 深度了解奶茶：
A. 品牌店奶茶成分、奶茶制作
B. 百度了解奶茶各成分的营养价值及人体最高摄入量
C. 利用数学知识计算
喝一杯奶茶，我们摄入的糖分，相当于多少天的身体需求量？（健康人士）
摄入的热量是多少，相当于多少主食摄入量？运动多久，才能消耗这部分热量？（减肥人士）
咖啡因对人的影响？（青少年、不易入睡人群……）
……
D. 你的建议
E. 奶茶可以怎样喝，才能相对健康些？（现场实验）

提交形式：
1. 以菜园子为单位，园长主负责
2. PPT
3. 最佳作品入选，班会展示组织

下一次会议请讨论

图2-8　健康生活之奶茶篇

4. 成长树评价过程，数学课品论奶茶

根据学生每一次的活动小结以及教师观察，给予成长树加分奖励。成长树系统是麒麟二中大德育评价体系——学生成长银行（图2-9），它全程、全员、全方位对学生三年成长过程进行评价。

同时，新学期开学，班级将遴选最优项目学习方案进行课堂展示，共同探讨奶茶对身体健康的影

学生成长银行

董旎

银行账户：20,00 成长币
成长积分：762,20 可用积分：252.2
【阅读】03-18 上课认真，获白玉兰…
【阅读】03-18 积极发言，获白玉兰…
【英语】03-18 自发背诵新概念或者…

37

44

0

初一第二学期

图2-9　学生成长银行

响，引导学生健康饮食，健康生活。

五、活动后记

菜园子的活动经过实践—培训—再实践—教师点评，各菜园的云端学习日臻完善，组织有序、内容充实、参与热情高。从一开始的茫然到后面的井井有条，从不愿背书到主动背书，从被动参与到主动要求做主持人、做分享，大部分孩子的学习热情被调动起来了。会议过程中，同伴的鼓励、钦佩、点赞让小伙伴信心倍增。抱团学习，团队激励，很受青春期孩子欢迎。

活动前中后的提醒、主持、总结，培养了园长和主持人的责任意识、领袖意识，锻炼了组织策划能力、时间把控能力等；活动过程中，小伙伴们的讨论、合作探究、互相学习、相互鼓励，培养了学生团队意识、语言表达能力，激发学习内驱力。

假期即将结束，和孩子们谈活动体会。孩子们表示，通过菜园子活动，能向同伴学到知识，因为同伴的优秀从而激发自己向上的愿望，而分享新知也让自己更主动去学习知识。也有小伙伴欣喜表示，从没想到自己还能教别人数学！大部分小伙伴表示，希望开学后，菜园子云端活动能延续下去，也有园长表示，当前困扰菜园的问题是云端学习，总有个别成员缺勤、迟到，影响活动进展。这个问题留待新学期返校，师生见面，共同解决。

蔡泽慧，广东省深圳市南山实验教育集团麒麟二中数学教师，深圳市张日威名班主任工作室学员。

含珠之蚌，粗糙转变为极美的"三步曲"

王莉娜

在我们的职业生涯中，每个人的成长都会面临许多挑战和机遇，回顾这8年的班主任经历，我庆幸自己做到了：当不被看见时，抓住亮点、持续耕耘；当不被认可时，寻找资源、野蛮生长；当受宠若惊时，坚定信念、实现自我。就像受到异物刺激的蚌壳持续分泌珍珠质来包裹疼痛，把粗糙转变为极美，我也始终铭记职业使命、坚定信念、坚持正向积极的思考，把问题转化为资源，期待孕育出更加璀璨的珍珠。

粗糙中蕴藏斑斓

蚌壳外表很粗糙，浩瀚汪洋里最普通、最不起眼的一小块，相比瑰丽夺目的珊瑚、灵动自在的鱼儿，只有自惭形秽的份儿，也许只有她自己知道蚌壳的内壁蕴藏着五彩斑斓的虹。

刚入职场就光彩夺目的教师毕竟是凤毛麟角，而我更是普通得不能再普通的一位。几年下来，既没有漂亮的教学成绩，班级管理也没有流动红旗的加持。记得当时班上有个难以掌控情绪的孩子，我每天疲于应对学生、家长和科任老师对他的投诉，精疲力竭，常常恐慌这样的日子什么时候才能熬到头。偶尔有一些写作投稿、活动设计的尝试，碰壁后也再没有下文。每当看到那些有学历、有颜值、有思想也有成绩、光彩照人的女教师时，瞬间就感觉自己像极了一块粗糙的蚌壳。我被淹没在日常繁杂的事务中，随波逐流，不能自拔。也许正是因为对自己的这份坦诚，接受当下的一切，我更容易遵循自己的内心，寻找自己的兴趣点和特点，在自己的工作岗位上，默默持续地耕耘！

我从遵循内心兴趣入手，在和学生的互动中，我觉察到自己特别享受在活动中体验和感悟，仿佛可以重访童年，因此我积极组织活动。如，每学期运动会开幕式上的集体展示，我都会精心设计、创意满满；坚持开展"秘密花园"故事会，寻找最会讲故事的人。功夫不负有心人，在南山区的一次演讲比赛中，我们班包揽校级初赛第一、第二名，其中一位入选"区级百强"。还通过开展北大商学院游学之旅，积极探索小分队活动模式，带学生元宵节夜游世界之窗、植树节逛花卉市场等激发学生的学习动力。

我喜欢设计和摄影，正好有利于打造具有特色的班级文化，在环境布置上，我们设计了森林探险之旅、攀登彩虹梯、登陆火箭舱等可视化评价板块，拍摄"关爱之心、学海逐浪"等富有创意的班级全家福。

我结合以往的学习经验，不断突出自己的特色。我的本科专业是新闻专业，早在14年前就建立了微信公众号，无论是班级活动还是孩子们创作的诗歌和佳作，每逢欣喜、有所感触之处，便按捺不住分享的冲动，及时整理稿件推送到班级群和朋友圈。我还喜欢琢磨各种实用软件，并积极地融入教学工作中来，比如，用FLBOOK将学生作文集制作成精美的电子杂志，用Pixton将课文改编成漫画，激发学生的学习兴趣。记得当时还在朋友圈获得了省级名班主任王怀玉老师的关注。

基于对自己性格的分析，我始终坚信自己很适合作一名小学教师，因此我决定要把自身的亲和力在日常的工作中发挥到极致。所以在遇到问题和挑战时，我总是不厌其烦、耐心地和家长进行沟通，经常主动约谈家长，还利用假期进行家访，畅通家校长效沟通机制，不仅获得了家长们的信任和认可，也踏踏实实守好自己的一方责任田。

因为工作兢兢业业、勇于创新而且懂得自我宣传，在某种程度上也算主动寻求被看见的机会，所以也曾受邀在全体教师大会上分享，可是由于缺乏持续、系统的成长动力，注定是冒个泡然后继续沉寂。这些自己全心全意努力，不计得失地付出，不断激活创造力的同时也激发了我自主学习、帮助他人的愿望，我仿佛触碰到了蚌壳内壁五彩斑斓的虹。

病蚌中孕育珍珠

当蚌壳受到沙粒等异物的刺激时，痛苦中挣扎的蚌壳会分泌一种珍珠质将其包裹，从而孕育珍珠，所以珍珠其实是蚌壳包裹好的疼痛和刺激，这就是"病蚌含珠"的故事。

职场中，就算你是千里马，也不一定一开始就能遇见自己的伯乐，更何况当你的优秀还不够明显时。在我的成长历程中曾接连遭遇三大挑战，差点让我一蹶不振。在班主任的角逐中，我提前准备近6千字的竞选材料，结果徒留我一个人在原地踉跄。面临班主任岗位调换的挑战时，自己拼尽全力想要维护的学生，恰恰成了我被换掉的软肋。我不得不在深深的自我怀疑中黯然离场！即使接手让全校老师望而却步的班级，我调整状态，接班1个月后班级被评为月度"满分班级"；火药味十足的班级群也充满了正能量，家长反馈肉眼可见的进步。就在我班主任工作全线开花，踌躇满志地认为这次的"区优秀班主任"势在必得时，我再一次被现实推入了绝望的深渊。在这场寻求外界认可的角逐中，我输得一败涂地！

然而在成长的旅途中蓦然回首时，我才知道这些痛彻心扉的挫折和挑战正像刺激蚌壳的异物，是孕育珍珠的起点，更是成长的资源和觉悟的契机，让我不再执念于获得外界的认可，关键是要培养自身"分泌珍珠质"的能力，即正向积极的思维方式，没有任何包袱地去探索自己的成长之路。

我积极主动寻找资源。两次备战班主任专业能力大赛，一个人就是一个团队，终于在区里的带班育人方略评选中，脱颖而出，获得区里专家评审的认可，这给了我极大的自信，坚定了在班主任岗位上走下去的信念！

假期期间我会义无反顾地奔向积极心理学的课堂，这样充满正能量的场域就像治愈我心灵的一剂良药，让我有机会和其他教师们相互交流，既认识自己认知上的偏差和工作中的不足，同时也被疗愈、被滋养、被赋能！同时我也学会了通过记录觉察日记，真诚地和自己沟通来反思总结、重拾力量，让自己能以最短的时间、最大限度地与过去释怀，重新充电蓄能，再次扬帆起航！

长时间浸泡在积极心理学的课堂，也让我获得了各种技能认证，如，NLP执行师、心理咨询师、正面管教家长讲师等，为之后的发展奠定了坚实的基础。"苔花如米小，也学牡丹开"，越是不被认可时，越需要自己觉察细微的进步，肯定自己的努力！只要你自己不放弃成长，所有的失意和落寞都是暂时的。关键是要始终保持正向积极的思考，持续主动学习，开启自己的野蛮生长之旅，你潜在的光亮总会在某个不经意的瞬间绽放！

欣赏中追求璀璨

蚌壳孕育出珍珠后，会吸引一定的关注，大家会惊讶于蚌壳粗糙的外表下竟蕴藏如此玲珑剔透、富有光泽感的珍珠。蚌壳如果只满足于创造一时的精彩，那终将被时代的巨浪如弊履般抛掷脑后，逃不脱让人唏嘘的命运。但是如果能清醒地认识自己，持续输出自己的价值，那定是另一番景象，就像你永远不知道贝壳会被打磨成什么模样来装点世界的美好。

正是因为坚持充盈丰富自己，时机成熟时，我也遇见了自己的伯乐。潜在的珍珠光泽被召唤，走上了一条追求卓越的自我发展之路。因为工作调动，我换到了一所新的学校；因为自己热切的成长渴望，我加入了张日威名班主任工作室，不到半年，我得到了渴望已久的支持和认可，也进一步激发了工作热情和活力，各种学习成长机会、各种培训、奖励纷至沓来。让我想起下雪天玩"滚雪球"时，刚开始球很小，雪很松散，容易掉落，雪球大小都没什么变化。可是只要坚持在雪地里滚来滚去，随着雪球越来越大，雪球的表面积和附着力越来越大，雪球大小呈指数级增长，一下就变成了轮胎大的雪球了。这种滚雪球式的增长就是前期即使我们很努力，也可能成效甚微，但只要目标明确，再冷的天，再难的路，只要坚持，很快就会迎来突破式的快速增长期，这也许就是真正的高手都懂得的延迟满足！

一时的不得志又怎么样？专业比赛"千年老二"又怎样？没有光鲜的荣誉加持又怎样？能证明你自己能力的永远只有你自己！张日威老师说："自己的人生由自己定义，每个人都是自己的英雄！"我豁然开朗，不沉浸在迟到的自我欣赏和感动中，这些阶段性的成果和掌声都是对我的鼓励和赋能。

我时刻提醒自己，铭记自己的职业使命和目标，坚定卓越的信念；坚持阅读学习，不断丰富人生的体验，于平淡中日益精进，于挑战中突破自我，永远保持创造力。在追求实现自我的道路上，就像含珠之蚌一样，把粗糙转变为极美，把问题转化为资源，这种正向能量便宛如夜空中最亮的一颗星星，在绝望中给人以希望，照亮更多的人一路前行！

王莉娜，广东省深圳市南山区南方科技大学教育集体（南山）第二实验学校语文教师，深圳市张日威名班主任工作室成员、南山区王莉娜名班主任工作室主持人。

是教师是妈妈，一切都刚刚好

石伟军

2023年的央视春晚上，黄绮珊和希林娜依·高合唱的一曲《是妈妈是女儿》唱哭了无数中国人。我也是那个面对屏幕潸然泪下的一员。但是作为一名教师，一名班主任，这首歌却引发了我不同的情愫。

作为一名女教师，我既是教师也是妈妈，这两个角色一开始也许是不同的社会角色，但到最后它必然会合并成一个角色，因为这是作为教师必达的幸福彼岸。

从妈妈到教师，从家庭到校园

2015年，当我的大儿子半岁时，我成了一名语文老师，我的身份从妈妈又延伸到了教师。记得初登讲台，面对一双双纯真的眼睛，我有自己的胆怯，对于上课也有自己的恐惧，所以更多的精力都放在了如何讲好课上，对于如何做孩子们的老师却是无暇顾及。

当我一次次研读教材，一次次请教前辈，一次次磨课复盘，终于开始上出了像个样子的语文课时，我的开心真是无以言表，同时我也发现了孩子们课堂上如星星闪烁般求知的眼睛。我得出了结论：教师，必须把讲台站稳了！

当我沉浸在专业提升的喜悦中时，其实我还在妈妈这个角色的愧疚中挣扎。那时因为家庭的原因，我的大儿子被留在了老家，成为了一个留守儿童，我常常在备课之余与孩子视频，看着他懵懂的眼神，内心充满愧疚，但除了愧疚我好像还没真正体会做妈妈的滋味。就如黄绮珊所唱：我是第一次做妈妈,虽然我们常说这是天性,但其实做过妈妈的都知道,天性也是后天慢慢萌发的。我缺少了这样的陪伴和经历!

我是学生的老师,我是儿子的妈妈,但妈妈和老师却是分离的角色。同时我发现了一个很有趣的现象:我的学生在课堂上很活跃,但课下却很少亲近我。看着同办公室那些不管是老教师还是刚毕业的活泼可爱的新教师,常常被孩子们围绕的幸福画面,我着实羡慕了!难道我身上缺少一些什么吗?

直到一次我认识了一位老教师。她教过很多届的学生,而她的学生毕业了之后很久,在每一次的人生重要阶段都会回来看望这位老师。比如考上了高中,考上了大学,上了研究生,甚至结婚也有请她去做证婚人的!她做了什么,让孩子们毕业多年依然记得她?让孩子们在人生重要时刻一定要邀请她来见证?

后来我和她成了朋友!即便是我们这样的朋友,她给我的感觉就是付出无所求,温暖、富有安全感,这不就是妈妈嘛!有一次,我跟她聊天,问到为什么她的学生毕业多年依然记得她,她幸福地回答我,因为爱!

我似乎懂得了,我身上也许缺少的就是那种闪光的母爱啊!而母爱是如何迸发的?大概要真正学会欣赏儿童,爱儿童,享受与儿童相处的点点滴滴。而我虽然是妈妈,却缺失了与孩子的相处成长过程啊!因为爱必定是双向奔赴的!

当我的心态发生改变,行为也随之改变了!我开始学着用欣赏的眼光去看待孩子们的各种行为,甚至是问题行为。而通过学习实用心理学的知识,我更是懂得了所有的问题行为背后其实都是内心需求的一种反映。尤其对于儿童而言,需求没有被满足,安全感的缺失就会导致问题行为的产生。于是再看孩子们,我看到的都是他们对我的呼唤,希望得到我的帮助,而我的焦躁情绪也慢慢被治愈了!好的关系是双向滋养的,作为教师,我们是如此幸运,因为我们会被无数的学生滋养,甚至我的童年遗憾都慢慢被弥补了！

孩子们的直觉是那么敏感，他们嗅到了我的变化，自然而然地围绕到了我的身边。直到今天，我的第一届学生也会在升学时，甚至是作文发表时都会告诉我，让我分享他们的喜悦。我知道，我做了什么，我做了温暖他们、鼓舞他们的事情，也许是一根棒棒糖，一个小卡片，一根手绳，甚至仅仅是一句不经意的鼓励。

2018年，我的大儿子终于回到了我的身边。我也提升了自己关于妈妈角色的认知，是教师是妈妈，这两个角色好像慢慢地在我身上开始重合了！一切都刚刚好！我把与孩子们共生成长的爱的能力也反哺到了我自己的孩子身上，这是作为教师多么幸福的事情。

从教师到妈妈，从自己到他人

从妈妈到教师，从家庭到校园，我实现了第一个角色的到达。但如果教师仅仅是这样那也太不足以说明我们教师职业的幸福了！

古语有云：一日为师，终身为父。自古以来，教师和父母的角色就是这样重合在一起的。可是对于刚刚毕业走上教师这个工作岗位的老师来说，又怎么能理解到位呢？哪怕像我这样当老师的时候已经是妈妈的人来说，要想真正理解"经师"和"人师"都要多年以后啊！

等我有了第二个孩子时，我对生命、对于多子女家庭也有了更多的认知。在我享受自己的天伦之乐和一地鸡毛的生活中，结束了产假重新回到校园，新接的班级却给了我新的成长机会。

这个班级因为各种原因一年之中换了4个班主任，因此孩子们的规则意识和凝聚力都比较差，尤其让人头疼的是班级有几个特殊的孩子，多动症、焦虑症、情绪失控，一开始就让我焦头烂额。但妈妈的身份和以前的带班经历都在教会我要慢下来，观察、思考、包容，我总是在想，如果他们是我的孩子，我会是怎样的心情呢？

我知道行为背后一定有原因，一定有需求。走进他们，才是我要做的！

幸运的是，就在我接班时，我参加了南山区教育局组织的实用心理学培训课程，我怀着强烈的想要看见教育真相的愿望，每周奔波在学习的路上，没想到我最先看见的却是自己。

记得那一次催眠课结束，回家路上，我一边哭一边回忆童年，泪眼蒙眬中，我看到了那个渴望被鼓励被肯定的自己。我有种被治愈的感觉！再看到孩子们，我就像看到了一个个童年的自己！我的内心突然新生了慈悲和力量。

再听到那个求表扬的声音，我对他说："孩子，想想你做点什么可以得到老师的表扬呢？"他愣了一下，迟疑地回答说："老师，我坐下来认真听课可以吗？""非常棒！"我对他竖起了大拇指。那一节课，他表现出奇的好。

我走进了更专业的心理学课堂——NLP专业执行师的课堂！一个个实用心理学的工具，为我解锁童心带来曙光，我懂得了要改变行为先转变信念。抽离和结合的技术帮助我更客观地看待孩子们的问题和情绪。催眠让我潜意识中得到了更广大的资源。语言的上归类和下切技术让我体会了换词换人生的奇妙，我拥有了更多的力量！

于是，在家访中，我知道了更多，在学习中，我也懂得了更多。

因为懂得，所以理解，所以接受！

我懂了教育就是看见和允许！多动的亮亮古诗背得溜，好，让他晨读带领大家背古诗；爱讲话的海海，劳动能力强，给他当劳动委员，让他也成为同学的榜样；不善言辞的平平，是绘画高手，好，让板报成为她施展才能的阵地……教育也许就是为所有的孩子找到他的阵地，教会他们在自己的阵地里做英雄。

那个总是故意捣乱的豪豪，只是渴望得到更多的关注。在家庭中得不到妈妈的关注和爱护，而这个付出不了爱的妈妈，也是个缺爱的妈妈而已。我能做些什么？作为老师，有时候我们不得不介入很多人的家庭，为了让自己更加专业，有更多帮助孩子帮助家庭的能量，我又学习了家庭教育师的课程。在课程中，我又一次先被治愈，先被滋养，我拥有了更多爱的力量。教育无他，爱而已！作为女教师，那就是要用自己天然的慈母心肠，以这是我的孩子为出发点来包容引导孩子。

人生不易，作为教师，我们真的要修菩提心，以慈悲心包容、爱护所有孩子。于是，我以父母之心对待孩子，我又多了无数个孩子。我不仅仅只是教师了，我还是妈妈，在我的职业角色中，我也实现了从教师到妈妈的转化。

心理学家斯金纳曾经说过：当所学东西都忘掉后，剩下的就是教育！而剩下的又是什么呢？从其中一个维度来说，大概就是爱吧！我们要留给孩子们的，能够滋养孩子一生的，其实不也是爱嘛！用我们的鼓励、肯定温柔以待，让孩子知道自己值得被爱，懂得爱自己，内心变得强大有力，带着这个力量走向未来。

黄绮珊在歌中唱道：我的孩子啊，我不知道自己做得够好吗？放手如果是一门功课，我从没能考过。是妈妈是教师，是教师是妈妈！我所有的孩子，我愿一生与你们互相牵着手，行走在这温暖的人世间！

石伟军，广东省深圳市南山区前海港湾小学语文教师，南山区王琳名班主任工作室成员。

双赢——幸福者的奋斗，奋斗者的幸福

常川

获得幸福，对绝大多数人而言，应该是人生重要追求之一。生命历程中的各项活动，可以成就家庭、友情、事业、个人价值，这些都能为我们带来幸福。那么，获得幸福的能力是什么呢？我想无非是两点：通过努力获取幸福的能力，在努力时感知幸福的能力。在我的10年教学生涯、6年班主任生涯中，奋斗与幸福交织，伴我前行，目标是"双赢"。

初出茅庐，全力以赴，幸福催生奋斗

我家三代内有7个老师，我从小的理想就是当老师。研究生毕业后，我圆梦深圳，有什么比实现理想更幸福的呢？为了这份幸福，我告诉自己：一定要好好加油，努力奋斗！带着满心的欢喜、憧憬、紧张，入职后的第一个学期，我保证每节课都先写教案，然后听课，再修改教案，最后才真实上课。我得到了学生的肯定："我们真的没想到你是新老师啊，以为你很有教学经验了！"

学校为保证新教师的教学水平，一般不安排应届生做班主任，但可以安排做任教班级的助理班主任。由于我带的3个班中18班总是第一个上课，我主动向年级组长申请做18班的助理班主任，增加接触学生的机会，以便更加了解他们的情况，弥补教学经验上的不足。感谢班主任曾老师的无私传授和指导，每节班会我都旁听，每次学生活动我都全程在场，还时常去学生宿舍走走看看。半年来，虽然家就在深圳，我却只在周末回去，工作日晚上不是在继续备课，就是在跟学生谈心，或陪伴学生准备活动。虽不是班主任，但我已经对班级日常管理、班主任工作要求了解得比较全面，也熟悉了深圳高中生的特点。同时，我亲身体会了"亲其师信其道"这句话，期末评教我的得分名列前茅，学生的化学成绩甚至可以超过部分重点班。

下学期分班后，我竟然成为了毕业半年就当班主任的应届生，而且是理科重点班。也许在别人眼里当班主任太辛苦，我也听到了"刚毕业的小姑娘就这么惨吗"此类的话，但在我眼里，这是一份信任、一份荣耀，这是快乐工作的源泉。

两年里，我获得了教学设计、录像课、班会课、班主任技能比赛等各项荣誉，带的班被评为校级优秀班级、市级五四红旗团支部。可以说，我带着幸福感开启了职业生涯，这份幸福感督促着我必须为了学生、为了教育工作而奋斗，由幸福催生的奋斗，不累、不苦，它是我职业生涯最大、最好的支撑。

危机来临，峰回路转，奋斗找回幸福

顺利随班升入高三，为了对得起这份托付，我更加早起晚睡，恨不能长在教室里。然而，我高考成绩却给了我当头棒喝，我们班在3个同类班级中考得最差，差距还不小。羞愧、疑惑、崩溃、不解等各种情绪如潮水般涌来，除了大哭，我尤其感到对不起跟我一路走来的学生。

随后我结婚生子，再没有担任班主任。除了日常教学，其他我都以带孩子为由躲得远远的，过了三年的"轻松"生活。

危机感在学年结束悄然来袭。大会上，被表彰的老师分享发言，我看着他们，羡慕又恍惚；年度考核表，除了基本信息，我几乎无内容可填；比赛、公开课再没有我的身影，舞台迅速被他人占领。我觉得自己成了边缘人物，无比失落。

一位首届学生发来了节日祝福，除了节日快乐，他还说："老师，我从你身上学到最多的是做任何事都全力以赴，任何时候都积极乐观，我已

经受益了大学，还会受益终身。仿佛乌云密布的天透出一线光，照见我的过去，照见我的惭愧，也照见了我内心深处一直不敢承认的逃避原因。"

对不起学生，是我心里的一道坎，但既然学生依然肯定我，为什么不迈过这道坎呢？难道我要永远迈不过去，让学生看到我现在的样子？我的抱怨和消极，难道不是对自己的状态不满意的外在表现吗？如果我真地放弃了，又怎么会因为感到"边缘化"而失落？为了不给自己后悔的机会，我立刻向学校申请开学后回到班主任岗位。

还是高三理科重点班，我非常感动于学校的信任，但也更加紧张，一边计算心理阴影面积，一边走进新班级。但我知道，这次我不能退缩。我请教了多位资深班主任，仔细复盘了首届高三的重要节点和细节，初步确定了班级关键词：目标、导向、节奏、团队！

根据分班成绩特点，我们一起定下了"突击化学生物，超越数学物理，拔尖语文英语"的学习目标。全班一致同意沿用我第一个班级的班名"端悫"，意为正直、诚谨，即使是高三的孩子，也不能只有学习，仍然要培养正直的品格、诚实的内心、诚恳的态度、严谨的治学，我希望这个班名作为导向，传承历届班级精神。向前辈学习，我在不同阶段主抓不同学科，大考前后有张有弛，把握备考节奏。我不再单打独斗自我感动，而是经常和科任老师沟通，经常一起开包班会。

这时，深圳市青功赛开始报名，从未参加过综合性教学比赛的我，为了挑战自己，为了给学生看到班主任的冲劲儿，毫不犹豫报了名。我几周泡在实验室，终于创新实验成功，并以市直属第一名进入决赛。我激动地跟同学们分享备赛历程和比赛结果，号召大家都能为了青春而战。一位同学发问："老师，你这么优秀，才能做到，我担心自己做不到，你相信我们能做到吗？"我回答："我相信！只要你想就能做到，我陪着大家，我们一起做到！"最后，我获得全市第三名，我告诉同学们，是你们的优秀让我安心备赛，是你们的发问升华了我的演讲主题，是我们一起拿到了荣誉！掌声雷动，那一刻，我的幸福不言而喻。

好景不长，"深一模"班级成绩退步严重，我和科任老师一起开了3个小时的包班会，讨论了几乎每位同学的情况，为他们量身定制后续方案。我在班级调查了同学们的困难，将其分为心态和压力类、信心和动力类、兴趣和目标类、自我认知类、人际交往类，分别用不同的主题班会和同学们讨论解决办法。例如，信心和动力不足，不知道接下来如何做的同学，我为他们制作了冲刺卡，将理想大学、目标分数、个人承诺放在表头，将每一科目当前的薄弱板块、后期可提升板块、科任老师建议、一周内每天的详细计划和复盘设计为表格，由同学们分析填写，一周填完一张表，再进行调整。班主任的努力，就是最好的语言和陪伴，同学们不再沮丧，全心投入战斗，在高考中取得了史上最佳成绩，也打破了学校的高考目标记录。

回望这条失败、危机、重新起航的路，我集学生学业有成、自己专业进步的幸福于一身，我明白，是不怕困难、敢于挑战的奋斗帮我找回了这份加倍的幸福。

日臻成熟，提升要求，奋斗持久幸福

如今，已经是我工作的第10年，现在正在带的班，是从高一选科分班后一路带上高三来的，实现了我多年的愿望：不要分班，完整地带一个班，结果一定很美好。有了之前的经验和积淀，我早已不是那个横冲直撞使蛮力的应届小姑娘，也不是带着巨大心理阴影、害怕再次搞砸的高三新手班主任。我上过各级公开课，参加过各类比赛，多次分享带班经验。我们的班名依然是"端悫"，我已不再为班风、学风过分担心。

但是，教学和班主任工作为什么还是会遇到瓶颈？为什么时不时会出现"明明知道大概该怎么办，可就是捅不破这层窗户纸"的困惑？处理教学或班级问题时，也能从容应对，但为什么总觉得缺口气，缺点四两拨千

斤的感觉？

我开始思考自己在哪方面还有所欠缺，还有哪些领域是我没有挑战过的。答案很快出现：教科研。我虽积累了一些经验，但非常缺乏整理和总结，更不用说用心记录成文。我虽在遇到困难时会去查阅书籍、文献，但非常缺乏系统的学习和大量的理论支撑。理论学习、反思记录、教学和班级管理研究，就是我缺的那画龙点睛的一笔，也是限制我进一步专业成长的拦路石。

于是，教学方面，我加入了几个校级课题，再申请加入省学科基地的大单元教学小组，参与"核心素养下的大单元教学"研究。德育方面，我申请加入了学校的省级生涯规划课题，希望在新高考模式下，能够更好地指导学生进行选科和生涯规划，再申请加入了深圳市张自明名班主任工作室，并由此才有幸参与了深圳市张日威名班主任工作室的书籍出版工作。

开始了，就没有退路，唯有奋斗到底。我相信，从撰写这篇文章开始，我将走出舒适区，克服惰于看书、畏于下笔的过去，再次挑战自我。我相信，经过这一阶段的努力，我将拨开迷雾见明月，能更精准、更高效地帮助我的学生，能更快地提升自我。那时，我将收获更持久的幸福，也将迎来新的追求和挑战。

奋斗与幸福交织，我收获了事业与个人的双重成长，初步达成双赢的目标。我在努力奋斗时悉心感知幸福，我在失意迷茫时为了幸福重启奋斗，我拥有了奋斗的惯性，将会在幸福的路上走得更远。如果要问这一路上是什么在支持着我，是对教育的热爱，是学校和前辈的鼓励，是学生的信任，是永不停止对自己的要求，是广阔的学习平台，这是一个庞大有力的支持系统，也是前进路上最美丽的风景。

常川，广东省深圳市第二外国语学校化学教师，深圳市张自明名班主任工作室成员。

第三辑

15~25年·领军：

一花独放不是春

"一花独放不是春，百花齐放春满园。"花如此，人也一样。名班主任，是一种荣誉，更要有一种责任，通过自己的努力，带动青年班主任成长起来，让所在的团队甚至学校百花齐放。16位领军班主任的育人智慧，让你的专业成长有"章"可循。

打造一间阅读教室

吴孟霞

2005年8月末，我手握《窗边的小豆豆》开始打造教育生涯的第一间教室，向往每一个孩子都像小豆豆一样被爱与接纳。几卷牛皮纸褶皱处理，再刷上棕色丙烯颜料，最后重叠粘贴好大小不一的绿色彩纸，就这样以两棵树为造景的"巴学园"教室迎来了第一批"小豆豆"。

这两棵树下浮现出不少"窗边的小豆豆"，随意离开自己的位置的，上课望着窗外发呆的，随意打断老师上课……班级里闹哄哄、乱糟糟，时不时有冲突发生，常常陷入无序与混乱中。于是我开始加强班级的管理，根据班级的日常活动制定了详尽的班规，并严格地去执行。渐渐地，班级有了秩序，很快班级就在学校评比中获"最美班级"称号。但是，我也发现树下的孩子们变了，从开始喜欢往我身上挂到离我远远的，就算下课看到我往教室方向走，也会马上默契地回到自己的位置。是哪里出了问题呢？难道只能在"爱"与"怕"之间选一个吗？除了规则立班还可以如何来构建我的班级文化呢？于是我开始在阅读中寻找答案。

一、以阅读为志趣，为书香班级奠基

书香班级的建设首先要让我们自己以阅读为志趣。我开始重读教育学及儿童心理学相关著作，结合自己的教育实践与观察，再读这类著作时就不再是抽象的概念了，而变成了跟一个个孩子行为背后的心理需求及有效、无效教育行为背后所隐含的规律。我开始明白"巴学园"所顺应的儿童自由天性，让每一个孩子的天性得以滋长，拥有最快乐的童年。只是缺少了规则也是不可取的，看似尊重他们的个性，他们并没有觉得快乐，反而陷入了无序与混乱中。因为在儿童期帮助他们建立规则，这样他们才能在规则与有序中获得安全感与秩序感。平时我除了阅读教育学也大量阅读一线老师的带班日志。先从薛瑞萍老师开始，结合我所任教的年级我一口气把《心平气和的一年级》和《我们二年级啦》读完。我从模仿开始，带着孩子日有所诵，读朗朗上口的儿歌作为行为指南；读趣味小故事进行德育渗透；读经典诗文进行文化熏陶……慢慢地我们一起读绘本，上课我也喜欢给孩子讲绘本故事。孩子们喜欢围着我，我捧着绘本讲，孩子们有的依偎在我身边，有的趴在我的对面桌上，有的把小脑袋搁在我的肩膀上，还有的在教室里若即若离地听着。除了薛瑞萍老师的书以外，我还喜欢阅读管建刚老师的《一线带班》，也开始学习简·尼尔森的《正面管教》《教室里的正面管教》，这一类具有实际操作和指导意义的工具书也让我在班级管理中确立了"温和而坚定"的原则。

除了自己不断阅读，我们还需要带动班级里的学生进行阅读，而进行儿童阅读的推广，除了我们在学校学习的文学常识及课程外还需要接受更深入和专业的培训。除了市区两级教育行政部门的培训外，我们还可以利用社会资源，积极参与各类与阅读相关的培训。我先后参加了教育局主办的南山区阅读推广人、南山区阅读点灯人、深圳市阅读推广人的培训。同时还参加了深圳市少儿图书馆的广东省阅读推广人培训，在儿童阅读中更好地培养自己的儿童观，让自己更懂儿童。打造书香班级，班主任浸润在与阅读相关的人文环境、网络空间中，可以让读书变成一种在日常工作与生活中，经常被提醒的一件事情。班主任老师从一本书开始，以阅读为志趣，让自己以生长的姿态，为书香班级的建设奠定基础。

二、以阅读为环境，一砖一瓦搭建书香班级

书香班级的创作需要打造出适宜儿童的班级阅读硬空间。心理学家杜威说："要想改变学生，必先改变环境，环境改变了，学生也被改变了。"一个适合阅读的教室环境，对于学生阅读兴趣的熏陶是潜移默化的，也是保障阅读的基础。班级里空间有限，但是为了给学生阅读的仪式感与舒适感，我们在教室的前后角落设置了阅读垫及阅读沙发，扇形的阅读垫最大效率地利用墙角空间的同时，还可以让孩子们脱鞋进入依偎在一起阅读，两个懒人阅读沙发，不仅可以容纳两人阅读，还能够利于低年段老师讲故事时孩子们围绕着；教室里桌椅的布置比较有规则，在阅读空间的打造上要利于儿童放松地坐卧。这里也成为课堂作业完成得快的孩子的阅读乐园。同时为了增加班级图书角的容量，靠窗一排也被设计为阅读凳阅读区，这个区域给不喜欢脱鞋，喜欢坐在独立凳子上的孩子，在各个U型空间里借助淘宝购买的三层帆布图书袋，为孩子们设定了一个既专属又可以共享的书袋。孩子们可以在自己的帆布袋上进行设计，没有看完的书，放在自己的布袋里便于随时接着阅读，已经读完的书就在布袋上做好记录可以进行推荐与交换。

　　有了阅读的硬空间，还需要精修班级阅读软环境。如何让书香真的能够充盈到孩子们的校园生活及班级氛围中，软环境的营造尤为重要。我们通过一二年级朗读者陪伴计划、三到六年级年级阅读者指导课程、行动者哲学启蒙课，把孩子们的阅读在陪伴引领中推向成长的助力。在一年级的时候，学生建立自己的书友队，借助家长资源家校合力育人，每月开展两次与阅读相关的亲子活动并做好记录。每一周学生在家长的指导下完成一本绘本朗读，邀请家长和孩子每学期完成一本绘本的音频录制工作，音频我们会放在晨读进行播放。让师生共读、亲子共读、生生共读……形成阅读循环圈。就在两棵树之间，我们一起读《尼尔森老师不见了》，一起讨论如何把"尼尔森"老师找回来，这是自律意识的开始；我们一起读《可爱的小雀斑》，一起发现我们身上"小雀斑"的可爱，这是更好地悦纳自我的实践；我们一起读《11只猫做苦工》，一起去关注我们身边的规则，这是规则意识的培养……经过一年的时间，通过共读绘本，我跟上了学生成长的节点，同时也帮助孩子们获取更丰富的心理营养、引领学生构建更广袤的精神世界，我的班主任工作因为阅读开始润泽。基于阅读我带的班级呈现出最佳的班级样态，无论是师生关系、生生关系、家校关系都因为阅读而润泽，班级在各项学校活动中脱颖而出，被评为南山区、深圳市优秀中队。

提炼班级书香文化标签，获得更多的书香班级认同感、归属感。作为书香班级，其班名、班诗、班歌、班规、班徽、班训、班级口号、班级目标、班服等班级文化都要烙上较有诗书气质的色彩，让孩子更有书香班级的归属感。例如，我现在所带班级的班名源于《诗经》"鹿鸣"，用有书香气息的班名，我们在一年级二年级的汉语言文化节都进行了相关的篇目节日展演，特别是在深圳读书月活动中也进行了展示，这也意味着班名不仅仅是名字，更是带着旋律的认同。

赋能班级阅读活动。《中小学德育工作指南》中明确将"活动育人"作为育人目标实现的六大路径之一，强调了要精心设计、组织开展主题明确、内容丰富、形式多样、吸引力强的教育活动。同样班级阅读活动也应该有精心的设计，以下是我在建设书香班级过程中经常用到的活动类型，大家可以结合班级学生的年段特点进行安排。

①召开阅读主题班会。班会与阅读进行连接可以让我们的主题班会有特色且让学生有更多的参与与互动。

②开展阅读盲盒活动，让阅读分组更有趣味。

③开启不间断共读一小时阅读马拉松活动。

④开展图书漂流活动。

⑤开展阅读交流会。线上线下相结合定期举行阅读分享，让阅读不受时空限制。

⑥开展阅读写作及投稿活动。大家在共读几个章节或一整本书后，开展

阅读写作指导，以此增强学生的阅读理解和写作能力，以写来促进读。

⑦课前讲故事。在预备铃打响后上课前1~3分钟，可以由学生轮流上讲台朗读或讲述自己喜欢的一个小故事或一篇文章，并简要谈谈自己的阅读体会。

⑧绘制手抄报和藏书票。根据所阅读的名著或其他书籍，利用文字、图画、思维导图等形式绘制手抄报，可以使学生加深对书本的理解，而后再进行展示评比。

⑨科任教师、父母进班级。让班里喜爱阅读的科任教师或父母进课堂讲故事，教师和父母言传身教，可以更好地推动学生的阅读。

⑩评选阅读之星。根据学生家庭父母及本人的阅读情况，每半学期或一学期评选若干个书香家庭和书香个人，用榜样的力量去影响带动更多榜样的出现。书香家庭的涌现才有可能推动书香班级阅读的兴起。

⑪班级剧本杀创编，将戏剧引入相关文学作品。

三、用阅读做品牌，让细节成为风采

1. 任务驱动法，形成特色阅读课程

如果我们不预设好专门的时间、课程、活动，那么有可能我们在日常的班级管理、建设过程中就永远没有时间，活动也永远开展不了。所以我们要用任务来驱动，不用想好了再动，可以先预告，然后促进自己去落实。因为引入了他人的力量，特别是学生及家长的力量，能够很好地促进我们去实施、推进。所以在开学之初我就会事先公布班级的共读书目及共读实施计划，这样通过共读计划，让我拟定了三十几本书的课前导读、读中推进、读后分享的特色阅读单，不知不觉就形成了自己的特色课程。

2. 记录让阅读提升维度

记录、报道、链接为我们的班级阅读活动提升维度，而且可以让更多的人看到你，让家长看到、让学生看到、让同事看到、让自己看到。做过的事情要留照片、留文字、留痕迹，因为记录以及传播更能够让我们做过的事情有高效应。我的朋友圈会分享阅读单、书友队活动、学生在读书角阅读的Volg……班级Q群、微信群、班级公众号都会记录。

3. 进行阅读研究，提升品牌效应

阅读是每个班级都会有的活动，但是如果要成就自己的班级文化或者说成为自己的特色品牌，我们需要借助一些力量来提升，需要把阅读作为我们的研究对象。打造书香班级不仅要对自己的阅读有质量要求，也要跟孩子家长一起提高阅读品位。我们进行阅读研究就要发挥自己的专业优势，带领学生大量阅读经典，并充分挖掘阅读课程中的教育素材。我在推广阅读中主持了两个课题《儿童哲学启蒙之绘本阅读课程》与《互联网时代的小学语文生长性主题课外阅读指导》。

教室后面的两棵树见证了我和孩子们、家长们是如何因为一本本的书、一次次的共读、一个个的活动成为阅读的共同体，成为成长的共同体的。班级不同，孩子也不同，我们一起扎根书香班级，一起汲取成长力量。

吴孟霞，广东省深圳市南山区桃源小学语文教师，深圳市郎丰颖名班主任工作室成员、南山区吴孟霞名班主任工作室主持人。

绿光芒，让童年一寸一寸绽放

张品丽

生命枝头每一片绿叶或飘落的响声里，

都有闪耀的光芒，

感谢我总能看见。

——《绿光芒》

每当读到梅子涵老师《绿光芒》中的这段话，就会有莫名的感动与欣慰。教育到底是什么？这也是自己从教20年不断思考与追寻的课题。我很认同这个说法：教育，既不是"工业"，也不是"农业"，她更像"森林"的样子，大树有大树的精彩，小草有小草的魅力。作为教师应看见每一个，尊重不同的个性，以包容的姿态激活生命，为不同的生命"赋能"，让教育的森林里四季分明。

一抹青绿，代表幸运的"四叶草"形状的班徽获得高票认可，本人所带的2018级1班"绿光芒"中队诞生了。它象征每位学生都是独一无二的个体，就如那缕绿光芒，我也深深思考，怎样发挥我的优势，做好孩子的引路人让学生的童年一寸一寸绽放。

绿——以爱心滋养生命之绿

还记得2003年刚上岗时，领导找我谈话，内容大体是：接手的四年级有点挑战，你要先镇住他们，否则日后没办法开展工作，我们相信你的能力。当时我心里就七上八下打起了鼓，这是领导给我的第一道考题呀，我只能硬着头皮接受挑战。

不打无准备之战，我先拿来孩子们的档案，初步了解每个孩子的特点。这里的孩子很具有深圳特色，大都是外来打工子弟，我所在的学校靠近码头，家长做货柜司机的居多。换句话说，家长文化不高，早出晚归都忙于生计，孩子基本是散养式，任其野蛮生长，所以这里的孩子比较单纯，玩心重，学习习惯散漫，无目标性。接着我采用了"三步作战"法：先投其所好，初次见面谈起我小时候四年级玩的游戏：跳皮筋、抽陀螺、踢毽子等，然后请学生介绍他们喜欢的游戏，各个眉飞色舞。首次破冰成功，奠定了良好关系的基础。接着"约法三章"，奖惩分明，凡事亲力亲为，恩威并施见成效。下班后利用自己的时间为学习有困难的孩子查缺补漏。公平公正，真心爱每个孩子是正道，是教育之根本。只要你真心爱孩子，学生、家长是能感受到的，一学期下来我逐渐得到了认可，班风也有很大的改善。

正沾沾自喜时，强强家长打来电话，孩子放学还没回家。我心头一颤，今天在学校一切正常呀！我走进孩子的家里，才发现房中房、十平米的小屋、上下铺、外面嘈杂的声音都会传入房间。爸爸每天辛苦一天，与孩子根本没有交流，强强基本都是吃外卖或自己煮饭吃，可这些我却都不知道。只和离异的爸爸一起生活，孩子内心是孤独的，一言不合爸爸只会用拳头说话。孩子到底会去哪呢？两天后，电话那头是怯生生的声音："张老师，我是……"原来孩子是想妈妈了，一直在街头徘徊想去找她。那一刻，我泪目了，孩子的回归让我欣喜，孩子的信任让我感动。

日后我更关注强强，课间主动和他聊天，暗中也鼓励同学与强强多玩一玩，内向的他渐渐笑容也多了。现在的强强已成家立业，每当教师节都会发来短信祝福。

爱是教育的原点，只有饱含爱的教育，才会让教育更有温度，更有生命力。马卡连柯说："有温度的教育，需要教育者内心丰盈。"温情的目光、温暖的话语、温馨的场域，我要做一个有温度的老师，以爱心滋养生命之绿。

爱孩子这是母鸡也会做的事，可是，班主任的根本任务是要"立德树人"，只有用自己渊博的学识和才能教育他们，才能做一个有能力爱的老师。

光——以阅读点亮童年之光

2012年我有幸来到根基深厚的近百年老校任教，"教育就是播种爱""创造适合每个孩子的教育"，这样的理念深深滋养着我，就如同世上没有两片相同的树叶，此校浓厚的阅读氛围令我如饥似渴。更有幸校长为我安排了一位有资质的前辈刘老师做我师傅，她阅读涉猎广，学识令我高山仰止。正因为这样丰厚的积淀，课堂就是她绽放的舞台。在每个人成长的路上，特别需要一座引领的灯塔。万分荣幸得到灯塔的引领，我怎能不珍惜，我坚持听课一学期，写下十余万字的听课笔记与反思。尽管我已工作9年，但我依然坚持向身边的智者学习，是阅读让我看到了教育最美的样子。

除了阅读大量的儿童文学，我也坚持专业阅读：心理学、历史、哲学等，做终身的学习者。阅读改变着我，我也要反哺给我的学生。一个人的阅读史就是他的精神发展史，怎样打好孩子们的精神底色呢？作为一名语文老师，我以学科优势，做融合德育。我希望孩子们遇见的不只是试卷和兴趣班，还要有一个更丰富开阔的世界——书海。以阅读点亮童年之光，勾画静美的底色。爱上阅读，我从以下三方面着手为孩子们送上这份最好礼物。

1. 养——阅读习惯

从入学第一天起，我就告诉孩子们：阅读是每日的第四道精神大餐，每天坚持亲子阅读半小时，并开启"百日阅读行动"。这一届孩子现在已是五年级，每天走进教室，我最陶醉于孩子们手捧书卷的画面；课间，我最喜欢孩子们来和我聊他们所读的书：《雅舍谈吃》《未来之城》《好玩的心理学》……他们的阅读视野、阅读深度都令我深深佩服。

2. 建——阅读环境

精心打造阅读环境。可视化的硬件环境，如阅读排行榜、班级阅读墙、班级书柜的精心布置、个性阅读树的展示等。隐性的软件阅读环境，如低年级课前我都会给孩子们讲故事；早晨或中午听故事；渐渐地鼓励孩子们为大家讲故事、播新闻，浸润在书香中，孩子们不仅有了静气，还有了灵气。

家庭阅读环境的跟进。第一次家长会就与家长达成共识：放下手机，拿起书本，以身作则，当家长重视看书这件事，孩子一定会被传染的；布置一个阅读空间，孩子生活在满是书的生活环境中，喜爱阅读也会理所当然；建议开展定时家庭读书时，如每天晚8：30，让日常也有了仪式感；鼓励家长每月至少带孩子去一次图书馆，我还专门在一个暑假布置孩子们去图书馆阅读打卡，寻找一处处图书馆的美。作家毕淑敏说过："让孩子爱上阅读，必将成为你这一生最划算的教育投资。"

3. 搭——阅读平台

开学两个月后成立班级书友队，阅读环境由学校小课堂、家庭到社会大课堂。如果说老师在班级带着孩子们共读之余，家长带着孩子在家里的亲子阅读就是有益补充，还有一个非常重要的阅读形式，就是同伴阅读。如果6~8个同学形成小团队，在课余时间也能聊自己喜欢的一本书，这是一件多么美好的事情。

我很喜欢李欧·李奥尼的作品《一寸虫》。故事里的一寸虫能量世界上的任何东西，从知更鸟的尾巴到巨嘴鸟的嘴。当看着一寸虫一寸一寸地用自己的身体去丈量世界时，我突然想起我与孩子们阅读共长的时光，正因为阅读，让我和孩子一寸一寸绽放。总之，培养阅读习惯、融合阅读德育课、开展阅读活动等，让我看到孩子活跃的思维、透着光的眼神、自信的表达，那一个个美好的模样令人欣慰。"动力比能力重要，方向比方法重要，磨炼自己比豪言壮语重要，改变自己比改变别人重要。"以阅读点亮童年之光，我要秉承与坚守。

芒——以实践绽放时代之芒

十几年前参加班主任大赛时，完全凭初生牛犊不怕虎的冲劲，可赛场上见到高手如云的选手，顿时心生佩服。他们善于阅读理论书籍、善于把问题变成课题去研究、善于创新实践，自己的参赛成绩自然不好提起，面对自己的学生，更是深感惭愧。我要改变，我要在教育领域深耕教育实践，深研教育理论，形成自己独特的带班育人特色。

作为两个孩子的母亲，我经常从母亲的角度去思考教育，从孩子的成长角度去理解教育。近不惑之龄，我还是带着勇气开始深圳大学心理为期三年的专业学习。特级教师郑英说："一个懂得自我革命的人，会自成一个独立而生长着的系统，一生谦卑，也一生高贵。"马太效应也告诉我们，越是强大的人越会自我批判，越会自我批判的人越是强大。不断靠近生命的本质，我更加理解孩子了，也只有建立儿童观的教育才是真教育。孩子应该享受童年，孩子应该多在活动中体验浸染。我要给气喘吁吁的童年插上轻盈的翅膀，让每个生命都轻舞飞扬。

"泽草所生，种之芒种。"每个独特的生命如何绽放呢？我以课程赋能，开发"阅读与德育"融合课程。鉴于时下俄乌冲突，我引入整本书《战马》《数星星》的阅读，感受战争归来无完人，人性的美；当孩子运动会上失利了，我引进《路边的孩子》的阅读，让孩子做学会鼓掌的人；《十岁那年》让孩子们为自我成长赋能……融教育于生活，以阅读助成长。以活动赋能，一年级"开笔礼"、四年级"十岁成长礼"、六年级"毕业礼"等丰富活动，开展启程——知行——修远三阶段的活动进阶育人，让孩子们见证生命的嬗变、成长的喜悦。以评价赋能，我注重过程性评价，以增值评价为主要评价体系，孩子们在"班级星座单"中轮番登场：写作星、篮球星、魔方星、书写星、收纳星……关注每一个学生的努力，以长扬长，以多元评价不断敲响蓄力成长的锣鼓声，激发儿童成长的积极能量。

2022年再次登上班主任大赛的舞台，对比曾经，我多了一份笃定与从容，我所说的就是我所做的，我所做的就是我所思的。我要伴着每一个孩子的成长节奏，誓做孩子成长路上的锣鼓手，有的孩子需要我在前面引领陪跑，有的孩子需要我在侧面同行陪伴，有的孩子需要我在后面助力相推，有的孩子需要我静待花开。在长期的教学实践中，我形成了：一个原点，双向引领，多边赋能的育人模式。一个原点，即童年是人生的起点，爱是教育的原点；双向引领，即向下扎根，走进孩子的心里，向上生长，以实践为基，以科研为引，以自身成长的锣鼓声，营造学生生命成长的能量场；多边赋能，实践育人。教育是科学，其价值在于求真；教育是艺术，其生命在于创新。

我照耀着孩子，也被孩子们照耀着。我想人生的目的是追求幸福，教育的目的是培育具有幸福能力的人。把一份爱播撒到每个孩子的心田，把一缕绿光芒照进每个孩子的生命，让童年一寸一寸绽放，向着明亮那方幸福成长！

张品丽，广东省深圳市南山实验教育集团南头小学语文教师，南山区张品丽名班主任工作室主持人。

从学生的问题出发，向学生的内心前进

张自明

每位班主任在有意无意之中，都会形成自身的带班风格，这种特质不但因人而异，还会随着个人的成长、精进出现阶段性的变化。那么，在班主任精进的路上，如何修炼自身风格，将个人特质与日常工作更好结合？笔者在此尝试回顾自身成长历程，为德育同仁提供一些借鉴……

初为人师求完美——用力过猛的"盲人瞎马"

成长在教师家庭的我，从小就是妈妈制作教具的小助手、辅导学生的旁听生、班级活动的啦啦队。耳濡目染之下，不但"教师是阳光下最光辉的职业"这样的话在我心里生根发芽，就连"不当班主任的老师没有完整的教育生涯"这样的念头，都早早印刻在我的脑海中。

当个人选择与家庭支持形成合力，我从校园走向校园，成为一名光荣的人民教师也就显得顺理成章，但真正走上岗位才发现，班主任这个角色，远比我想象的要复杂……

2008年，结束研究生学习的我满怀教育热情从东北来到深圳，我憧憬着也能赶快像妈妈一样，成为一个班集体的领头人，与一群孩子建立深深的联结，愿望终于得到了满足。

第一次当班主任，我更多的是用自己学生时代对理想班主任的想象勾勒出完美形象，然后尝试扮演那样的角色。在入职的第一天，我就想做完美的班主任、想带出完美的班级！

完美的班主任应该时时在场，早操时我在队伍里和同学们一起锻炼，运动会的接力赛有我一棒，教室的最后排有我的书桌……完美的班级就应该有完美的制度，我和同学们一起绘制班徽，编排班歌，拟定班训，全体草拟班规——每个岗位应该如何履行职责、每个时段应该安排什么活动、每个行为应当获得何种奖惩，诸多细节被我和同学们反复探讨，真的是事事有我、时时有我，实现了对班级管理的全覆盖。

这样的付出，在最初赢得了同学们"认真、负责、没距离感"的好评，但是随着时间的推移，情况发生了变化——在高二上学期的一节班会课上，我正在例行回顾上一周的班级事务，准备按照班规落实奖惩。上了"黑榜"的许飞忽然在座位上质问我："每次班会都是某某说脏话扣分、某某晚进教室几分钟扣分、某某作业不合格扣分……到底是我们的高中生活里没有更重要的事情，还是你这个班主任没有什么别的东西能教我们？"这一石真地激起了千层浪，不但那节班会课上同学们七嘴八舌地吐槽了各项制度，之后的日子里，事无巨细的考勤、周而复始的评比、老生常谈的训诫，都成了同学们吐槽的对象。

终于，在班长带头辞职、各项规章制度名存实亡之后，我也心灰意冷，把更多的精力从班级管理转向了教学研究和自我提升。

走进内心求实效——返璞归真的教育初心

不过，在高三上学期开学不久，情况又出现了转机。

那段时间里，一向认真努力的小萌精力总不集中，上课发呆，作业完成得也不够好。侧面了解得知，她的学习、生活和人际关系都还正常，爸爸做了次大手术，但已经过去大半年，完全康复出院了。她最近忧心忡忡、愁眉不展……

零散的信息或许并不能告诉我到底发生了什么，但所有的信息都传递出一个信号——这个孩子需要帮助。青春期的孩子既有心灵的敏感，又缺乏分析问题解决问题的能力，所以常常陷于痛苦之中又无力察觉源头，更不用说找到解决之道，这个时候，咨询技术就成了打开心门的一把钥匙。

后现代主义心理学有一句名言"每个人面对问题时的解决办法，都隐藏于她的过往经验之中"。要解决小萌动力丧失的问题，是不是应该先去了解过去是什么推动着小萌进步呢？

在随后的一个晚自习，我把小萌请到办公室，让她和我一起画自己的生命故事线，回顾她记忆中的闪光时刻，她静静地沉思、回忆，平静地与我分享自己成长过程中出现的重要事件，我留意到，言谈之间小萌总是把自己的成长归因于家庭带来的支持。我隐隐觉得，小萌现在所缺失的，正是一直以来让她觉得安稳的家！

我试着劝慰她说："小萌，老师能听出来，你是个懂事的孩子，你爸爸的病情我也去了解了，放心，现在医学在进步，他的情况都是比较乐观的，而且现在最能治愈他的，应该就是你的进步吧……"没等我说完，小萌已经眼泪汪汪了，她打断我说："老师，我真的不想再憋着了，你就听我说吧。"

接下来的20分钟，我终于知道了小萌藏在心里的秘密，但我却什么也说不出来……

原来，在小萌父亲病重期间，小萌的妈妈表现得漠不关心，甚至都很少到医院探望，全靠着年迈的奶奶护理病人，细心的小萌发觉不对之后，又在暑假几次跟踪妈妈，发现她在外面与一个叔叔来往甚密。就这样，还没成年的小萌受到了这个年纪不该有的冲击，她既不敢刺激病重的父亲，又不敢去质问曾经视为依靠的母亲，甚至不能和小伙伴分担这样的秘密。今天她终于对我说出了心里话，可是面对这样的家庭，除了心疼，我还能做些什么呢？

束手无策时，我选择先把曾经很多次治愈我的书籍分享给小萌，那就是《少有人走的路》。小萌看不进去，我节选着读给她听。

"那些为数不多比较成熟的人，他们从不逃避人生的问题和痛苦……

他们把成熟视为一种责任……勇于承担责任，敢于面对困难，才能够使心灵变得健康。"这句话触动了小萌，她反复思索着其中的含义，最后坚定地说："我要和家里人聊一下！"

那个周末，我过得很忐忑，不知道小萌会带回怎样的消息。直到周日下午，我收到了来自小萌妈妈的一条长长的微信。信息中说"自明老师，此刻我无法用言语表达对您的感激，我不知道自己给孩子造成了这么大的心结，幸亏有您的理解，孩子才没再被我们耽误……"原来，在高二的时候，小萌的父母就已经离婚，为了不影响她高考，迟迟没有告知小萌。

小萌在接下来的时间里努力奋进考取了心仪的大学。家庭的变故还是造成了一定的冲击，她最终去了一所二本学院，但是，在那之后的时间里，小萌一直都坚持着走自己选择的路。就在上个月，她的作品参加了当地的美术展。她发了张照片给我，一个阳光的女孩子，站在自己的作品前，安静地笑着，我不禁点赞说你的作品真棒！

小萌却告诉我——那，也是您的作品！

送走了许飞、小萌这些孩子，告别自己第一届学生的我也静下心来反思自己到底应该做一个怎样的班主任。一花一世界，一树一菩提，每个学生都有丰富的内心世界，只有构建与小萌一样的师生关系，才能真正走进他们的内心，收获教育的乐趣。

继续探索求突破，推动学生终身发展

也就在这时，"生涯规划理论"走入了我的视野。通过不断学习与思考，在之后的带班过程中，我注意使学生理解关注生涯规划及其实质，根据自身特点、职业潜力及期望，充分发挥自身潜能，制定符合实际的人生规划。同时，我也教会学生在生涯实践中，要多接触专业知识、实际问题，分析各种职业选择，学习职业技能，以便他们能够做出有效选择，更有发挥自身才能的机会。我通过使用霍兰德MBTI生涯彩虹图等方式，帮助学生更好地探索自己的兴趣、特长以及潜力，从而引导学生走上适合自己的学习路径，达到激发学生学习动力的目的。

在教学过程中，我以教学实践及反思为教学方法，采用案例分析、讨论的形式对学生进行生涯规划的指导，并为学生制订合理的教学计划，提供解决实际困难的方法，促进学生在职业选择上的科学思维和专业技能上的全面发展，帮助他们取得更大的成就。

我也慢慢明确了以"推动学生终身发展"为目标，将高中学生发展分为三个阶段——在高一做自我兴趣的探索和自我能力的确认；高二做外部探索、能力的提升和目标的细化；高三时做好目标的落实、情绪的稳定和计划的执行。

为了"推动学生终身发展"的目标，班主任除了做到专业能力强和有个人特色外，最重要的是成为学生的榜样，只有自己的人生够精彩，学生才愿意和你一起学习、成长。于是从学校组织到全国论坛，各种生涯研修有了我的身影，区、市级能力大赛成为我的舞台，高考先进工作个人、优秀班主任等荣誉，成为我和学生共同进步的佐证。

什么是好的班主任带班风格？一路走来，我也渐渐有了答案——将理论与实践相结合，带着一颗真诚的心和与时俱进的脑，从学生的问题出发，向学生的内心前进，这一路上的行为，自然会成为风格！

张自明，广东省深圳市蛇口育才教育集团育才中学历史教师，深圳市张自明名班主任工作室主持人。

10种思维赢跑班主任大赛

张日威

2020~2021这两年我先后参加7场比赛：南山区中小学班主任专业能力大赛初赛，获得中学组冠军；深圳市职业院校中职班主任业务能力比赛，获得第三名（也是唯一的二等奖）；广东省职业院校中职班主任业务能力比赛，获得一等奖（第四名）；全国职业院校中职班主任业务能力比赛，获得一等奖，等等。

一路从区赛到国赛，从个人赛到团队赛，囊括了当时中职、中小学所有比赛的一等奖，这个辉煌成绩是近五年来南山区班主任中绝无仅有的，因此当时媒体称我为"大满贯选手"。我也因为比赛出色，从一线班主任走向了更大的舞台，负责南山区班主任队伍建设工作。如今尘埃落定，复盘整个比赛以及比赛带给我的成长，可谓涅槃重生！整个比赛过程重塑了我的思维方式，并为我赛后的工作生活带来了颠覆性的影响。我将其提炼为10种思维：竞赛思维、系统思维、金字塔思维、工具化思维、迭代思维、成长思维、连接思维、减法思维、合作思维和终局思维。

一、竞赛思维

竞赛思维指的是要有一种"光靠颜值就能打"的比赛意识。此处"颜值"不仅仅指天生相貌，更多包含穿着谈吐、个人气质等一切外在形式形象。当你的作品呈现在评委面前时，文字稿排版漂亮、图文并茂，视频清晰流畅、设计新颖；当你个人站在舞台上时，气质如兰如菊，谈吐从容不迫。这样的作品或选手出现时，评委首先被"颜值"吸引，才有兴趣进一步了解思想内容。如果没有这种竞赛思维，第一轮就被Pass掉了。

竞赛思维在生活和工作中也极为重要。从我个人参赛后，我就非常在意自己在公开场合的发言。一般情况我都会提前精心制作课件，撰写发言稿，并且打印一份发言要点分发给参会者。在工作场合重视个人形象、举止以及措辞，竞赛思维能让别人一眼就记住你。

二、系统思维

系统思维强调把着眼点放在全局上，注重整体效益和整体结果。班主任专业能力比赛中有带班育人方略（考察班主任顶层设计能力）、班会以及班级活动设计（考察班主任策划活动能力）、模拟情景处置（考察班主任处理事件应变能力）以及育人故事（考察班主任运用理念方法对学生进行思想工作的能力）4个项目。尽管每一个项目都有其内在逻辑和规定动作，但如能将这4个项目看作是互相补充的有机体，那么呈现出来的作品会完全不一样。

例如，我的班级是一个学习基础差学习动力不强的无人机专业男生班，那么我的带班育人方略就是如何通过三年学习让所有学生全方位成长；策划活动是去无人机校企合作的企业大疆公司进行职业体验一天；模拟的情景是，在学校品牌专业会演前一天，班级的无人机作品被损坏，全班同学伤心落泪，此种情况如何处置；育人故事里，一个叫小马的孩子，从痴迷拆卸无人机到最终走向职业机手的曲折过程。如此，4个作品就贯通一气，成为一个有机整体。

三、金字塔思维

金字塔思维指的是将你的思想组织成金字塔结构，按照一定程序表达出来。这种思维可以使我们的表达更加细致、灵活、有组织、有条理。在班主任比赛的答辩中，这种思维尤为常见。例如，针对评委提问"你为什么要参加班主任能力大赛"这一问题，如何运用金字塔思维来表达呢？

结论先行：提出核心观点或问题，让我们的大脑能够聚焦中心，避免造成混乱，如"我想提升带班育人的专业水平"。

以下统上：画出上下层结构，找到支撑上层观点的论据。如，第一，常规管理做得不到位；第二，育人能力有待提升；第三，教师成长需要加速；第四，班级氛围营造不够。

逻辑递进：信息的排列具有逻辑性，帮助你形成整套流程图，更快抓住重点，形成结构框架。再说这个问题，从全面促进学生终身发展的角度出发，按照"重要—次重要"逻辑，我们可以排列为"常规管理—班级氛围—育人能力—教师成长"。

四、工具化思维

工具化思维就是运用工具进行思考和解决问题，并有效提升工作效率。班主任比赛项目多、任务重，一开始我使用项目清单。项目清单包括项目目标、负责人、截止日期、实施流程和关键节点等要素。后来我发现甘特图更好用，因为纵轴活动横轴时间的甘特图让整个项目进程完全可视化，在作品交付时间紧迫的情形下，4个项目同时开展，备赛团队分头推进进程，就能有条不紊稳步前进。优化每一个项目则使用PDCA循环：计划—执行—检查—反馈。拍摄班会课《小米粒，大担当》，活动环节多，需要准备的物资也多，利用这个工具实施反馈，保证万无一失。情景模拟设置和班级活动策划这两项都需要抽题。在较短的时间里如何答得完整清晰？利用思维导图将答题要点用关键词画出来，在每一个要点上用词汇拓展，就能快速理清思路，清晰流畅地表达，并且不会遗漏要点。

五、迭代思维

"迭代"一词来自互联网圈，马化腾在媒体报道中说：小步，迭代，试错，快跑。于是，先做起来，小步试错，快速迭代，不断优化，最终达成目标——这就是迭代思维。班主任能力大赛就是一个典型的迭代过程。每一次迭代都是一次更新，一次飞跃，每一次更新迭代都能有更深入的理解和认知，使作品不断走向完美，而这就是比赛需要的。

2020年是班主任能力大赛新赛制的第一年，当时想请专家指导班级建设方案，但因为是新项目全国没有任何人做过。一筹莫展之下，只能按照班级发展规划仿写一个。因此，第一次在市赛中展示出来的班级建设方案，只是非常粗糙的一个文本。但当时有个意外的收获，赛场上我看到了其他参赛选手的作品，突然间醍醐灌顶，灵感不断涌来。于是，我与团队通宵作战到凌晨四点，将班级建设方案改了一个全新版本。第二天比赛中，凭借这个新方案，顺利拿到省赛一等奖。如果此刻自满，认为作品再无改进空间，必然走不远。实际上，省赛结束后到国赛前，两个月的时间里，我的班级建设方案先后改了37稿。跟最初的版本相比，最终在国赛中展现出来的作品无论是逻辑线索、活动模块，还是情感起伏、语言措辞，都达到了较高的水平。

六、成长思维

成长思维是能以乐观心态对待困难和挑战，并从中挖掘积极因素成为自身进步养料。当你接到参加比赛的通知，你怎么看待这件事？很多人都抱着一种打工心态，认为这种糟事怎么会落到我头上？那些获国赛一等奖、省赛一等奖的优秀选手，他们坚定认为"谁比赛谁受益"。的确，比赛是一个人快速成长的"加速器"，在最短的时间内逼着我们成为一个"皮毛专家"。因此，每一次接受挑战就是能力的提升，每一次克服困难就是意志的磨炼，每一次突破瓶颈就是视野的开拓。

我参加7次比赛，没有一次比赛是顺利的。参加市赛时连班级建设方案课件都没有做，赛场上不断掩饰尴尬；拍摄班会时，学生不给力笑场N次，不得不停下来对学生进行耐心引导；国赛前一天，逐字稿还在不停改动中，一旦敲定后，通读50次后硬着头皮上场了。备赛整个过程，困难时时都能遇到，如果没有成长思维，稍有懈怠就会功亏一篑。无论什么岗位，成长是永远唯一的主题。因为不断成长，个人的视野愈加开阔，原来的烦恼不足为谈，越优秀越成长，越成长平台更大。

七、连接思维

参赛选手要时刻记住"三连接"：与生活连接、与学生连接、与评委连接，换句话说，参赛作品和参赛选手就是要接地气，这就是连接思维。与生活连接，意味着作品内容来自班级日常管理，即"从实践中来"，但同时也要"高于实践"，参赛选手对问题有准确的判断、清晰的解决思路，让人一听就知道对实践带班有没有实效，这就是"与生活连接"。选手在了解学生、理解学生的基础上，对学生的成长问题形成一套卓有成效的管理方法，全面促进学生人格发展和优秀品质的形成，这就是"与学生连接"。只要你做到前两步，就能与评委连接。评委就知道你是在一线岗位上摸爬滚打、实战经验丰富的班主任。

40岁参赛的我，每次站在赛台上，我想我不仅仅是我自己，也代表千千万万班主任在展现我们的困惑和瓶颈。因此我想表达的观点就是他们想表达的，我与班主任这个群体产生了深深的连接。我也把我的参赛视频发给学生和家长看，通过这样的方式，向学生和家长展示我带班育人的理念和方法，其实也是在与学生和家长进行连接。

八、减法思维

减法思维就是集中精力，专注于最重要的事情，为此而删减掉一切干扰你的因素。苹果公司乔布斯说："对多余的东西做减法，追求最小限度的本质。"参加班主任能力比赛，不是一件容易事，因此你需要集中精力，全神贯注在比赛上。

如何执行减法思维呢？从比赛外围讲，减去物质、减去人际、减去情绪。具体来说，你需要为自己找一个安静的环境作为备赛阵地，关掉朋友圈，减少不相干人事的干扰，这就是减去物质和人际。对于在赛场上可能遇到的对手，可能抽到的题目，可能出现的比赛结果都不作任何猜测和臆想，全身心投入备赛当下，这就是减去情绪。

从比赛项目讲，面面俱到必然顾及不到。不如聚焦重点、集中精力击破一处。比赛4个项目中，班会是老项目，不容易有新意，因此我重点研究如何开展班级活动；育人故事占比小，几乎一个晚上就搞定了；班级建设方案占比最大，又是新项目，因此我绝大部分时间和精力用在此。初赛通过后，决赛的班级建设方案变为实施效果汇报，我知道汇报的技巧和呈现方法最为重要。于是果断花钱让公司制作课件，而我集中精力撰写逐字稿，因为语言是我的长项，我知道如何交错使用长短句来体现语言节奏，如何抑扬顿挫来表达内容重点，如何在理性的文本中嵌入感性故事，如何用面部表情来表达我的情感起伏，如何间歇设置小亮点给评委制造惊喜。经过两天两夜咖啡馆十几杯咖啡的研磨后，我一气呵成，挥就了自己最为满意的汇报稿。减法思维，让你抛却一切不重要，打造最优秀的作品。

九、合作思维

合作思维就是以共情能力为基础，找准对方的核心需求，通过资源共享、关系共建共同谋求各方发展，追求双赢结局。如果一个人有合作思维，其实是承认自己有局限，体会到除了自己的意志之外，还有更高的、难以违抗的东西。学会与他人合作，营造一种互助氛围，实现共同成长。

班主任比赛是个人赛，更要学会跟同事合作。从文件下发到上场比赛，通常只有几个月时间。选手准备4个项目，单靠一个人是远远无法完成的。因此我们要积极主动寻求支持系统，与有意愿参赛的两个同事结成备赛团队。今年你参赛，同事帮忙做些协助性工作，同时也是让他们跟着体验一次整个备赛过程；明年同事A参赛，你就是他的教练，指导他具体的备赛细节；后年同事B参赛，你和同事A就是教练，同时再纳入新同事C以备下一年参赛。如此，学校培养选手梯队也形成了。

班主任比赛也要跟竞争对手合作，而这往往是最难的。2020年，班级活动策划和模拟情景处置共70道题目于国赛前两周才下发到我们手上。短短两周时间，如何才能全盘筹备好这70道题？靠个人一道一道设计，时间来不及，而且质量不能保证。当时我们广东省参加国赛的选手，积极展开分工合作，每人负责一些题目，集中精力打磨好，然后大家最终把所有的题目汇总一起，形成题目库供大家使用。个人如在比赛中抽到某题，就在原方案基础上进行适当改动。这次合作解决了选手们的燃眉之急，并且捧回了5个国赛一等奖的好成绩，最终实现全员共赢。

十、终局思维

终局思维是在做事过程中，要时常思考最终要达成的结果，然后"以终为始"出发，站在未来看现在，修正自己当下正在做的事情。终局思维，是一种预知未来的能力。班主任比赛中的终局思维，意味着你要认真体会比赛的意义。比赛本身以及比赛结果都不是终点，恰恰相反，比赛是下一阶段的起点，往后三年的工作状态如何，跟这个比赛有极其重要的关系。

比赛的终极意义是什么？在我看来，比赛就是解决实际问题的，通过参加比赛，深谙带班育人之道。因此，比赛结果不再重要，重要的是你体验了这个过程，你在短时间内成为一个"皮毛专家"，你需要投身到班级这块责任田中去，把比赛中学到的理念方法进行落地实践。也有人说，我就不参加比赛，在实践中不断积累经验，也有可能成为班主任专家。诚然，"实践出真知"，我们从来不会否认。但是，比赛成为班主任成长的"加速器"，让班主任短时间"跃迁"到更高的专业水平，这是毋庸置疑的。

于我个人而言，比赛给我带来了一些荣誉：广东省名班主任培养对象、德育指导委员会成员、南山区班主任队伍建设负责人……这些固然是对我的肯定，但同时也深知，荣誉是附带品，真正受益无穷的则是这10种思维方式，让我彻底涅槃重生，看待工作和生活有了完全不一样的视角。正如稻盛和夫所说："思维方式里，蕴含着让每一个人的人生，都发生180度转变的巨大力量。"此生，我更加坚决地要走一条为班主任代言、赋能班主任之路。这个终局才是比赛的目的。

张日威，南山区教育局班主任队伍建设负责人，深圳市张日威名班主任工作室主持人，广东省名班主任培养对象。

看见每一个孩子

白莲花

我热爱教育，也爱孩子们。在 22岁时我成为一名教师，我始终铭记——教育就是播种爱，不是选择适合教育的孩子，而是创造适合孩子的教育。从教18年以来，我始终坚守——看见每一个孩子，用生命去影响生命，去点燃每个孩子的梦想，去成就每个孩子的发展需要。

一、儿时种子，追逐理想——我的"业师"之梦

三尺讲台于我而言，意义深刻而悠远。30年前，是老师在我心中播下了一颗教育的种子，它生根、发芽、抽条、长叶、开花，从此开启了我的教育人生。上小学时，老师在黑板上写省略号和形状，让我认识了数学简约之美；带我们去小溪边画画，用柳枝吹笛子让我发现了自然之美；陪我们一起跑操，那黑亮飞扬的头发，那一串串钥匙的声响让我明白了运动之美；那教鞭高高举起轻轻落下，让我感受到人性之美……从此，这无数个瞬间凝聚成了一颗种子，种下了我的梦——圆教育之梦，为仁爱之师。

后来，我以优秀的成绩考取师范大学，接受了系统的师范教育，期间夯实教育科学知识，狠练教师基本功，追求教育理想，最终梦想成真。拥有了扎实学识，让我踏上讲台不慌张；坚守信念，让我的教育之路走得更坚定。

二、诚挚勤奋，用心成就——我的"良师"之路

从教以来，我一路播撒幸福的种子，努力陪伴每一个孩子实现更好的

成长。

1.看见每一个孩子

被关注是人成长的巨大动力。"看见每个孩子"是我最重要的自我警示。我能智慧地识别出隐藏在孩子内心的火种，用心发现，细心呵护。用慧心擦亮慧眼，于是我看见：小郭善良热情、人际和谐；小王善于思考、富有才气；小章能歌善舞、多才多艺……努力看见每一个孩子的优势和天赋，让每一个孩子得到更温暖的对待、获得更好的发展，是我一直的追求。

我记得我们班那个叫小鸣的孩子。课间小朋友在玩手指游戏，一个孩子边跑边喊："老师，小鸣又打人啦！"孩子最不可爱的时候恰恰是需要被关注的时候，是缺乏安全感的表现。

课间，我拉着他的小手说："小鸣，老师一直在观察你，一直想和你分享一个好玩儿的游戏——把小手当宠物，跟他说说话吧！"就这样"小手小手，你今天写的字真好看！"接下来的一段时间，我每天都会听到小鸣和小手的对话声。

"小手，你刚才打别人了，别人会疼，请你温柔地对同学。"

"小手，你今天对同学竖起大拇指了，同学看到很高兴。"

慢慢地，小鸣有点儿变了。他用自己的声音指导思想，进而用自己的思想指导行为。"小鸣，我发现你的声音好像有魔法，小手最听你的话了。"他挠了挠头，腼腆地笑了。

可没多久，这双小手又跟一个孩子打起来了。孩子反复是很正常的，但是如何让小鸣一直感受到我的关注呢？我想出了一个办法，把这事儿编到教育故事里讲给大家听：在一（1）班这个动物大庄园里，有两只小公鸡是一对好朋友。可因为好斗，玩着玩着就斗起来。鸡爸爸、鸡妈妈在家干着急，想拆开他俩。可第二天，人家又玩到一起，找虫子学打鸣。可没多久又会你啄我一下，我叼你一下……听着听着，他俩嘴巴一瘪，扭头看

192

了看对方，捂着嘴笑了。课后我说，从今天起，这架可不能随便打，一定要请我来当裁判,我宣布：一二三，开打！你们再动手，这样才能判定谁输谁赢。听我这么一说，他俩扑哧一笑，捂着肚子跑了。其实我明白，小鸣和同学打架只是想引起我的关注。接下来的一段时间，我总是时不时地关注小鸣，一句赞扬、一句关心，甚至是一个眼神……

班级平静了很久，我暗自窃喜，决定趁热打铁把教师个人意愿转化为集体舆论。我们在经典书籍里，寻找精神的光芒。我们在多彩生活中发现人生的启示，再化为一场场辩论会，故事会，展示会。在生活中体验，在践行中成长。他们找到了自己的价值感。杜威说过："如果用昨天的教育方式来教育今天的孩子,将会剥夺他明天的机会。" 是什么力量让他们坚强，是什么距离让他们守望？ 从解决外部不良行为到发现行为背后的自我价值感，教育不是重重的急躁的，而是轻轻的温和而坚定的。

2.成就每一个孩子

我点燃有巨大潜能的孩子，用耐心和爱心陪伴他们养成好习惯。因为我坚信每一颗种子都有向上向善的力量。每学期"幸福的种子"班级展演中，小鸣一直在变化：第一次展演中，他是唯一未登台的孩子；第二次他上台了，但需要我帮他拿话筒；第三次他悄悄地发布了"多边形内角和公式"；第四次是在10岁集体生日会上，同学们温暖的微笑点燃了小鸣，他终于绽放了。就这样，帮助孩子们发现自我，发展特长，点燃孩子们内心深处的能源："你行，你能，你可以！我看到了你的付出，也看到了你的潜能，老师愿意陪你做更多努力和更久的坚持！"我坚信越多美好的生命体验，带来越多美好的生命改变。

我激发普通的孩子，更喜欢陪伴普通的孩子走向优秀。一年级跳绳比赛时，小然同学往后躲，因他年龄偏小，不善于跳绳。我像妈妈一样鼓励他。一年级时，陪着他每天练习跳绳300个，二年级时，他参加了团体赛，三年级时，他参加了精英赛，四年级时，竟然在精英赛中拔得头筹。

后来，由于他的责任感强，被学校聘为红领巾小书屋总负责人。为什么班上的学生越来越优秀？因为我坚信陪伴他们成长为更好的自己，就是让社会更美好，就是在尽自己为人师的绵薄之力。

我欣赏优秀的孩子，更喜欢陪伴优秀的孩子走向卓越。小方同学不仅综合素质高，而且热心班务、勇于担当。我让小方来组建五年级辩论集训队，负责培训辩论规则、组织抽签、模拟辩论等。小方不仅作为参赛者，而且作为组织者，他的能力突飞猛进，最终，他以全票获得总决赛最佳辩手。班级的冠军不断涌现，小军是诗词大会年级冠军；小达是数学汉诺塔比赛冠军；小钢是800米冠军……为什么班级成了冠军的摇篮？因为我坚信有多少承担，就有多少发展。

3.幸福每一个孩子

人生的目的是为了追求幸福，教育的目的是为了培育具有幸福能力的人。班级里每个孩子都是千年修来的莲花种子，所以我倍感珍惜。我知道种子成长中最需要什么，所以给这些莲子春天的温润，清水的滋养，用爱和智慧陪伴这些种子。为此，我做了很多独特而富有实效的工作：邀请家长组建陪伴联盟，带领班级写儿童诗、演绘本剧，带领孩子们一起栽种小树培育生命，组建书友队分享阅读，在周末的清晨去深圳湾组织"小马奔腾"晨跑营……也因此，我那荷塘里便有了一池的幸福、一池的闪耀、一池的光芒……

三、引领辐射，成就别人——我的"名师"之悦

在看见每一个、陪伴每一个、幸福每一个的同时，我也逐渐被看见。在18年教育实践中，我巧用心理学效应、积极心理学理念,构建学生成长的心理场,对促进成长起到事半功倍的效果。育人方面：立足于关注——积极的心理体验；暗示——积极的心理品质；文化——积极的心理环境，形成了"乐+"带班模式，即阅读乐心，运动乐体，劳动乐活。

在语文教学和班主任专业发展方面获得双重成长，获得南山区青年教师教学大赛一等奖，成为深圳市名班主任工作室主持人等。工作室建立伊始，我们就拟定工作室理念：同"心"同"德"，绽放每一个。德育客体是心理学和德育共同研究的课题，且德育的针对性和有效性，需要运用心理学方法和手段并借鉴心理学的最新研究成果。为此，我邀请了德育与心理方面的专家引领工作室发展，力争形成"一体"（成长共同体）"三翼"（成长故事、主题班会、特色活动）工作室发展模式，激发每一个人的内心力量，绽放每一个生命的色彩和芬芳。

正如诗人泰戈尔所言：让我的爱像阳光一般将你围绕，同时又给你璀璨的自由。播撒幸福的种子，追寻教育的诗意，享受教育的幸福，我努力成长着、传播着，作为一名党员老师，不忘初心，牢记使命，努力做好学生锤炼品格、学习知识、创新思维和奉献祖国的引路人。新时代，让个人梦融入中国梦，让教育梦托起中国梦！

白莲花：广东省深圳市南山区教育局基教科，南山实验教育集团小学道法学术委员会主任，深圳市名班主任工作室主持人。

从 "名不副实" 到名副其实

杨柳

一、平地一声惊天雷

一个阳光灿烂的中午，放学后我照例把孩子们送出校门，突然我班家委会会长神秘兮兮地把我拉到一边焦急地说："杨老师，心心妈妈在背后说你诬陷她孩子偷东西，还说你这个优秀班主任名不副实！还扬言要去学校领导那里投诉你！其中肯定有误会，您看看怎么处理？"我一听此话如晴天霹雳，我担任了20多年的班主任工作，尽心尽力，收到的都是家长的尊敬和赞美。今天听到这样的评价，让我既委屈又难受。但职业素养让我很快平复了情绪，冷静地告知会长："一定有误会，你有空的话去找心心妈妈聊聊好吗？谈话的过程要注意多听少说，让心心妈妈充分表达，记下要点再转告我。然后你还要通过别的家长侧面了解下心心的家庭情况哦。"会长答应了当天下午就去约谈心心妈妈。我刚接手这届新的一年级，才带了一个多月，跟家长们还不熟悉。

下午午会课，孩子们在教室静静地看书。我则把心心同学悄悄请到教室外面谈心："心心，最近我感觉妈妈可能有点误会老师，你知道会是什么事吗？"我亲切地拉着心心的手问道。心心支支吾吾地说道："就是上周语文课我捡了天天的铅笔的事。"哦，明白了！时光回到上周一节语文课，天天上课告状说："心心拿了我的铅笔不还！"我当时赶着上新课，所以简单了解了下情况，就命令心心马上归还铅笔。谁知心心竟然理直气壮地辩解道："铅笔上又没有写名字，怎么证明是天天的？这是我捡的，我就可以用。"我接着严肃地说道: "捡的就说明不是你的铅笔,不是你的东西就不能要!"然后询问了其他孩子,他们都证明铅笔是天天的,我就拿了铅笔还给天天了。快刀斩乱麻,处理完这个小插曲后,我就继续上课了,没想到这件小事的处理后续还有如此大的麻烦啊!趁下午大课间,我又找到路路同学,他也一五一十地说了,虽然杨老师没说心心是小偷,但他认为心心拿了别的同学的东西不还,就跟小偷是差不多的,所以那天放学的时候他就约上几个好朋友一起开玩笑地说: "心心是小偷",刚好被心心的妈妈听到了。

我听完大致就明白了,于是放学后立刻跟路路进行了一次谈话,告知他"偷"和"捡"的区别,并告诉他说话开玩笑要有分寸,不能伤害他人。路路也认识到了自己的错误,主动找心心同学道歉了,并获得了心心的谅解。我还嘱咐心心同学回去把老师的处理经过一五一十地告知她妈妈。

第二天心心妈妈给我发来了短信: "不好意思,杨老师误会你了!"我一看心心妈妈态度缓和后,立刻约她下午放学后到校面谈,真诚沟通后解除了她的心结。

二、抽丝剥茧溯根源

从心心妈妈早先对我充满火药味的评价中,我们可以看出她对自己的孩子的反馈选择百分之百相信,缺乏对班主任的信任,没有跟班主任或其他家长核实情况就擅自判断,遇事比较敏感,对孩子过度保护。在心心妈妈早先的判断中,我就成了处事不公、诬陷孩子的班主任了,我们班就成为了班风不正的班级了。

日常生活中,家校之间的矛盾很多缘于双方信息不对等,沟通不畅,就像这个案例。而造成双方信息不对等的人,很多时候是孩子(学生)。从孩子角度而言,或许调皮孩子无意间一句戏谑的话语,或是孩子无意间隐瞒了部分事实，没想到因此给家长和班主任之间带来一触即发的矛盾冲突。如何理解他们的这种行为？作为班主任的我们需要深思。

心心见证了父亲与母亲几年的关系，这让她幼小的心灵受到了一定的创伤，造就了她敏感、自尊心强，又有点小叛逆的性格。她跟母亲陈述反馈情况的时候，无意间把我并没有说她是小偷的情况反映出来，回家后只是一味地哭闹，让她母亲更为气愤。

路路同学性格直爽鲁莽，喜欢不分场合地开玩笑，说话没有分寸。

说实话，听到家长对我不实的判断和评价甚至是冒犯，我的心里也是极度不舒适的。我可以选择用老师的权威压下去甚至不予理睬，但那样只会让误会如雪球一样越滚越大，不利于问题的解决。还好，我当时能迅速平复情绪，冷静客观地分析还原事实，给了彼此一个解开心结的机会，通过真诚的沟通最终达到了解除误会的目的。

三、守得云开见月明

1. 积极面对，正面补救，水落石出

面对家长的不实评价，我很快平复情绪，直面问题。通过家委会会长先迂回沟通，侧面了解了心心的家庭情况和心心妈妈产生误会的原因。然后我主动找到心心和路路同学，全面了解了情况，并尽快梳理了来龙去脉，还原了真相。这事情我刚开始认为是小事，加上要上课赶时间，所以处理得不够完善。还好我后续了解了情况后，能积极补救，做通了路路的思想工作，他也认识到了自己的错误，并主动向心心道歉。正是因为有了前面的铺垫和事后的补救措施，心心妈妈后来的态度才能有所缓和。

2. 真诚交流，共情理解，拨云见日

"要解决事情，先解决心情。"误会发生了，我并没有当天马上约心心妈妈沟通，因为她正在气头上，此时沟通可能会有更大的冲突。路路道歉后，心心回去讲述了我事后的补救和处理过程，估计心心妈妈的不良情绪也得到了平复，第二天下午四点半我才约谈心心妈妈，此时她也能跟我心平气和地交流了。在两个多小时的沟通过程中，我除了陈述事实，大部分时间都是听她在絮叨，她讲她的家庭如何不幸，她讲由于家庭不和的孩子多受影响……等她充分宣泄后，我才说了一句："我理解你，你为了孩子做了这么多，真是伟大的母亲！"那一刻，我看到她眼眶红红的，我们达到了一种情感共鸣。我看火候到了，也趁机提出了建议："离婚是大人的事情，尽量不要影响到孩子的教育和成长。我也见过很多离婚家庭能很好地处理彼此的关系，孩子在单亲家庭也能成长得很好。你以后有任何孩子教育方面的问题欢迎随时和我沟通！"心心妈妈此时也陷入了反思中，她也在反省自己在与心心爸爸离婚撕扯的过程中，让孩子也跟着卷入其中，影响到孩子的健康成长。我最后安慰她："没关系，孩子还小，一切都来得及！"通过一番真诚交流，共情沟通，我们最终达成了共识。

3. 畅通渠道，加强交流，协同育人

这个误会的产生就是因为反馈的消息不对等造成的，我要进一步打通沟通渠道，加强家校之间的交流。开家长会时，我给家长们讲了"鱼和牛的故事"，告诉家长孩子们是不会撒谎的，但是他们毕竟是孩子，他们看事情或转述事情只是一个6岁孩子的视角，所以不那么客观和全面。家长们遇到事情不要着急上火，请家长第一时间联系班主任核实情况。家长可以直接QQ或电话和老师沟通，也可以到学校找老师面谈，还可以通过班级家委会成员转达。

接着我还在班级开展了一次"我能出口不伤人"的主题班会，孩子们在头脑风暴中在情境创设中，深刻体验到了语言是一把双刃剑，恰当使用可以温暖他人，使用不恰当则会伤害他人。

后来，我还带着家委会组织了一系列班级周末的亲子活动，有重阳节爬南山活动、深圳湾公园的亲子运动会、莲花山放风筝活动……在这些活动中，家长们互相熟悉起来，班级凝聚力也逐渐增强，孩子们找到了集体的归属感，家长们对我也越来越认可了！每次活动我都会牵着心心的小手，对她格外亲近，也会着重给她一些展示的机会。有一次我听会长说："心心妈妈说很幸运咱班遇到了你，你这个优秀班主任真是名副其实啊！"我听了也欣慰地笑了，危机总算解除了！

四、悟自疑得，乐自苦生

这次事件让我深深感悟到"教育无小事"。在教育中，尽管再小的一件事情，我们也要认真对待，妥善处理，如果处理不好的话，小事也能产生蝴蝶效应，也能产生负面影响。

心心妈妈之所以对我产生误会，前期缺乏情感交流和信任基础也是其中的一个重要原因。我刚接这个新的一年级才一个多月，忙于帮助孩子们培养入学的各种好习惯，疏于跟家长的沟通。有了这个案例的教训，以后我每接手一个新班，第一学期不仅要多了解孩子，更是要主动创造一些家校联系的机会，让家长们也参与到班级活动中来，亲身感受班级团结快乐的氛围。家长们对老师认可了，对班级认可了，就算老师工作中有一点小疏忽，也能很快得到他们的理解和支持。

正所谓"金杯银杯不如家长的好口碑"！"优秀班主任"头衔只是上级部门对我们以前班主任工作成绩的一个认可，要想真正成为家长心中名副其实的"优秀班主任"，我们得真正走进家长和孩子们的内心！

杨柳，广东省深圳市蛇口育才教育集团山海学校语文教师，深圳市杨柳名班主任工作室主持人，省级普通话测试员。

给孩子战胜抑郁的勇气和力量

许红

"老师，我有抑郁症……"

班里的女生清菡（化名）来到办公室，开口就说了这句话（这时开学才一周多，刚组建的新班级共有48人，我对学生还不是很熟悉。）。听见她的话，我心里"咯噔"一下："抑郁症是一种常见的精神疾病，主要表现为情绪低落，兴趣减低，悲观，思维迟缓，缺乏主动性，自责自罪，饮食、睡眠差等症状，抑郁症危害较大，存在高自杀、高致残风险，对个人生活、工作、学习均有一定危害，甚至对生命构成威胁。怎么办？让学生请假回家，可能会断送她学习的机会，影响一生；让学生留在学校，如果出现突发状况，我是第一责任人。"

转念又想："作为教师，不仅仅是教书，还有其要承担的社会责任。一个学生的失败，对一个教师来说，只是几十分之一的失败，但对于一个家庭来说，就是百分之百的失败。"

想到这里，心绪慢慢平复下来，我温和地说："你愿意和老师说说吗？"

"老师，初中我受到校园欺凌，现在一直在吃抗抑郁的药，我不想来学校，但为了我父母，我不得不来……"

"你能为父母考虑，是个孝顺的孩子，那我们试试，如果实在不舒服，再来找老师。你介意我和你父母联系，说你的事情吗？"

"老师，不介意，大家都知道我有抑郁症。"

等清菡离开办公室，我拨通了清菡妈妈的电话。

"你好，我是清菡的班主任，她今天来找我，说自己初中受到过校园欺凌，患了抑郁症，现在还吃药治疗！"

"老师，是的。我带她去西京医院的心理科看过。确诊了，是抑郁。我也经常给她讲，要想开些，但是都不管用……"

我从家长的说话声里能听出心力交瘁、身心疲惫和无可奈何。家庭是孩子一生的土壤，家庭是孩子成长的温馨港湾，仅依靠学校单方面来教育学生是不可行的，家庭教育是学校教育的基础，是与学校教育互为补充的重要教育途径。清菡的教育必须学校和家庭携手共育，需要加强家长和老师之间的联系，家校合一，才能最终促成学生的健康发展。而家长没有受到专门的家庭教育培训，那清菡的问题就需要我这个班主任来支招。

"清菡妈妈，为了孩子健康成长，你要明确一个观点，不给孩子贴标签。孩子虽有医院确诊，是抑郁症，但只是遇到问题暂时还解决不了，并不是有了抑郁症一辈子就完了，你也要不断给孩子这样说，让孩子不要因为自己得病就认为自己与别人不一样。"

清菡妈妈表示会积极配合。平静了很长一段时间，清菡都能按时到校，及时完成作业，就在我和清菡妈妈认为情况正在好转时，谁知，一片浓雾正在慢慢逼近。

一天，下课铃声刚响，清菡来到办公室："老师，这是我写给你的东西，你看一下。"

我展开折叠起来的纸，里面写道："时间真的可以改变一切吗？为什么越来越痛苦，甚至比以前更糟糕。现在的我不敢进入班级，进入班级的那一刻我就好像花费了我所有的勇气，我好像独处了一个世界，没有人来招惹我，好像与世界隔绝了，这个世界好像跟我没有任何关系。我明明在黑暗里待得好好的，你们为什么要把我拉出来，我明明在黑暗里待得好好的，你们身处光明，自然而然觉得这个世界是温暖的。我吞了10片药，感受到了那死亡的感觉，还挺舒服的……挺感谢父母和我的班主任，谢谢你们一直鼓励着我，但是我真的尽力了……"

看到这里，我的心突然一紧，清菡的情况严重了，字里行间都是满满负能量，有想死的倾向。

我又一次拨通了清菡妈妈的电话："今天，清菡给我了一张纸条……"

"老师，实在不行，就让她休学吧！"

我听出了妈妈的无奈和辛酸。

"清菡妈妈，要不然这样，可以暂时给她请假，但不能办理休学。一定要谨记，孩子这种状况，受到家长和老师的特殊待遇，会让孩子因病得利，认为自己有抑郁症，就可以随心所欲，想来学校就来，想不来就不来，这个关口必须家长严防死守（我们学校是封闭化管理，学生出校门必须家长同意，请假也必须征得家长同意才可）。"

清菡妈妈最后同意了，只给她请了一周假，回家调整。

过了几天，清菡回到了学校。我有时利用课间时间，将其叫到办公室，问一下状态如何或者有没有按时吃药。时间就这样流过，以为升起的浓雾会慢慢淡化，谁知，更浓更厚的雾已开始侵袭。

我在办公室正看作业，清菡又来到办公室："老师，我写给你的东西。"

我展开一看："抑郁像什么？我觉得更像是一条黑暗的恶龙，你尽管想逃出来，它还是会把你拉回去。掩藏了几个礼拜的情绪，在今天突然爆发，我知道一夜打回了解放前。现在的我只会哭，我做不了什么，我什么都不敢说，家里好不容易走上正轨，我不想因为我的举动，家就回到了从前。我不能这么做，人家都说死很可怕，我觉得死有什么来受尽折磨的，我不想见那些亲戚，他们照样会把我的故事说给别人听，他们跟我说话的时候就是无非告诉我，你在连累妈妈。我不想见你们，我想回家，我想见奶奶，万一哪天见不到了，不想见亲戚，不想见同学，我想回家，我想离开这里，我不是异类……"

清菡的症状又反复了，怎么办？我将她写的东西用微信发给清菡妈妈，并让她不要告知清菡。清菡现在的状况就是关注外界对自己的看法，而丧失了自我。每个人都是解决自己问题的专家，她的情况还是需要自己解开心中的千千结……而要解开心结，就是要找到兴趣点，转移注意力。

建议清菡妈妈，引导孩子寻找自己的兴趣点，将精力投注到自己喜欢的事情上，会减少负面情绪。只有多做对的，才没空做错的。

让妈妈给清菡买一些书籍，尤其推荐张进写的《渡过》，张进是资深媒体人，曾是抑郁症患者。通过文字，他详细记述了自己与抑郁症斗争的经历，还帮助无数抑郁症患者走出困境。

清菡妈妈最终给孩子办理了请假手续，并在网上给孩子买了很多的书籍。在妈妈的耐心陪伴和书的滋养下，一个月后，清菡又返回了学校。这次，清菡妈妈给清菡办理了走读，在校外租房，开始了陪读生活。

这次返校，清菡明显有了变化，不再在意别人对自己的看法。有时进教室，就可以看见她坐在自己座位看书的身影。她还积极地把自己买的书《渡过》借给我看，我了解了一个抑郁症患者"他渡""自渡""渡人"的过程，抑郁症并不可怕，只要你坚持，它是可以战胜的。通过阅读，我对清菡有了更多的体谅和包容。

我开始有意识地安排一些事情给她做，她成为了我的"小喇叭"，下课后都会来到办公室，叫人、传达信息等，她成了我和班级连通的桥梁。她很认真负责，成为我的得力帮手。有时，她会来办公室"老师，给你吃个糖"，她变得越来越开朗。办公室的老师都知道她，说她变化很大，我和清菡妈妈都很欣慰，一切都慢慢进入良性循环。

学校组建了"怡心益行"社团，我是辅导老师，清菡也参加了这个社团，表现得很积极，并毛遂自荐自己当社长。我将权力下放，社团教室的布置、板报的设计、社团签到都交给她，工作都完成得很好，笼罩的浓雾正在慢慢淡去……

清菡的蜕变，与清菡妈妈的付出息息相关。清菡妈妈虽是一位农村妇女，但为了孩子，虚心听取老师的意见，人常说：父母好好学习，孩子天天向上。家庭是孩子的第一所学校，父母是孩子的第一任老师，家庭是孩子一生的土壤，因为对孩子无条件的接纳，耐心的呵护，才给了孩子战胜抑郁的勇气。

在清菡有了好的转变之后，我仍在"背后"默默地关注着她。有一次无意中看到她的朋友圈，从刚开始的"抑郁是在一寸一寸打碎你的傲骨""其实让人珍惜生命的那一刻永远都不是阳光，而是死神"。话语里浸染着满满的颓废和绝望，慢慢到"生活不可能像你想象得那么好，但也不会像你想象得那么糟，我觉得人的脆弱和坚强都超乎自己的想象""迎着阳光温柔前行，做个精致的女子"，话语里有了活的生机和希望；再到"妈妈的碎碎念念，温暖了我的岁岁年年；原谅我的不善言辞，却爱你至深""在寒冬时节，学会和过去告别，前尘往事，后会无期"。话语里有了对生命的热爱和勃发的生命力。

从朋友圈的变化可以看出清菡的生活正在一点点慢慢回到正轨。我坚信阳光终将穿透浓雾，普照大地……

许红，陕西省三原县职业技术教育中心中职思政教师，深圳市张日威、唐露名班主任工作室学员。

做妈妈要持续学习，做教师要持续成长

陈丹

一、缘起：童年时的家庭教育，是耳濡目染

从记事起，耳边响起的就是上课下课的钟声，被无数双手摸得光滑无痕的结实的树棍，敲在操场大树挂着的那古老斑驳的铜钟上，钟声沉闷而悠远。和着钟声的画面，是记忆中父亲抱着书本走向教室，抱着书本回到宿舍。我童年的记忆就像池塘里的光圈，围着乡小几间不大的住家宿舍晕染开去。乡小规模不大，一个年级一个班，每个班大约二三十人，两百个左右的学生，七八个老师，除了家住附近的老师，剩下四五家人同住在单位宿舍。晨起或是放学时间，大家一起在狭窄的走廊烧火做饭，闲谈打趣，我们这些差不多年龄的教师子女，就穿梭在大人们的谈话间，穿梭在狭窄却充满人间烟火气的走廊，我们把放学后的学校当成玩耍的乐园，追跑、攀爬、摘野果子、玩泥巴，快乐是那么无穷无尽。

不记得做教师的父亲管过我的学习，或者是要求我一定要怎么学，学得怎么样。只记得冬日火炉旁，父亲总是高谈阔论，他的学生是如何如何喜欢他，又如何如何怕他，当天的课堂又发生了什么趣事，父亲津津乐道，我们听得津津有味，"以理服人""以德服人"好像是父亲在那个时候就给我留下的词汇，对后来的我影响深远。仍记得，逢年过节，父亲总能收到几双精心绣制的鞋垫，大多是毕业班的孩子送的，尤其是女孩，有的真的就永远毕业了，比起贫穷得一天学都上不了的孩子，小学文凭也算是扫盲了吧。偶尔的时间，为了挽留一个提前退学的孩子，或者几天都不

到校的学生，父亲会走很远的山路，下乡去家访，不知道父亲是怎么规劝的，但是记忆中家访后学生总是又回到了学校，父亲定会又一次高谈阔论：学生是如何如何感激他，家长又是如何如何被他说服。对于开朗健谈的父亲，我还是小有疑惑的，但是看到那一双双被父亲视为珍宝的鞋垫，大红大绿的鞋垫上绣着的是那个年代最盛行的"红双喜"或者"牡丹花"，一针一线的辛苦让我深信父亲说的那番学生喜欢他的话。父亲那满脸洋溢的幸福，该是那时候就不小心种在我心田里教书的种子吧。

二、缘来：青年时的家庭教育，是尊重选择

高中毕业填志愿，一向自由民主的父母没有过多干涉我的选择，倒是做医生的舅舅非常希望我学医，可我见不得病痛和生离死别，也闻不得消毒水的味道，果断拒绝了。信心满满填完一本志愿，我记得是新闻和法律专业，彼时羡慕的是电视屏幕上侃侃而谈的新闻联播主持人或是律师、法官，对于重点大学没有把握的我打算空着这一志愿。老师一看，怎么能空着重点线的志愿呢？"你的成绩不错，完全可以试一试，万一考上了呢？""那就填个西南师大吧，离家近，还是重点，做老师不错的"，身旁的好友帮我接过老师的话。也许是童年时就悄悄埋下的那颗种子在偷偷发芽，我真就填下了后来才知道是提前录取的重点大学，而我真的也考上了。就这样，背起行囊，带着父母的叮咛和亲朋好友的祝福，还有对未来无限的憧憬，我踏进了教育部直属六所师范大学之一的西南师范大学，开启了我师范大学的学习之旅。

四年汉语言文学专业的知识学习，为我的教书生涯打下了坚实的基础，如今的书柜里依然存放着泛黄的专业书，有《中国当代文学史教程》《文学理论教程》《古代汉语》《中国现代文学课程学习指导》等，不光是文学类书籍，还有和教书紧密相关的《教育学概论》《语文教育学引

论》等。印象深刻的还有实践性的考试——"三字一话"，当我苦练钢笔字、粉笔字、毛笔字和普通话只为考试过关的时候，我再一次由衷佩服父亲那个年代中师毕业的教师，几乎人人写得一手好字，画得一幅好画。父亲的简笔画也是不错的，父亲唯一给我上过的一节课，是我上一年级时给我们班代上的一节美术课，我清楚地记得父亲在黑板上画了一个碗，碗上放着一双筷子，那么逼真。当然了，吹拉弹唱父亲也可以小试一番，吹笛子、拉二胡都是会一些的，除了语文课，美术课、音乐课也是可以上的。因此，我常常觉得父亲那一辈的中师毕业生是技能型的，而我们这一代大学毕业生更像是理论型的。

犹记得毕业实习的那一个月，我被安排去了重庆璧山县最好的一所中学。高一的学生基本都比个小的我高出一大截，但是能站上讲台和他们侃侃而谈，心里又有一点点的小骄傲，尤其是我正式上课的那一次，我做了充分的准备，密密麻麻的备课本写满了一定要讲和可能会讲的内容，熟悉得可以完整背下来的教学内容，讲起来行云流水，一气呵成。下课后，学生追着问我："老师，你怎么知道那么多？这算是初次尝到了教书的甜头。"

三、缘深：职场中的家庭教育，是奉献是热爱

通过学校的双选会，大学一毕业就入职深圳南山区教育，我是幸运的，更是幸福的，我和教书这件事开始正式热恋了。从大山里走出来的孩子，置身于高楼林立、熙熙攘攘的滨海之城，激动之情就要满溢，直到正式和我的第一届学生见面，我的情绪才得以释放。我享受和孩子们朝夕相处的每一天，对于教书这件事，我全情投入，激情满怀。我认认真真地备好每一节课，6年的手写教案，一个字一个字，我写得工工整整；我仔仔细细地批改每一本作业，为每一个学生写上鼓励的话，最喜欢批改孩子们的作文和周记，走进字里行间，也更了解了孩子们的心理，和他们更亲近

了；我认真倾听每一次会议，认真参与每一次培训学习，就像班级里每一个认真学习的孩子。初为人师，是认真二字为我奠定了基础。从工作第三年开始，我连续三年获评区级优秀教师，也获评区级优秀班主任，教学成绩连续多年年级第一。渐渐地，家长对我越来越信任，他们开始主动和我交流孩子的教育。我开始从他们的话语里逐渐了解，深圳家长对于孩子的关注度极高，期望值极高，而陪伴孩子的时间又少，这无疑对学校教育有了更高的期待和要求。我不再只是埋头备课和批改作业，我开始读书，开始主动和家长沟通孩子的教育问题。我也逐渐向家长传递一些自己认可的想法：

①每个孩子都是独一无二的，父母要欣赏、鼓励孩子。

②父母对孩子要有合理的期待值。

③"陪伴是最长情的告白"，父母要高质量陪伴孩子。

工作的第七年，我有了自己的第一个孩子。都说"大宝照书养"，我阅读了大量的育儿书籍，从胎教到喂养，从听音乐到讲故事，从学说话到学走路，育儿的艰辛和琐碎让我深刻感受做父母的不容易，我开始更加理解每一个孩子背后的家庭，理解每一对父母。对于学生，已经身为人母的我多了耐心、多了鼓励、多了方法。从阅读到实践，从家庭到工作，从母亲到教师，对于家庭教育，我了解得更多一些了。大量的书籍给了我最好的指导，如《育儿百科》《蒙台梭利育儿全书》《好妈妈胜过好老师》《如何说 孩子才会听 怎么听 孩子才肯说》等，数不清翻过多少育儿书，记不得多少次看完书后恍然大悟，教育就是我和孩子、和学生一起成长。

从黑白世界到多彩天地。之前我简单地认为教育就是非黑即白，我们要做的就是告诉孩子什么是对，什么是错，什么行，什么不行。初为人师的我认真地奉行着我的"非黑即白"简单教育，比如，对于纪律不好，总是惹是生非的孩子，我"盯"得紧紧的，生怕他们犯错，万一犯错，绝对要"班规伺候"；作业没有及时上交的学生，不管是忘记带了还是忘记做了，当天一定要补做补交。在"完善的规章制度"以及我的严格管理之下，班级"井井有条"，学生也都"乖巧懂事"。对于孩子，我刚开始也如是，孩子在我的教育之下也慢慢学会了"行"和"不行"，幼儿园阶段的时候，我的孩子在小区里玩耍，俨然一个小老师，总是对别的孩子说：这个行，那个不行！慢慢地，我发现教育不是"非黑即白"的"简单粗暴"，教育是多元的，孩子的世界是多姿多彩的。在规则和制度下，我开始逐渐寻找更温暖的方式。学生没有及时上交作业，我会追问原因，如果是不会，我会单独辅导直到学生弄懂学会，如果是完成了但忘记带了，我会告诉他第二天补交，但是要养成睡前整理书包的习惯，因为一个月只有两次补交作业的机会。对于蹲在花园里玩耍的孩子，我不再简单告诉他：不要踩花草，而是走过去观察他到底在做什么，也许他只是在观察蚂蚁是怎么搬家的，我要保护孩子善于观察的这个优点。总之，我不再用简单的是非对错去评判孩子的行为，不怕孩子犯错，把孩子的每一次"犯错"当作是教育的契机以及孩子成长的机会。

从"管得太多"到"放手不管"。《好妈妈胜过好老师》里有一篇文章叫"'不管'是最好的'管'"，里面讲到一个妈妈，名牌大学毕业，工作出色，人也漂亮，为人处世也不错，是一个近乎完美的理想主义者。中年得子，爱得要命，她把所有的心思都投入孩子的教育中，大到说话如何发音标准，小到如何抓筷子如何玩耍，都进行认真指导，朋友同事无不感叹她的用心，可她不明白为什么孩子却越来越差。尹建莉老师讲到，问题就出在这位妈妈的身上，就是对孩子管得太细太严。读到这里，我在这位妈妈身上找到了一些自己的影子，无论是对自己孩子的教育，还是对班级里的学生，我也管得很细很严。这样的结果，不光把自己弄得疲惫不堪，孩子的成长还不尽如人意，凡事亲力亲为的结果就是孩子依赖性很强，独立性差。我慢慢调整自己的教育方式，在家里学着做"懒妈妈"，在学校学着做"懒老师"，我发现孩子比我想象得厉害多了。我一"懒"，孩子学会了洗碗；我一"懒"，孩子学会了晾晒衣服；我一"懒"，学生学会了入班即读；我一"懒"，学生把教室打扫得干干净净。

在摸索中前行，在挫折中成长，除了从"黑白到多彩"，除了从"管得太多到不管"，我更加认可这样一些理念：

①育人比教书更重要；品行比成绩更重要；能力比知识更重要。

②做终身学习的父母，做终身学习的老师，阅读是很好的途径。

③不要焦虑，放轻松，让教育"像呼吸一样自然"。

④无论是父母还是老师，面对孩子，先处理情绪，再处理事情。

当然，我也会把自己认可的一些教育理念和家长进行沟通。对于焦虑的家长，我会缓解他的情绪；对于找不到合适方法的家长，我会给他推荐合适的书籍，提供一些实用的方法；对于不关心孩子教育的家长，我会邀请他参与孩子的班级活动，给他赞美和鼓励……

这就是一个新手老师、新手妈妈的成长，在时间的沉淀中逐渐成熟。当生活逐渐归于平淡，急躁的心渐渐平静下来，做妈妈我还要继续学习；做老师，我还要继续成长，和教书热恋这件事还要继续。

陈丹，广东省深圳市南山区南山实验教育集团麒麟小学语文教师，深圳市杨柳名班主任工作室成员。

智慧支持，让每一步更坚定

吴莎莎

我是一名有着十几年工作经验的班主任，也是两个男孩的妈妈，我爱孩子，也希望孩子的小学阶段走得更平稳，家长的育儿之路更顺畅。经常和家长沟通孩子的教育情况，我们一起发现问题、扭转现状，一起培养孩子良好的行为习惯，商讨亲子共读方案，沟通说话的方式，思考走进孩子内心的路径，很多家长也纷纷向我反馈取得的立竿见影的效果，那时我内心非常笃定——有了孩子的我一定不会遇到这样的情况，可事实是，我也会遇到一些同样的问题。

一、亲子关系逐渐失衡

2014年，哥哥一出生，我就看各种育儿书籍，并在他两岁左右坚持每天亲子共读，商量周末活动，孩子也特别喜欢这些时光。时光飞逝，一转眼，哥哥便上了小学，可我也慢慢变得不淡定了。

至今还清晰记得那天晚上，我辅导孩子作业，那是一道关于方向的数学题，练习题里哥哥的这类题竟然全部错了，他弄不清苹果应该在桃子的哪边，书包又在桌子的哪边？我带着他一遍遍地练习，他却一次次地说错，我的语气也由温和转为严厉，态度也逐渐不满，言语中都能听出克制不住的愤怒："这不是书包在桌子的上边吗？怎么能是下边呢？你看看！"我指着书包，又看了看哥哥懵懵的眼睛，顿时火冒三丈："还不明白吗？你看看这字，歪七扭八，能不能写好，坐姿能不能坐好？"那一刻，我的脑海里反复出现那句话：真是不写作业母慈子孝，一做作业鸡飞狗跳!

他没有抬头,渐渐地低下了头,我的心像被针扎了一般痛,很后悔刚才的态度,可是不知是处于老师角色的权威感,还是母亲角色的不认输,内心的一点触动在这错题面前仍然显得不足以化解愤怒,我仍然板着脸看着他,带着愤怒讲题。这样反复了好几个晚上,他终于会了,但是跟我的距离却开始显现——晚上,他不再缠着我讲书了,做完作业就要睡觉,写作业时听到一点刺耳的声音,就开始皱眉头,我知道那刺耳的声音让他想起了我说过的话!他的房门开始反锁,在学校里发生的事情也不告诉我了,放学路上,我接他回家,他会走在前边,我却远远地跟在后边,这一幕,多像青春期叛逆的孩子呀,可他才一年级!我心痛、难过,开始后悔、反思、找原因、想办法,作为多年的班主任的我接触了那么多孩子,看了那么多专业书籍,难道就带不好孩了吗?通过分析,我判断原因有几方面:第一,低年级的孩子大部分处于形象思维快速发展,逻辑思维发展相对迟缓阶段,而他年龄较小,又是男孩子,身体发育机制方面稍逊于女孩;第二,平时生活里,我并没有带孩子做过这方面的实践练习,导致他对于方向问题没有基础;第三,这类题目里有拐弯概念,孩子本身对于这个概念就不太理解,再一拐弯就更懵了。所以,他一时不会也是正常的,后来经过和老师沟通,我们决定先采用实物演练法,带着他看日出日落,扮演小警察在十字路口指挥交通等方向小游戏,加之类似习题的练习,慢慢地哥哥便在这些题目中越来越自信了,经过那段时间我们的共同努力,时间给予了我们认可。

经过这件事,我告诫自己以后还会再面临孩子的各种问题,不能惶恐,要及时家校沟通,和孩子一起面对它。后来我的书架上多了更多情绪管理和亲子沟通方面的书,如《父母怎么说孩子,孩子怎么听》《非暴力沟通》《正面管教》等,其中《正面管教》的核心观点:"温和和坚定"地对待孩子,这种态度我非常认可,我就应该像对班级孩子一样有耐心,给予他犯错、改错的机会，我们携手用智慧和耐心一起解决问题。

二、良性循环从改变开始

卡耐基说："要改变人而不触犯或引起反感，那么，请称赞他们最微小的进步，并称赞他们的每个进步。"而这其中，我想口头表扬是最经济实惠的了，不仅体现了你对他的认可，更是对孩子社会性的一种强化，所以平时我用得最多的莫过于口头表扬了。那么我采用了哪些方法呢？

1.善用赞美，强化行为

一天晚上，我忘了收衣服就去睡觉了，结果半夜下起了瓢泼大雨，第二天，我走近阳台，发现衣服全部都躺在沙发上。我很惊讶，反复回忆：是不是自己收了衣服，忘记了呢？经过反复思索，我终于断定，自己没有收衣服，可这是怎么回事？后来孩子起床了，告诉我说，是他晚上起来上洗手间，看到下雨了，就把衣服收了。我很感动，抓住契机，询问了许多细节，孩子一一回复，言语中透露出一丝喜悦。我张开双臂，热情地拥抱了孩子："太感谢你了，要不是你把这些衣服收了，昨天晚上这么大的雨，衣服可能丢的丢，吹跑的吹跑，你一定是光着脚收完了衣服，妈妈太感谢你了，宝贝长大了，能承担责任了，真是个男子汉。"说完，我又看到他掩饰不住的开心，我想这就是看见的力量，这些看见，既能让孩子明白做对了什么，又能让孩子感到被尊重、被认可，成为一个有着高自尊心的孩子，最终成为更好的自己。我想这就是发现细微善良的作用，孩子会朝着这个方面努力变得更加善良、懂事。

2.巧借原则，智慧转化

心理学里有个原则是普雷马克原理，它是指用孩子喜欢的行为，作为不喜欢行为的有效强化物，也就是用强频率的活动去奖励低频率的活动，从而增加孩子低频活动的次数。比如"先吃了蔬菜，然后你就可以吃甜点"。说得更明确一点，就是先让孩子做一些不太喜欢做的事情，然后"柳暗花明"，就可以做自己喜欢的事情了。比如，我家哥哥刚开始不太爱劳动，就喜欢画画、打球，那么我就用画画来奖励他，跟他商量，约定好今天我们可以先和妈妈一起劳动，时间一到，他就去画画、打球了。就这样在一次次的劳动中，在一次次的互动里，我们发现了很多劳动的乐趣，慢慢地，哥哥也喜欢上了劳动，我们一起包饺子、做手工、一起想办法把碗刷干净，把家里布置得温馨动人。

3. 建立"小本"，成果可视

《好妈妈胜过好老师》一书的作者尹建莉在孩子小时候，为孩子建了一个立功本，上面记载了孩子的"功劳"，记录孩子点点滴滴的小进步。同样的，我也跟两个孩子建立了爱心条，每天晚上睡觉前我会把今天他做得好的地方，用文字呈现在爱心条上："弟弟，今天个子小小的你站在水池边洗碗筷，你一遍遍清洗，最后还把碗筷都擦干了，亮晶晶的碗，真美！美得就像你可爱的笑脸一样""哥哥，今天你自己主动写了计划本，真是太厉害了，小小年纪就开始学习规划自己一天的生活了，哥哥是个牛人！妈妈爱你哦，晚安。"然后我把这一张张爱心条贴在孩子床头，每天晚上他俩都争着要我读完这些文字再入睡。

试想一下，当自己感到无助的时候，拿出来读一读，能给自己莫大的鼓励啊。同时，当孩子发现家长很重视自己，并对自己的行为高度赞美时，又会强化孩子做正确事的信念，形成一个良性循环。

三、智慧引导初见成效

心理学研究表明，一个人成才的过程是智力因素与非智力因素相互影响，又以非智力因素起决定作用的过程。而培养这些非智力因素主要包括动机、兴趣、意志、性格等，最主要的环境是家庭。孩子一年两个假期，这个时候往往能助力一种好习惯的养成，每个假期我们有主攻目标，疫情后的这个假期，我们就采用"计划本"的形式一起主攻了"意志"这种非智力因素，让计划本见证这个寒假！

今年的寒假尤其长，那么怎么度过这个漫长又有意义的寒假呢，我和爸爸先分析了兄弟俩的实际情况，哥哥的英语和体育锻炼需要加强，数学科目可以利用这段时间进行系统性查漏补缺，弟弟需要培养坚定的意志。商量后，我们确定了主攻目标，接着我们召开了正式的家庭会议，探讨每个人的寒假计划。然后，带着孩子列出计划，计划包含内容、时间、要达到的效果，最后我们探讨了计划的合理性和可调整性，大家一致通过后，每个人的计划就粘贴在家里最显眼的位置。

接下来就是计划的执行阶段了，我们采用了"番茄钟"助力计划的实施。每一次当"番茄钟"铃声响起时，哥哥弟弟会开心地去玩，看看阳台，切切水果，当"番茄钟"再次响起，他们需要回来学习，刚开始他们还需要我催，后来便互相提醒对方了，我一有时间就陪着他俩学习，几次"番茄钟"下来，他们的学习更高效了，休闲娱乐的时间也更有预见性、期待性。计划本上的钩钩也渐渐多了起来，我能从他们每一次要自己去画钩的兴奋中，感受到孩子满满的开心和自豪，他们觉得这是他们自己努力完成了，自然更加珍惜。

四、和谐多元活动提质增效

2021 年 10 月，《中华人民共和国家庭教育促进法》正式颁布，明确把父母定位为实施家庭教育的责任人。家庭是社会的基本细胞，家庭教育是家庭的本然功能。

每逢过年都是我们这个大家庭最期待的时刻，孩子爸在家是长兄，在他的号召下，腊月二十八左右弟弟妹妹会携家带口从四面八方齐聚我们家，我们再把老人都接来过年，这样一来，平日里安静的家顿时热闹起来了。此时，家人闲坐、小孩结伴、老人剪窗花、孩子写春联、大人买年货准备食物，大家七手八脚地忙活着，"年"味也在忙忙碌碌中日渐浓烈。

这时，大家便会开个大家庭会议，商讨过年的活动计划，如，腊月二十八亲子阅读、腊月二十九"家庭春晚"、腊月三十集体包饺子、正月初三电影活动等，有了活动安排，孩子们会更加兴奋地期待着。阅读活动时，大家围坐在一张大桌子上，大家一起读古诗、读绘本、读经典片段，一个个家庭轮流演绎，大家沉浸在书的海洋中。到了小春晚活动，孩子们轮流出场，场面甚是壮观——哥哥恭恭敬敬地表演顺口溜；大姐认真朗诵《长歌行》；二姐用舞蹈诠释着《唐诗里的中国》；弟弟妹妹调皮地舞动着一曲《两只老虎爱跳舞》，把观众们逗得前仰后合……一家人其乐融融，孩子们被浓浓的爱包围着，被真诚地赞美鼓励着，越发珍惜每一次的相聚。他们在活动中感受着家文化的魅力，"家"的感觉也更加吸引着大家每年不远千里返回故乡。

总之，智慧的爱才能带来改变，你放下自己焦虑，发现孩子更多的优点，给予他们恰当的支持，孩子也能把优点发扬光大，善用激励，多元融合，在尊重和欣赏中长大的孩子，心里能住进更多的阳光……

吴莎莎，广东省深圳市南山区第二外国语（集团）海岸小学语文教师，深圳市吴莎莎名班主任工作室主持人。

如何做课题研究

赵芬樱

作为中小学教师的我们，提到课题研究，大家或许认为与自己很遥远。为什么要做课题研究？如何做？教师会说教好教学就已足够，课题研究只是属于教育科研专家的专利。然而，随着"教师专业发展"的不断推进，教学实践和社会要求对教师素养提出了更高的要求。"教师的日常工作"不仅是教学，而且要从教育过程中的小故事、小问题着手，写教学反思、教学随笔等，进而写教育教学论文，甚至做课题研究。也就是说将"教学、管理、研究"融为一体，在教学和管理中发现问题，将问题转化为课题，从而进行科学研究，解决问题，促进教学和管理，并依次推广和帮助更多的一线教师；做课题研究的过程是教师自身不断提升的过程，是教师对教育、教学、管理更深刻认识的过程，是从一名普通教师转为专家型教师的过程，是更有意义的教育过程。我从一开始对教育教学的困惑到不断实践到解决问题，最后学会将问题转化为课题，在这期间成功申报省、市课题等。下面我将结合自己的经验从如何选题到如何成功申报课题与大家分享如何做课题研究。

一、如何选题

爱因斯坦说："提出一个问题比解决一个问题更重要。"

只有选题选好了，课题才有研究的价值与意义。那么作为中小学教师，如何选题，如何选择一个好的课题？下面我从两个方面介绍。

（一）独具慧眼，在教育教学中发现问题

发现问题是课题研究的第一步，是课题研究的出发点，也是开展课题研究的动力。有了动力，才会滋生出坚持做研究的行动。那么，我们在一线的教育教学中，如何发现问题才能提高做研究的内驱力呢？

1. 在教育教学过程中发现问题

教育教学过程是一个丰富的、变化的、创新的过程，除了只关注教学目标与班级基本事务外，还需要我们在过程中善于发现问题，包括课堂教学，对教材的研读，还有班级管理、学生身心健康、家校育人等。

比如刚刚走上讲台，成为一名初中数学老师及班主任的时候，我发现学生从进入初一开始比较迷茫，面对初升高的压力与竞争，不确定自己的实力，不了解中考的整体情况，缺乏学习动力，没有目标与方向，于是我思考将"生涯教育"融入班级管理中，开展《生涯教育在班级育人中的实践与研究》；又比如学校安排我在班级上一节精准化教学的数学展示课，课后学校一起教研后，发现在课堂上使用"IPad"进行精准化教学的若干问题。于是，就以此契机，学校开展了《初中数学精准化教学提升学习效果的策略研究》《技术支持背景下的精准化教学研究》等相关课题，很好地促进了学校精准化教学的研究。

2. 在教育教学的困惑中发现问题

作为一名教师，我们常常会对教育过程中的一些教育现象或者是教学内容产生困惑，以此会问，这样做可以吗？会有效果吗？此时，作为中小学教师的我们应该针对我们的困惑进行思考，并积极寻求解决问题的办法，将其转化为课题研究的行动。比如，"双减"政策文件要求对班级学生进行分层布置作业，比较困惑的我进行了《双减背景下初中数学作业分层设计的有效策略研究》的小课题研究，取得了很好的效果。

3. 在教育教学研究的实施中发现问题

在教育教学研究的实施过程中，我们会发现各种新问题层出不穷，在解决新问题的过程中，课题研究又成了解决问题的方式之一。比如，我在班级开展《生涯教育在班级育人中的实践与研究》时，发现在班级实施生涯教育的重要性，于是结合本校特色，在初中开展了《统整视域下初中生涯教育课程体系建构》的课题研究。研究过程通过学生、家长、学科教师的想法与需求进行归纳总结，研究初中生涯教育课程体系的内容，让课程体系达到整体性、阶段性和层次性，最终建构完善的课程体系，这样的课程体系具有一定的创造性和较强的实践意义。

（二）相生相成，将问题转化为课题

1. "问题即课题"

虽然"问题即课题"，但并不是所有的问题都可以转化为可以研究的课题。作为中小学教师，我们常常很难分辨"问题"与"课题"的概念，甚至直接将问题作为课题研究。对有些问题，缺乏相关的专业思考与价值意义，因此若以课题开展研究，就会出现研究目标不明确，研究过程缺乏内驱力的情况，若是进行申报也很难申报成功。那么如何将教育教学中的问题转化为"课题"呢？

在教育教学过程中，并不是所有的问题都具有课题研究的价值。作为中小学教师，我们对问题的研究价值主要看对该问题的研究是否对教育教学有着正向的、积极性的、指导性的作用。同时，研究的问题不能与现实的关于政策、文件、大环境相背离，尽管在实施过程中比较容易，但也没有任何意义与必要，此类没有价值的问题是不能转变为课题的。

2. 确定课题的研究重点

开展课题研究时，我们需要对一个大问题进行分析，通过选择来确定研究的中心问题，即该课题研究的重点，或者是将大问题详细分为几个明确的小问题，同时课题在申报时评委最关注的也是该课题研究的问题。

确定课题研究的问题是课题研究的起点，也是最关键的点，这就决定了课题研究的方向、价值和可行性，直接决定最后课题研究是否可以顺利进行和最终成果的层次。那么作为中小学教师，在教育教学过程中要学会将问题提炼成有价值意义的课题研究，对问题进行明确分析、总结，确定课题的研究重点。

二、如何进行课题设计

课题设计是课题申报书和课题研究的重要内容。下面我将从"课题价值""课题内容""课题操作"三个方面介绍。

（一）明晰课题价值

课题价值分析即"为什么要做该课题"，主要从研究背景、拟解决的问题、课题依据、核心概念界定、研究现状综述、选题意义等方面介绍。

1.研究背景

研究背景主要是"选题背景""课题的提出""问题的提出""选题缘由"等，主要回答"为什么要进行该课题研究"。一般可以分为"时代背景""理论背景""实践背景"等。

比如，我以自己2022年广东省教育科研课题为例：《"双减"背景下九年一贯制学校生涯教育课程体系建构与实践研究（2022YQJK079）》。

研究背景分为：

①学校背景。基于学校发展背景以及学校前期对该课题的探索，体现该课题的可行性与价值意义。

②政策背景。基于政策，例如《关于进一步减轻义务教育阶段学生作业负担和校外培训负担的意见》。

③社会背景。从历史的发展以及现在未来的发展介绍该课题实施的必要性。

2.核心概念界定

核心概念能够集中反应课题研究主题或主要内容，课题往往是围绕核心概念展开的，读者可以通过概念大致把握课题的研究主题与内容。

比如，我以工作室2022年南山区重点课题为例：《"基于幸福力提升的名班主任工作室教研机制研究"（NSJY20220209）》。

核心概念我提取为：幸福力、名班主任工作室、教研机制。

3.研究意义

研究意义即研究价值，一般分为理论意义和实践意义两方面。

①理论意义，即该研究从理论上的积极影响，包括对理论的推动、创新等。

比如，我以自己2022年广东省教育科研课题为例：《"双减"背景下九年一贯制学校生涯教育课程体系建构与实践研究（2022YQJK079）》。

"双减"背景下，本研究通过系统分析和整理中小学生涯教育理论，丰富对生涯教育问题的理论认识，从深层次理解中小学生涯教育的必要性，并逐渐转变生涯教育观念，着眼于小学和初中，更好地为广东省九年一贯制学校实施生涯教育奠定理论基础。

②实践意义，指课题对实践状态的积极影响，包括对实践的改进、推动和启示。

比如，我以自己2022年广东省教育科研课题为例：《"双减"背景下九年一贯制学校生涯教育课程体系建构与实践研究（2022YQJK079）》。

从"双减"背景来看：能够将"双减"政策落地与实施，做到让学生减去学业负担和课外培训并能够得到真正的成长，减少家长的焦虑，增加学生的信心。

从学生方面：解决学生身心问题，解决学生初中阶段的叛逆、迷茫、焦虑、不自信等问题；解决学生不能准确认识自我的问题；解决学生不了解社会、不了解社会发展和职业等问题；解决学生不会选择的问题；解决学生能够树立正确的价值观的问题。

从教师方面：打破教师固定学科思维模式，增强教师的多学科思维能力，从而提升教学和研究能力。

最后就是研究现状，一般分为"国内外研究现状"，需要研究者对相关文献进行不同角度分类整理归纳，进行分类描述分析评价。

（二）确定课题内容

课题内容主要是"课题做什么"，主要包括"研究目标""研究内容""研究假设""重难点及创新"等。

研究目标是课题预期要达到的结果，一般分为理论目标和实践目标，撰写过程必须具体、清晰、有条理、适度；研究内容则是针对课题根据研究目标所涉及的研究问题，在大的问题下会有一些具体的问题，那么这些具体的问题就构成了研究的主要内容。在撰写研究问题的时候具体不能只是简单地罗列内容，而需要对每条内容进行简单介绍，文字需要适度把握，不能太多也不能太少。研究假设是对研究的提前预期，研究过程则是对研究假设进行验证，给研究过程提供一种可能的路径和可能的结果，研究即是在研究假设的指引下进行的。研究假设的撰写表述应该具有倾向性，必须是明确的、清晰的，可以是肯定式或者否定式，所描述的变量与变量之间的关系应该能够实施，能够观察和验证；课题研究的重要价值在于有所创新，一般有两项创新就非常不错了，具体可以从内容、方法、手段、对象、发展等各方面进行创新。

（三）梳理课题操作

课题操作主要是指"该如何做课题"，主要包括课题的"研究思路""研究方法"和"实施步骤"等内容。

研究思路就是整个课题的研究过程，是申报者对课题的整体规划，需要写清楚打算怎么做，需要明确清晰，具有条理性，最好能够用图表或流程图的形式呈现；研究方法就是课题研究的手段，一个课题通常需要采用多种研究方法，比如，文献资料法、调查研究法、个案研究法、实验研究法、访谈法等，在撰写申报书时，列出重要研究方法并稍加说明即可；研究步骤即研究阶段，是课题研究具体实施的活动安排，拟定需要科学、合理、可操作性强，一般分为三个阶段：准备阶段、实施阶段和总结阶段，每个阶段需要表明时间（年、月），简明扼要地介绍各阶段的研究目标和任务。

三、如何成功申报课题

课题申报是课题研究的重要内容，成功立项也是对课题的价值体现。同时能获得一定资助，有助于课题研究。那么成功申报课题，需要注意以下事项。

首先了解课题申报流程，把握课题申报要求，认真阅读"申报须知""课题指南""填写说明"。特别注意申报截止日期、信息的限制，比如"论证活页"或其他匿名评审的材料不得出现作者信息。然后是课题申报的写作，课题基本信息简洁真实，相关研究成果或课题按照相关性及级别从前往后写，课题论证即是前面第二部分所讲的课题设计、课题保障，一般包括相关研究成果、研究成果的社会评价、主要参考文献、课题主持人和主要成员研究经历、课题组成员的构成与分工、完成课题的保障条件等。课题申报之后一般1~3个月会收到是否成功立项，立项后则需按照要求进行开题论证答辩。最后按照课题设计实施课题研究，并形成相关成果，比如，论文、著作、结题报告，达到结题时间按照要求进行结题答辩，满足结题要求再提交结题资料，后期尽可能推广课题成果。

作为中小学教师，在教育教学过程中，用热爱拥抱教育，用文字记录教育，用课题研究教育。善于将教育教学过程中的"问题"转化为"课题"，形成课题研究，用实际行动实施课题研究，做一名真正的研究型和专家型教师。

赵芬樱，广东省深圳市南方科技大学附属实验学校初中数学教师，深圳市刘震名班主任工作室成员。

做一名研究型班主任

陆建华

作为一名师范生，最初对于一线教师工作的理解是：安安静静教书、兢兢业业育人。初站讲台的我告诉自己：默默地做好自己的本职工作，带好一届又一届学生。担任6个班的历史教学兼任班主任工作的我，满脑子都是不想比赛、不想写论文、不想评职称。这里面掺杂多少自己的惰性与面对困难的惧怕和退缩，我没有勇气去正视过。事实证明，一名班主任的科研能力跟日常德育实践并不是非此即彼的矛盾关系，而是相得益彰、相互成就的互推关系。

真理从实践中来，又走到实践中去。没有实践空谈理论自然是教育的悲哀，但只守着三尺讲台，不向外看、不向上学，也无异于闭门造车。

班主任往往会觉得撰写论文、进行课题研究很难，一则是平时工作已非常劳心劳力，二则对于课题研究无从下笔。如何走出一线教师写不出高大上的文章困境，如何平衡工作与健康？回望我的成长之路，读、写、做、思这四个字都围绕着"积累"二字。形成事事记录原委、实时梳理思路、适时总结得失的习惯，以科研助推，不断自我完善、实现自我提升，成为有条理不慌乱的班主任，也努力成为学生喜欢、家长放心的班主任。

日常记录·自我完善

正如叶圣陶先生所说"生活犹如泉源，文章犹如溪水，泉源丰盈，溪流自然活泼泼地昼夜不息"。班主任撰写论文、进行课题研究的素材来源于日常德育工作的记录与总结。当你尝试去记录和反思，你的带班一定跟之前不一样了。以下有三个研究方向：

带班方略：组建一个班集体，从开学第一节迎新班会开始。引导学生适应新环境、印发校园环境宣传册、举办欢迎会，都是常规工作。通过观察我发现内向的孩子在短时间内不容易被关注到，就精心设计了《内向者优势》班会课。班规要在班会课上一起制定才利于实施，设定"试行期"，在实践中一步步修改和完善。班干部的选拔与培养，重点在于培养，定期的培训会和一对一的指导都是非常必要的。班级管理还要在座位安排与轮换、学习小组的组建、班级文化建设等方面下功夫。我定期对这些班级组建中具体的思考和做法进行记录和梳理，积累三年后形成了小课题《班级自主化管理研究》，这样的小课题积累多了便形成了独具特色的带班育人方略。

育人故事：班主任工作费心力，是因为我们的工作对象是人，且是未成年人。每一次走心的沟通、突发状况的处理，都是值得记录的育人故事。记得我写的第一篇德育文章便是育人故事。当时收到了一封已毕业学生的来信，信上写到初二那年成绩不好的他在课堂小测试中考取了满分后，班级同学质疑他作弊时我对他的保护、激励和后续持续不断的鼓励。他说特别感谢在他人生的低谷遇到了我这样的老师，给他的黑暗时光带去了一束光，那束光一直照耀着他前行。读完信的我泪流满面，心中百感交集。那一刻涌上心来的情绪不仅是欣慰，更多的是心慌，我在想自己是个多么粗心的班主任，学生当时的苦我并不知全貌。我又是多么害怕，如果当时我处理不得当，会对学生造成多大的伤害。那一刻我才真正意识到，班主任在少年成长路上的分量。我想让这件事成为自己职业生涯的警示钟，于是提笔写下了《转角是阳光》一文，发表在了《南方教育时报》。后来这样的文字记录多了，就申请了小课题：《不同类型的学生管理策略研究》。

家长课堂：教育部等十三部门联合印发的《关于健全学校家庭社会协

同育人机制的意见》指出：学校教育需要发挥协同育人的主导作用。家长会就是最好的指导家庭教育的机会。针对不同年龄段的养育要求，可制定不同的家长会主题。孩子初入中学，家长需要全面了解小学与初中的不同点，包括学科设置的不同、升学压力的不同、身心发展特点的不同等，为了指导家长了解养育初中孩子的方法，七年级入学家长会主题定为《趁还能改变，做点儿什么》。八年级是青春期问题凸显的年龄段，家长需要有方法、有耐心、有智慧地处理好亲子关系，家长会的主题定为《有效期内，才是父母》。九年级的学生面临升学压力与焦虑，家长的急躁和粗暴教育只会加重孩子负担，班主任需要引导家长清晰自己的能力范围，家长会的主题定为《长跑最后一圈，做呐喊助威的伙伴》。这样积累的文字内容多了，既有助于自我家庭教育指导能力的提升，也有了对应的论文写作素材。

理论提升·形成课题

正所谓"企者不立，跨者不行"。班主任做研究也要脚踏实地，不可急于求成。有了素材，也有了一定"量"的积累，距离研究型班主任还有"一座桥"的距离。是什么架起了这座桥呢？我想应该是持续阅读、培训学习、向上社交。

阅读的时间不在于长短，能每天固定时间持续坚持很重要。睡前半小时，或者早起半小时，以思维导图的方式记下重要文段以及自己的思考。精读大量的教育学、心理学书籍，班主任专业成长类书籍，不仅对班主任工作有启发，还能提升自己的理论水平。叶圣陶先生的《养成习惯，就是教育》、梅贻琦的《大学的意义》、陶行知的《行是知之始》、蔡元培的《学养》、梁启超的《为学与做人》等经典教育著作可反复看。这些民国大师们所处的时代是动荡的，却丝毫不影响他们踏踏实实地研究学问、潜心教育。此外，阅读德育类期刊文章也是必不可少的。我喜欢把同类型的问题打印整理成册，方便随时查阅。阅读期刊文章，便于我们从模仿开始写作，同时关注期刊的征稿要求，也会让自己的文章发表得更顺利。

除了阅读，参加各类培训也是充电的好机会。多听专家讲座，多从三尺讲台向外看看，你会获益匪浅。班主任往往实践、育人故事很多，理论性的提炼少，所以提起写文章就会头疼。多听专家讲座，可以让我们与时俱进、紧跟最前沿的教育，同时还能带来育人启发、心灵的震撼、教育理念的提升以及科研能力的提升。

靠近优秀的人，你会潜移默化地学习到他们的思维方式和解决问题的能力；与优秀的人交流，往往一句话就能点醒困扰你很久的谜团；身边的名师、名班主任、骨干教师都是我们虚心请教的对象。加入名班主任工作室，跟着导师学习如何高效带班，如何有效沟通，如何做一名研究型班主任。不会撰写论文、不懂课题研究，那就从参与工作室的编书、参与做课题开始。同时，工作室还有一群志同道合的朋友，在团队中共同学习一起进步，何乐而不为呢？

回望总结·助力德育

"大器晚成"这个词出自《老子》第41章。老子提及的"晚"不是指年龄，而是时间。大器为何晚成？因其"晚"而准备充足。班主任专业成长靠的正是持之以恒的努力，积累到一定的厚度，开花结果是自然的。我很庆幸自己一直努力着、进步着。

有了写作素材和理论提升后，我开始关注各大期刊杂志的征稿启事，看到我的"素材库"里有对应的文章，便整理投稿。这样的稿件录取成功率会比较高。每次文章被录取都增加很多自信心，觉得作为一名班主任写文章也不是那么难的事了。

因为积累得多，参加比赛也没有那么慌了。有次学校推荐我参加南山区的班会课设计大赛，主题设定为《爱国·担当》。由于我平时在五四青年节、九·一八事件等特殊的日子，会结合我的历史教学展开相关的主题班会，开完班会后也有文字记录的习惯，所以我很快就设计出了独具学科特色，又有实用价值的一堂班会课，比赛获得了一等奖第一名。

在个人发展方面，我申报市级名班主任工作室主持人，将之前的获奖证书以及课题、论文发表成果整理成了一本厚厚的申请书。经过层层选拔，终于获得市教育局批准，成立了自己的市级工作室，有了跟更多优秀班主任一起进步的机会，也能将自己所思、所学分享给其他老师，发挥辐射引领作用。

有研究数据显示，教师的子女患心理疾病的数量庞大，这是为什么？面对学生的那一套理论，能否直接套用到自己孩子身上？陪伴孩子时有没有放下教师的身段？教育孩子时有没有拿他跟自己优秀的学生做比较？"父母之爱子女则为之计深远"，前提是做父母的自己要行得远，看得宽，才会有更淡定从容的教育。成立了市级工作室，我得以接触市级、省级优秀班主任，他们的育人理念深深地影响着我，再回来面对自己的孩子时，我多了份淡定与从容，亲子关系也更和谐融洽了。

老师的职责是潜心育人，做一名研究型班主任不仅不会背离这个初心，反而能更从容地潜移默化地影响和改变每个孩子的状态。不仅仅关心"纪律、卫生和成绩"，更关心"教育最终要走到哪里去"。

陆建华，广东省深圳市南山实验教育集团麒麟中学历史老师，深圳市陆建华名班主任工作室主持人。

课题如何从申报到立项

刘震

工作十多年来，我养成了勤思考和写作的习惯，将班级管理及学科教学上遇到的问题当成课题，结合自己的思考和实践形成文章。工作的前五年参与了学校的一些课题，但自己却一直没申报过课题，后来因职称评聘的需要，我才开始研究课题的申报。经过近几年的课题申报和经验积累，我所申报的课题在区级、市级、省级都得到了立项，本文将分享我的课题申报历程，希望能给大家提供一些思路。

什么样的选题更容易立项

我最早申报的课题是学科类的课题，课题要顺利立项，课题的选题和申报书的规范填写起着决定性的作用。课题的选题应该来自哪里呢？

课题一般分为重大资助项目、重点资助项目、一般资助项目和非资助项目四类。重大资助项目往往会提供选题范围，经费资助也会更高，其要求从整体上推动区域教育的高质量发展，形成富有特色性和创新性的发展模式，打造区域基础教育改革的创新机制和发展策略，推进教学方式的变革与创新。

重点资助项目有的也会提供选题范围，申报者从选题范围内选取题目会更容易立项，而一般资助项目就可以根据申报者的需要自定题目，如果服从调剂，在课题没能达到一般资助项目立项标准的情况下，有希望调剂为非资助项目或学校资助项目，提升课题立项的概率。

我认为，课题的选题应来自申报者在日常教育过程中发现的问题，也应结合申报者的优势领域。我第一次申报课题是2019年，当时申报的是省级课题的一般资助项目，我自己在校本课程开发上有一定的经验，2014、2015年开发的两门校本课程都评上了深圳市"好课程"，因此首次申报课题就想结合"校本课程"进行选题，当时恰逢广东新高考改革，所以将申报课题的题目定为《新高考背景下物理学科校本课程的开发与设计》。课题最终没能立项，但我并没有遭受打击，我对比了公示的立项课题，发现我的课题名称是不够规范的，公示的立项课题名称都是"……研究"，此外，他们的题目在确保创意的同时，能让评委一眼就能看出课题是做什么的。

没过多久就有区课题申报的通知了，我想在原有申报书的基础上进行修改，将题目修改为《新高考背景下高中物理校本课程的开发研究》。然而，课题仍旧没能立项，而我们科组另外一位老师申报的课题《基于物理探究史培养学生核心素养的校本课程开发》成功立项，我对比了题目，发现我的题目太"大"了不够聚焦，也不够创新性。

受同科组老师的启发，在2020年申报市级课题时，我在前两次课题申报书的基础上进行进一步的修改，将题目定为《基于物理核心素养培养的校本课程开发研究》，这一次我对课题立项是信心满满的，但最终还是事与愿违，没能获得南山区推荐给深圳市的资格。我根据课题申报通知上的联系电话，致电南山区教科院负责课题申报的老师，了解课题没能立项的具体原因。那位老师仔细翻找了课题评分的资料，告诉我课题评分是取三位评委的平均分，均分达到80分以上的会推荐到深圳市，而我的课题评分中，有两位评委的评分是78分，一位评委的评分是82分，平均分已经非常接近80分的推荐"资格线"了，这次的主动沟通让我对课题申报增加了信心，尤其是了解到其中一位评委认为我的课题是达到立项标准的，我相信课题距离立项已经非常接近了。

2021年南山区课题申报的通知一下发，我就在原有三次修改的申报书基础上进行又一次的修改，这次将题目改为《基于项目式学习培养学生物理核心素养的校本课程开发》，课题终于获得立项。尽管只是立项为一般非资助项目，但这次"0"的突破让我信心倍增，说明我对课题申报的修改方向是正确的。2021年深圳市的课题申报通知在南山区课题立项结果公示前下发，当时我就把课题申报书稍作修改后进行申报，最终2021年12月市级课题也顺利立项。后来市级课题开题时我才了解到，相似课题是不可以重复申报的。

总而言之，课题的选题要有研究价值，要有可行性，要有创新，要有一定的研究基础，要尽可能结合申报者的优势领域。

如何写好课题申报书

课题申报书往往会和申报通知一起下发，空白的申报书里面会设定一定的框架，内容一般包括：研究意义（包含研究背景、应用价值、学术价值）、国内外研究现状、总体框架、研究内容、拟达到的目标、拟突破的重点、拟解决的关键问题、主要创新之处、研究方法、研究手段、研究计划、负责人前期研究基础（包括负责人主要工作经历及目前从事的主要工作；近三年来完成的重要研究课题、已发表的相关成果、相关成果的评价情况、已收集的相关资料、完成本课题研究的时间保证、资料设备等科研条件）。

尽管我已经发表了不少文章，但第一次写课题申报书时我大脑还是一片空白，不知如何落笔。在网上搜了很多课题申报书的写作方法，但始终觉得不够"专业"，于是我购买了李冲锋老师的《教师如何做课题》一书，这本书对于课题申报的"小白"来说就像及时雨，几乎是"手把手"教我们如何写课题申报书，里面还提供了课题申报书的写作"模版"，我的第一份课题申报书就是一边看书一边根据书中的模板，将对课题的想法用规范的文字填到申报书上。

还记得第一次申报课题时，学校同时提交的有好几份申报书，科研主任就关注到我的申报书，说我写得十分规范，但题目定得有些大，立项会有一定难度。我仔细研究课题申报书，发现存在一些不足，因为参考了书中的模板，申报书上难免出现一些"套话""空话"，后来几次申报课题我会注意申报书文本与题目的关联，在文本的表述上使用更形象、易懂、可落实的词语，这样的申报书能让评委迅速理解我的研究思路，有助于课题顺利立项。

如何让课题申报书更具竞争力

随着自己申报的首个课题得到区级立项，之后几次课题申报都顺利立项。2022年我成为了深圳市名班主任工作室主持人，工作室成员基本都是研究生以上学历，其中不乏清华大学的研究生，他们有丰富的课题经验。工作室众人拾柴火焰高，过去一年我们申报的课题在区级、市级、省级都得到立项，我从课题组成员的身上也学到了非常多宝贵的课题申报经验。

例如，在"国内外研究现状"的写作上，课题组成员绘制了相关关键词检索的论文发文趋势图，通过图线可以直观看出国内外在不同时期对相关内容的研究情况及趋势；在"项目总体框架"上课题组成员绘制了思维导图和流程图，让评委可以直观、高效地了解课题的研究思路；"研究内容"的写作上课题组成员采用图文结合的方式，避免大篇幅文字给评委审阅带来麻烦；"拟达到的目标"部分则采用表格的形式，表格上分别列有日期、任务、形式、责任人；"研究方法和研究手段"的写作是很多申报者容易轻视的，对于一线教师来说，常用的研究方法有行动研究和案例研究，申报书上需要写清楚在哪个阶段会用到哪种研究方法，能取得哪些预期成效。

我们工作室的研究方向是"幸福教育"，理论基础是"积极心理学"，过去一年申报的课题都是紧紧围绕工作室的研究方向，课题《基于幸福力提升的名班主任工作室教研机制研究》被南山区教科院立项为南山区重点课题，课题《高中幸福力校本课程开发与实践研究》被广东省教育科学研究院立项为省级一般课题。

实际上，课题立项只是课题研究的起点，立项意味着会有一定的经费和环境支持，负责人需要根据申报书上的分工分阶段召开课题组会议，推进课题研究的实施，甚至在课题立项前就应该做一些前期的准备工作，有一定研究基础进行课题申报也会更有说服力。

例如，省级课题《高中幸福力校本课程开发与实践研究》在立项公示前我就已经在学校开设了《幸福力》校本课程，每周会给学生进行一次授课，在我自己所带的班级也开展了"幸福教育"的相关活动。《幸福力》课程是以体验式活动为主，积极心理学理论为辅，通过设计评价量表对学生在校本课程不同阶段的主观幸福感变化进行对比研究。在课题申报前我就已经有了《幸福力》课程的初步构思，无论课题是否立项我都会开设这门校本课程，并开展相关研究。

课题的产生是来源于申报者在教育教学过程中产生的思考以及提出的有研究价值的问题，课题最终能否立项并不重要，重要的是申报者有了一定的思考，并在教育教学过程中开展实践研究，只要行动起来了，对申报者的教研水平和教学效果都会有积极的促进作用，而如果通过课题研究能推动区域教育的发展，形成一定的发展模式，推进教育变革与创新，那就再好不过了。

最后，我想说的是，明白课题研究的初衷，思考如何做好课题本身也是一个课题。

刘震，广东省深圳市南山外国语学校（集团）高级中学物理教师，深圳市刘震名班主任工作室主持人。

微习惯：破解"助困"谜题

周海涛

我想，如果题目中不是"助困"而是"转差"，大家就不会迷惑了，不会以为是在讲扶贫工作。但是，被我们转的"差"却被不小心贴上了一个大家都熟知却并不适合的标签。所以，我坚持用这个容易让人疑惑的词，我们所帮助的他们，只是暂时在学习上遇到了些许"困难"而已。

失败

我一直在思考这个"失败"的案例。

小W是一个好孩子，他很想学好，却一直力不从心。他总成绩得分率不到50%，按照深圳中考至少要得到70%的分数才能上公办高中，小W显然是在学习上遇到了一些困难。于是我约小W和小W妈妈进行了一次非常友好的谈话。谈话的最后，小W、小W妈妈和我三个人一起定下了一个每天必完成的目标：

（1）每天背10个单词；

（2）每天做一套物理题（8个单选、4个双选和1个主观题）；

（3）每天跑五圈，约两千米……

第一天，妈妈反馈回来说"坚持"得挺好，第二天也是。但一个星期后，小W的妈妈很沮丧地告诉我：小W已将这些全部放弃，先是（3），第三天就不行了；然后是（1）、（2）……

归因

这个并不意外的结局，引起了我的思考：为什么呢？

以他最先放弃的"（3）每天跑五圈，约两千米"这个目标为例，每天跑五圈，是一个我们充分评估以后，他自认稍稍"跳一跳"就可以摸到的"桃子"，为什么那么难坚持下去呢？事实上，对于身体偏胖的小W来说，的确不易：站到跑道上，这是一难；只跑一圈，是失败；跑两圈，失败；跑三圈，失败；跑四圈，仍是失败——只有跑了五圈才是"完成任务"——他已经累得快虚脱了，却一点成就感都没有。跑道上的小W，有的只是压力，"还有四圈""还有三圈""还有两圈""还有一圈"，小W没有感到一丝跑步带来的成就感，感受到的只是一圈又有一圈循环转圈的压力。除去极少数"英雄"，大多数人在压力面前的反应是一样的——逃避或者闪躲。

所以，小W放弃了。

启发

大家应该都还记得这两个式子：

$1.01^{365}=37.8$

$0.99^{365}=0.03$

两个式子各还配有一句美丽的解读：积跬步以至千里，积怠惰以致深渊。是的，一直以来，我们总是理想化地认为：积跬步可以至千里，那么积大步不就可以至万里吗？

所以，我们习惯性地为孩子定下那些"跳一跳，摸到桃"的稍稍有些难度的目标。然而，我们太相信"自控力"，同时又太小看了"大步"带来的压力！可以说，"压力"就是迫使小W放弃跑步的罪魁。我们为什么不能让他压力小一些、再小一些呢？于是我想到了这个任务的反面——2000米，是压力，那么1000米呢？500米呢？100米呢？

我尝试着跟小W制定了一个"惊世骇俗"的目标——容易到令他"难以置信"：每天跑步100米。

在他疑惑的小眼神儿中，我们把目标改成：每天跑步100米。当然，如果状态好，可以自由超额，100米、200米或者1000米、10000米都无所谓，这是你的"自由"。

显然，这个"100米"的目标对于体能较差的小W来说，是一个没有任何压力的目标，他背着书包在放学路上都可以完成。甚至小W不止一次地跟我要求要提高这个目标。我说，我们的目标就是100米，而其他的，是你的"自由"，是你主动给自己的"奖赏"！

一年后，他可以很轻松地跑下10000米。

据妈妈回忆，他从来没有只跑过100米，哪怕嘴里叫着"好累"的时候都没有，至少一圈（400米）；有时下大雨没法在运动场去锻炼，小W在楼下大堂里来来回回地跑了1500多步（约800米）后再做几个俯卧撑；有一天，他躺在床上总觉得少了些什么，忽然想起来：没有跑步，于是又穿着睡衣在家里客厅哼哧哼哧地跑1000步约600米……

初三体育中考，他是满分，于小W而言，此前是一个不可思议的成绩！

关于单词的，我们把"每天记10个单词"这个任务改为"每天记一个单词+自由超额"。

我们把对物理的要求从"每天写13个题"变成"每天写3个选择题+自由超额"（其中两个单选一个双选）。就这样经过一段时间的转化，满分70分的试卷，他达到了63分，正确率在90%左右了。

好了，大家一定期待着最后的结果了：深圳中考610分的满分，他中考得到了484分，得分率近80%。公办高中录取分数线是441分，是的，他通过自己的努力考上了公办高中！

微习惯：原来我们做对了！

假期里，我读到美国作家斯蒂芬·盖斯写的《微习惯》一书，正好对我们的做法给予了理论支持。

首先我介绍一下"微习惯"。所谓"微习惯"，就是强迫自己每天去做一些微不足道的事情。如果我们想培养一个新习惯，"微习惯"就是它大幅缩水的版本。

微习惯有什么特征呢？目标小到难以置信、不会让人产生抵触心理、没有理由拒绝完成它、每次都可以轻松完成。

为什么微习惯有奇效？

如果把大脑比作一台计算机，那么习惯就是一个个自动化的程序，而重复就是大脑使用的程序语言。所以培养一个新的习惯，我们就得使用大脑的程序语言对我们的大脑进行编程，通过不断"重复"形成可自动化执行的程序。

"微习惯"一个显而易见的好处，就是保证了我们每天都可以进行重复操作。

只要我们的意志力没有消耗殆尽，我们几乎就不会失败。"微习惯"的策略注定不会让我们失败，因为它只是强迫我们每天去做一些微小到令人不可思议的行为。

每天都可以进行重复操作，令"微习惯"很容易变成一个完整的习惯。

心理学有一个记忆效应，说的是如果我们开始了一项事物，这项事物一直未完成，会让我们念念不忘，潜意识会驱使我们去完成它。

"微习惯"是一个完整习惯的大幅度缩水版，一旦我们开始了"微习惯"，通常情况，我们都会下意识完成更多的"微习惯"目标。例如，微习惯的目标只是要求我们每天写50个字，事实上我们可能会写200个字，甚至上千字。这就是"完结"效应在起作用。

一旦我们养成了"微习惯"，完整的习惯几乎唾手可得。

后记

如果我们真地想帮到那些学习上遇到困难的孩子，我们就不要为难他们。"低起点、密台阶、缓坡度、小量度"的"微习惯"也许是破解这个谜题的不二法门。咱们再去多多尝试，我想，小W的成功，是可复制的。

周海涛，广东省深圳市南山外国语学校（集团）华侨城中学物理教师，深圳市张日威名班主任工作室学员。

"以老带新" 砥砺青年班主任成长

王士有

众所周知班主任是学校德育工作的中坚和骨干，是一所学校工作质量的缩影。时间如白驹过隙，一晃班主任生涯已17年，鬓角滋生了白发，伴随白发而来的是多年来的教学阅历和班主任管理经验，我俨然已成为一名骨干班主任。学校已成为我的第二个家，同事亦师亦友，一起书写着美好的篇章。看到充满活力的青年班主任，想起我刚开始执教时，处处小心谨慎、懵懂摸索的青葱岁月。因此，我愿倾尽自身所学、所思、所感、所悟，用心培育青年班主任，用"以老带新"的方式不断砥砺他们前行。

辐射引领·平易近人

"以老带新"，顾名思义是我们老班主任引领青年班主任成长，发挥骨干班主任的辐射引领作用。那么，问题来了，该以怎样的姿态和青年班主任相处呢？

从年龄来看，我相对年长，并且17年的班主任阅历，青年班主任见到我心中油然而生的是恭敬。工作中有些青年班主任会想当然认为我的想法是行之有效的，会隐藏甚至抛弃自己的观点。显然这个结果不是我想要的，我希望他们能平等与我相处，客观、辩证看待我提出的意见，这样才能顺应时代教育的发展潮流。

于是，在"以老带新"的辐射引领中，我总是以微笑示人，给人一种亲和力强、平易近人的感觉。每一届迎新之前，我都会温馨提示新班主任面对学生每一个"第一次"的重要性：新生见面的第一次讲话，第一次排座位，第一次班会等。如何利用这些"第一次"去调动学生的学习热情是每位班主任的必修课。我把这个任务布置下去，第二天集中研讨，会上我都会先请青年班主任说一说自己的想法，对于一些新颖的、实操性强的想法，我会予以表扬并以学习者的心态去接纳；对于青年班主任提出的一些不够成熟的想法，我会在最后的时候委婉地指出其存在的问题并提出相应的补充方案，用自己多年来遇到的管理经历作为例子，让他们参考和借鉴。

我平易近人、接地气的做法，激起了青年班主任的工作热情。讨论问题时他们都会畅所欲言，进而集思广益形成班级管理的一系列方法。这也是我所追求的比较舒服的引领模式，"以老带新"不是"倚老卖老"，而是想方设法将自己积累的丰富经验传递出去，助推青年班主任勤反思加快成长，担使命不负韶华。

倾囊相授·知无不言

古人云：青出于蓝而胜于蓝，冰出于水而寒于水。"以老带新"是一种传承，一种促进，更确切地说是一种纽带。新教师接过老教师手中的接力棒，才会在自己的教育生涯中走得更快、更远。身为骨干班主任的我身上肩负这个使命，我秉承着竭心尽力、知必言尽的原则，努力为学校培养一支素质优良的青年班主任队伍。

在"以老带新"的培育路上，我明确了四个方向：挑重担、出主意、趟泥水、堵漏洞。对于青年班主任来说，多数有一腔投身于教育事业的热血，但挑起学校的重任还力不胜任，作为老班主任我会主动将重担挑在肩上，以身示范。2017年，我所在的年级有一个班级各方面表现都差强人意。班级学生带手机现象严重，学习风气不浓，课间同学们经常讨论一些与学习无关的问题。为了顾全大局，我主动承担了这个班的班主任工作。管理的过程中我思索着：如果只是建立严厉的班规，加大检查力度，发现手机就没收，进行严厉批评教育，课间严守班级不准讲闲话等，可能暂时在表面上起到作用，但学生内心深处会更加抗拒，根本无法从本质上解决问题。记忆深处有这样一句话：人性最本质的是渴望被欣赏，而教育最本质的是发现一个人的长处，这句话给我指明了方向。我通过三次班会课来逐步统一学生的思想。第一次班会课是带领学生明确方向，我通过一个例子来帮学生树立目标和方向：一架飞机想飞得高、快、远，需要具备三个条件，即航线正确、天气晴好、油料充足。我们的学习就好比飞机的飞行，航线正确好比目标明确，天气晴好好比学习的氛围要好，油料充足好比我们要有丰富的学识。因此要想成绩高、学得快、考得好，也需要三个必备的条件：一是目标明确，要有理想、有方向；二是学习氛围要好，每个人都要创设安静的学习环境；三是要有丰富的学识，每天都要有所收获。第二次班会课是引领学生做有文化的人，作家梁晓声曾用四句话概括文化：根植于内心的修养、无须提醒的自觉、以约束为前提的自由、为别人着想的善良。我先以此作为班会主题，引导学生自觉地做有文化的人，让学生知道哪些能做，哪些不能做。第三次班会课就是要发挥激励的作用，我开始在课堂上、课间、各项活动中努力去寻找每位同学的闪光点，哪些同学有目标了，哪些同学能坐住板凳安静地学习了，哪些同学不怕脏不怕累为班级和同学服务了，都一一记录下来，班会课上在全体同学面前总结表扬。通过多轮表扬，发现班级的氛围和状态发生了极大的改变，在期中考试时班级成绩取得了惊人的进步，从学生们的开心笑脸和灼灼的目光中我看到了他们重拾的自信。我挑起重担的同时也为年轻班主任起到了榜样示范作用。

对于年轻班主任，自信是他们的个性，拼搏是他们的誓言，但处理班级日常管理的突发事件却略显稚嫩。老班主任关键时刻要为年轻班主任出主意。某位年轻班主任班里有两位男生因为琐事动了拳脚，互不相让，班主任问到我这事该怎么办。我告诉他，现在的学生处于青春期，很在意

242

老师和同学对他的看法，言语上的批评教育解决不了问题，可以先从做人的道理、宽容的品格等方面入手，可以用蕴含哲理的现象激励学生：如果把一滴墨水滴进一杯清水里，清水马上变浑浊，如果把一滴墨水滴进大海里，大海还一样蔚蓝，为什么？因为它们的肚量不一样；不成熟的麦穗直直地向上挺着，成熟的麦穗低垂着头，为什么？因为二者的分量不一样，宽容别人，就是肚量，谦卑自己，就是分量，合起来就是一个人的质量。以此教育学生要宽容、雅量、有涵养。顺势引导，等两个人心平气和了再指出各自的问题，这样就可以将矛盾化解，还能培养学生宽容的良好品质。在我的指导下，他不仅完美解决了同学之间的矛盾还赢得了学生对他的信服。趟泥水、堵漏洞，我同样一马当先走在前面。班级管理环节出现纰漏，青年班主任遇到困境，我都会带头去补救，防止青年班主任一上来就"栽跟头"。朝着这四个方向的努力成果显而易见，遇到问题和困难青年班主任都会第一时间找我沟通，这为我传授班级管理和教学经验提供了"倾囊相授"的契机。

当然，"倾囊相授，知无不言"不代表着大包大揽，我对青年班主任的指导会结合具体情况，坚持以严要求、高标准来约束他们。在常规管理上，即便第一年接触班级管理的青年教师，也要用高的标准来践行岗位职责。如时刻关注班级学生的身心健康，及时妥善处理学生中出现的各种问题，抓好班级学生的日常行为规范教育与管理，做到日常行为规范教育到位、管理高效。班主任工作琐碎繁杂，我经常鼓励他们要有积极的心态，要有一颗求知上进的心，如此，我作为老班主任才能和青年班主任协调一致，一群志同道合的人，朝着共同努力的目标不断前行。

春风化雨·传递美德

同青年班主任的朝夕相处，不单单局限在班级管理经验传授上，更重要的是思想、情感等方面的交流。我们老班主任一丝不苟、严谨治学的态度，会给青年班主任产生潜移默化的渗透影响，如同春风化雨般浸润他们心灵，而青年班主任虚心向上、朝气蓬勃的奋进态度，对我们来说何尝不是一种促进。

"以老带新"模式下的美德传递，贯穿在日常相处的方方面面。在学校里，大家经常利用休息时间和就餐时间聚在一起交流：哪个班级文化建设有特色、哪个班级的学习氛围浓、哪个班级的激励与讲评机制适用性强。这期间独立钻研、勇于创新、大胆探索、虚心请教等美德，都还会化作于无形当中，正所谓"水尝无华，相荡乃成涟漪；石本无火，相击而发灵光"。随堂听课是"以老带新"中美德传递的最佳形式，整个过程中，我们对待学生的机智、扎实的学识、认真工作的态度、班级管理中的经验技巧等，都会彰显出最真实的样子，进而会传递给青年班主任。

身为人师，拥有良好的美德是我的责任，平时的一举一动、一言一行都应该彰显正气。在"以老带新"的细节中，我指导青年班主任养成文明、诚信、上进的习惯，归根结底是让他们建立起尊重学生、共同进步的道德精神。校园是生命相遇、心灵相约的场所，我和青年班主任一同努力践行文明德育，携手寻找德育的诗和远方。

教学相长·携手同辉

在新课改教学理念的背景下，高尚的道德情操、深厚的理论底蕴、强大的人格魅力、精湛的教学艺术、熟练的教育技能等都是时代背景下教师应当具备的素质。因此，我们所有班主任都要与时俱进。新老班主任要互相学习，汲人之长，补己之短。

老班主任的经验阅历诚然值得年轻班主任学习，反过来，青年教师身上具备时代进步的影子，他们身上也有许多我们要学习的品质。他们虚心进取的精神、强烈的创新意识、娴熟信息化教学实施能力等都是值得我学习的地方。青年班主任做的微课视频，不仅与高速发展的信息时代接轨，而且实操性很强，大大提高了课堂教学效果，然而，这方面却是我的短板。在课间、备课、讨论等时间，我总是会向他们请教一些计算机操作上的问题。他们的耐心讲解，我也受益匪浅。"以老带新"是一个教学相长的过程，正所谓以"以老带新传匠心，以新促老增活力"。新老班主任在互相学习中以优促新，互学共进，最终形成合力，为学校高质量发展打下坚实的基础。

于我而言，"以老带新"不是一个空虚的形式，它是促进青年教师专业成长、营造学习型学校的深远举措。它承载着一份责任，是自我价值的体现，作为一名骨干班主任我将毫无保留地做好"传帮带"："传"出智慧，"帮"出成长，"带"出文化。一批批青年班主任逐渐成长为学校德育工作的中坚力量，用他们四溢的青春为学校教育事业的蓬勃发展贡献力量。我欣喜于这种成长、感动于这种齐心协力。虽为骨干班主任，我将不溺于自我，不骛于虚声，和青年班主任携手同行，以老带新、以新促老，共同为教育事业的发展谱写新篇章。

王士有，广东省深圳市深圳大学附属实验中学数学教师，深圳市张日威名班主任工作室成员。

一路生花，护送班主任的韶华

唐露

薛忆沩在《与狂风一起旅行》中说：所有的激情都具有同一种颜色。这种颜色就叫作"青春"。回忆这些年来的班主任生涯，之所以能成为大家口中的"托举人""促醒人""探路人"，恐怕只能用激情来解释了，而激情正是青春的典型特征。绵绵不绝的激情，让我像小太阳般辐射热情。

人生重来20年，我是学生成长托举人

带好班，育好人，种好自己的自留地，才能从新手型班主任到专业型班主任、智慧型班主任。爱学生是本能，会爱才是智慧。

如果我要说，我从不觉带班之苦，只品育人之乐，恐怕会有人不相信。

很多人发出疑惑：唐露，你怎么这么有激情呢？我知道潜台词是：都40+的人了，不是应该懈怠吗？疲惫吗？我总说：就当人生重来20年呗！所以，哪怕我已40+，却是我定义里的"而立"之年，"风茂"之年。

我开通"时露峥嵘"公众号，立下Flag，让人生重来的20年成为我人生之书中最丰富、最精彩、最隽永的一章节。

带班育人，我秉持着"教育不光要追求美好生活，更要让教育本身就是美好生活"的理念。军训"优秀连队"、班徽班训大赛一等奖、运动会跑操比赛一等奖、精神文明班级一等奖、五星宿舍、常规管理优秀班级、年度优秀班集体，一个个荣誉，都是经历了一番艰苦跋涉摘取的喜

246

悦果实。

我不仅重视集体，还鼓励学生"C位出道"，时时崭露峥嵘，不仅追求成功，更是追求成长，追求教育的最好！我开展系列"静星"行动，挖掘学生潜力，鼓励学生活出自我的风采！在我的心里，在我的眼里，一个个学生犹如"静星"，当如二实学校门口的木棉，先是安静的绿色，最后绽放耀眼的红色。职业体验活动，爱在三月活动，特色团日活动，清明五件事，父亲节活动，峥嵘杯、厚德杯、风茂杯颁奖活动，爱心助学活动，时政论坛活动，为祖国庆生活动，集体生日会活动，自律他律辩论赛，校庆篮球友谊赛，公园踏青话毕业，一个个富有特色的活动，让学生的才能得到了发挥和挖掘。

托举，并不一定以成功为结果，我对学生的托举看重成长的过程，有生活和思想等多方面的托举。在2022年深圳市心理健康教育活动月优秀成果评审——家庭亲子互动微视频比赛中，我指导黄馨莹创作的《我们这一家》获得一等奖第一名的好成绩。我当时还指导了丁明熙、王佩锋、周靖博、刘慧敏、李嘉鑫等同学，每个同学5分钟的小视频，和家长沟通组织素材，和学生打磨文案，设计视频结构，前后花了大半个月的时间才完成几个视频的制作。2022年深圳市"喜迎二十大、奋进新征程"中小学思想政治教育主题活动评选中，我指导6名学生获得一、二等奖，有的同学并非我班级的，但是我一样认真指导。

工作20余年，不管搬家多少次，我都留着学生的留言和赠卡，提醒自己像人民教育家于漪老师那样，"一辈子做老师，一辈子学做老师"。

每次分班或者毕业后，家长和学生总是舍不得解散班级群，留恋着我指点一二，哪怕进入大学，毕业工作，结婚生子，时不时会和我分享自己成长的快乐与困惑。我想，摒弃了"纯粹功利心"的师生关系，学生才能真正从老师这里获得"纯粹的力量"，为学生的终身成长奠基，老师方可成为真正的托举人。

时来天地皆同力，我是老师精进促醒人

经过多年带班育人的积累，磨炼专业，增长智慧，托举学生的同时，我也不断成长为示范型班主任，引领型班主任。

参加深圳市"我最喜爱班主任"比赛，申报深圳市名班主任工作室主持人，我有了更多的平台向更多优秀老师学习，我也认识到教师价值最大化，必须通过辐射引领。深圳市南山区德育专干张日威老师说："正因为有了促醒者和警醒者，才有更多的觉醒者。"我想既然人生有此机会、得此平台影响更多老师，我就感恩"时来天地皆同力"，做老师精进促醒人吧。

用温暖促醒，让伙伴醒得幸福。在厚德工作室建设中，我以"影响一万名班主任"为愿景，致力于做"中国的德育，未来的德育"。工作室老师来自的区域已经覆盖了中国地图超过四分之三的区域。既有来自广东本土，年轻有朝气、有闯劲的伙伴，也有来自北京每天坚持读书分享的郭媛媛老师，来自山西农村自诩一匹"泥坑马"的郭龙飞老师，来自山东积极担当热爱学习的李向老师，来自江苏因为科研卓著获评"年度人物"的徐守娟老师，来自福建已经是名师却愿意完善版图引领辐射的陈福海老师，来自重庆开始用专业写作打开成长大门的荣翔老师，来自云南扶贫安置点学校竭力为教育奔走的朱安银老师，来自湖北培根铸魂27年做温暖教育的王朝霞老师，来自湖南的全国魅力班主任肖妹芳老师，等等。大家各有自己的精彩故事，却又心甘情愿在工作室为伙伴的成长默默付出。很多伙伴取得进步或者获奖后，都很感激我的督促和引领，期望伙伴们同心同向、同行致远，共同行走在美好的班主任路途上，在人生更高处相见。而我也会给他们发一个"52.01"爱心红包，再发一个"20"分享喜悦包，每当这个时候，伙伴们见证彼此的高光时刻，力量在温情中滋长蔓延。张晓露老师说看着工作室这群队伍就觉得很感动，脑海中总浮现"双向

奔赴"这几个字；廖莉莉老师说看到2022总结，感恩我数个日夜的辛苦提炼，情不自禁赞赏166；我何尝不是如此感动与感恩，感动遇见，感恩付出。不知不觉，我与所追求的教育的美好生活不期而遇！一群人，不只是专业共同体，还是感情共同体，这就是咱们工作室的亮色！

用专业促醒，让伙伴醒得迅速。都说班主任能力大赛是班主任成长的快车道。工作室"营业"以来，带领伙伴们研究家庭教育指导、班级品牌打造、微班会设计、班级竞争力、班级心理研究、班主任竞赛等专业成长的各个方面。厚积薄发，每当遇到竞赛时，大家积极参赛，加速成长。谈起我们的竞赛小分队，一个个动人的细节不由得浮现出来，育人故事、班会设计、带班方略、情景答辩等，竞赛群里，专业能力大赛、风采大赛，只要伙伴们在竞赛分队群求助，总有热心老师答疑解惑，有时还会拉小群集中讨论，深夜切磋。一次又一次地打磨，好多个深夜的电话和腾讯会议，我们不断鼓舞参赛伙伴的信心。崔明玉参赛班会中的"荆彩这十年"小剧本，周晓蓉参赛方略中的"山鹰"图，王富玉的光明区四个单项均获得最高分，最终取得一等奖第一名的好成绩，兰培珍老师从市赛、省赛一等奖再到国家级二等奖，还有唐媛、王娜等的成就，都是一通通电话、一条条语音、一个个信息、一次次会议积累集体智慧而成。我们为遇见而深感幸运，我们共同打造温暖有爱又专业智慧的工作室。李怡然老师虽然不是班主任，却在加入工作室学习后获得学校班会设计二等奖，她欣喜若狂，写千字长文感恩我，感恩工作室。她说不计较得失地奉献着自己，收获的不仅仅是口碑，更是福报。她喜欢厚德工作室的名字，"厚德"载物，载着我们一群人，度着我们每一位成长中的教师。

何妨飞舞作先锋，我是工作室前进探路人

在我看来，从优秀班主任到卓越班主任，不光要示范引领，还得辐射推广，著书立说，把德育价值最大化，最终成为幸福班主任。

成为深圳市名班主任工作室主持人，是我班主任工作生涯中最重要的一次质变。从以往的单打独斗到现在的带领一群人往前走，我感觉工作室内部精进还不够，又多方联动，与深圳市内外很多工作室共同行动，组织了很多特色活动，比如"万古流芳·先贤今议"半月谈，比如读者、编者和作者齐聚，共启"良师共读"活动，等等。

在深圳市名班主任工作室并肩前进的道路上，有一个情节我至今记得很清楚。火热的7月，市工委办郎丰颖老师对名班主任工作室的发展寄予厚望，指示我发展好深圳市直属学校名班主任工作室联盟，我很激动，立刻申请了公众号，并用了"一路生花，护送班主任的韶华"来说明。我不敢自诩领航人，做起了先锋和探路人，借助深圳市直属学校名班主任工作室联盟的平台，和名班主任们各自贡献"长板"，拼装更好的水桶，给一线班主任还有学生们更多的水。

欢度节日，我们一起深情寄语学子。开学季，中秋节、教师节同庆时刻，为了回应学生对恩师的深情，我们一起开展了"百师千言"寄语活动。寄语中，亲切热情派的李元琳老师说：亲爱的宝贝们，我们的高三不容易，疫情+网课，这些都是美好的插曲，必定会奏响成功的主旋律；小心翼翼派的刘国芳老师说：青春岁月里最好的时光，允许我在你们的青春王国里驻足；反向感恩派的张小莉老师说：能够和你们年轻纯粹的生命一起成长，我便一直满心谦卑、满怀感恩，等等。200多份寄语，就是200多份深情，每每阅读一次，便感动一次，整理200多张照片，熬夜拼图的每一刻都是幸福的。

青蓝工程，我们一起引领年轻老师。我不但自己做深圳市云端学校的班主任培训导师，还在郎丰颖、李元琳等名班主任指导下，引领17个深圳市名班主任工作室主持人做了云端班主任的师父。在深圳市云端学校的青蓝工程中，我们师徒教学相长，拓宽彼此的人生。我们开展"日指导""周分享""月讲座"，努力让接受知识的孩子变成内心充盈的创造者；让焦虑不堪的家长变成终身学习的同行者；让压力山大的教师变成拥有充分职业支持的教育实践者！我带领云端班主任们一起设计"新学期你好"系列班会，为学生打下自律、知识、勇气的底色。兔年以"胡馨宇"事件为背景，设计"人间值得看见"班会和"谈'兔'自如，云端追梦"新年第一课，按摩学生心理，鼓起起航风帆。

一路生花，护送班主任的韶华，这就是我一个普通班主任的伟大志向。

唐露，深圳市第二实验学校明远高中政治教师，深圳市陶行知研究会班主任成长专业委员会秘书长，深圳市唐露名班主任工作室主持人。

名班主任如何实现辐射引领

郎丰颖

一枝独秀不是春天，一棵树木也成不了森林。作为名班主任，既是一种荣誉，更是一种责任。除了要充分发挥自己在本职工作中的重要作用，更应该依托带班育人的优势，发挥对周围班主任的辐射作用。

作为名班主任，要有海纳百川的胸怀，做一个有思想的教师。有思想并不是一定要做到如同孔子、叶圣陶、陶行知、苏霍姆林斯基、杜威以及当今的斯霞、魏书生那样形成自己高山仰止的教育思想，一直闪烁着耀眼的光芒。可能我们穷其一生也永远无法达到那些教育家的境界，但是这并不妨碍我们对教育思想的追求和拥有。我们不能做太阳，但我们可以放射一缕光线；我们不能做火炬，但我们可以散发一丝温暖；我们不能做大家，但我们要做一个有思想的新时代名班主任。

做一个有思想的名班主任，要博学

思想的火花是碰撞出来的。只有广泛涉猎各种教育思想，才能在自己的内心引起共鸣，从而获得从感性到理性的思想升华。做有思想的名班主任，必须要有厚实的文化底蕴。要对社会人文知识、自然基础科学知识等有所了解或者有一定的研究，也就是俗话说的"天文地理，无所不知"。这是因为悠久的人类文明史所包蕴的思想火花，是我们教育思想得以传承和发展的原动力，也是教育思想萌发的沃土。

做一个有思想的名班主任，还要有扎实的教育教学基本功。

名师要具有深厚的教育基础理论知识，要正确把握教育基本规律，这是教育思想火花得以绽放的广阔天空。而具有这样深厚文化底蕴和扎实的基本功最直接的途径就在于学习。"吾生也有涯，而知也无涯。"只有学习型的教师，才具有名师的基本潜力，须知思想的诞生土壤是学习。

做一个有思想的名班主任，要独立

独立是文明的重要信号。对于一个名班主任而言，从浩如烟海的教育理论之中跋涉出来，从其他大家的影子下独立出来，走自己的路，教自己的书，也是一个班主任成为名班主任的重要标志。这里说的独立并不是完全的"离经叛道"，背离于基本的教育教学规律之外，对一切已经被历史证明了的具有普遍意义的思想全面否定；更不是胡思乱想、标新立异、极端偏激，而是在坚持正确的思想方法大前提下进行自己的选择、甄别和理解。

名班主任要敢于质疑。人们对于所谓权威大多是迷信的，要改变这一种定势的迷信很不容易。平庸的教师只知道保守已得的经验埋头拉车不看路，有思想的班主任却把思辨的目光投向前方，勇敢地走自己的路。过去的理论方法不一定适用于今天，西方的理论经验不一定适用于东方，别人的方法经验不一定适用于自己。

独立的名师，敢于挑战。挑战的过程，就是思考的过程。在自己的教育教学实践中通过思考，才能发现已有知识理论方法经验的欠缺，才能在工作中创造性地积淀自己的认识，这样的过程显然也是催生自己教育思想的过程。

做一个有思想的名班主任，要反思

反思，是一个思想者最基本的人格品质。作为班主任要时常反思我为促进学生全面发展做了哪些事？我处理的出现在班上的问题是否恰当？我了解孩子走进孩子心里的途径是否科学？我的班级样态是否符合孩子的特质……

林崇德说过："优秀教师=教学过程+反思。"这和美国人波斯纳提出的"经验+反思=成长"这一教师成长公式有异曲同工之妙，由此可见反思决定着一个教师的思想高度。当你勇敢地承认昨天的失误时，当你欣喜地总结今天的收获时，不经意间，思想的种子已经生长，这时你已经走在名班主任的路上。

做一个有思想的名班主任，要引领

作为名班主任，要进一步增强班级管理、育人工作的艺术性和高效性。名班主任工作室成立的目标是辐射区域性，示范引领德育工作者的专业发展，提供理论支撑、技术支持、展现平台。通过调研、实践观察充分了解团队中的个体，量身定做发展路径，利用读、观、记、思、悟、行等方式推进个人能力的成长，在不断的思考、总结中实践提高，进而逐步完善，获得成就感和幸福感。首先，要以立德树人作为价值引领的根本性任务，始终遵循以人为本、发展至上的基本原则。以师为本，促进队伍的专业化发展；以生为本，构建学生核心素养的全面形成。其次，要以班主任专业发展作为价值引领的核心工作，通过提供机会、创设平台、交流研讨、主题讲座、分享展示促进班主任对日常问题的深度思考，形成"立文、立言、立著、立说"的成长发展之路。再次，要以示范带动作用作为价值引领的主要途径，完善个性成长培养方案，融合不同学校、不同学科的优势资源，做到既要尊重教师个性发展，又能实现教师价值发展需求。最后，要以育人成果积淀作为价值引领示范的重点工作，通过目标性任务驱动、过程性实践研究、阶段性抽样调研、主题性汇报展示，形成具有研究价值的典型案例论文、具有应用价值的育人方案指南、具有推广价值的德育系列课程、具有实践价值的教育平台资源。

"百年大计，教育为本；教育大计，教师为本。"一个学校的班主任队伍建设工作，一定要启动班主任教研组，盘活一班人，用好用足团队人才，所以名班主任一定要注重发挥群体力量，狠抓教学常规，广泛开展评教、评学和班主任基本功比武活动，动员学科指导组成员深入班级，帮扶青年班主任的成长。借助省、市、区教研部门的力量，为班主任队伍建设创造一个又一个平台，所以名班主任参与或直接承担本地班主任培训任务是必要的，带动其他班主任在理解中工作，在依靠中育人，在责任中奋进，为学校创造倡导人文精神的文化氛围，给社会创造良好的学校形象。

郎丰颖，深圳市教育工委办公室德育和班主任队伍建设负责人，深圳市名班主任工作室主持人。

第四辑

25年以上·功勋：
始于爱，成于爱

　　从新岗到功勋，从青年到中年，任何一段关系，终究是始于爱，成于爱，当我们把爱奉献给可爱的孩子们，成就他们的人生梦想时，我们也就寻到了自己生命的价值，这5篇暖心美文，你看到它们，也就知道了自己未来的路。

一年级的"慢"老师

袁茵

2022年9月，又迎来一批一年级的小豆丁儿。

开学近一个月，收到一位妈妈的微信——

"袁老师好。孩子做事有点慢，一直担心她进入小学后跟不上大家的节奏，会打击她的自尊心、自信心。开学以来，每次问她，都说学校特别好、老师特别好、同学特别好，她在学校特别开心！问她为什么？她说我以前总让她快点、快点、快点！可袁老师却说'不着急，慢慢来'。她说同学们都非常喜欢您这个'慢'老师！特别感谢您对孩子的耐心、爱心，我们家长一定会全力配合您的工作，共同陪伴孩子成长。"

怪不得这几天常听到小家伙儿们叫我"慢"老师，还以为他们口齿不清，却原来是事出有因。

其实，在落实班级管理规则和要求的时候，我并不"慢"，只不过在面对这些纯真的小眼神、纯洁的小心灵时，我会观察他们，结合他们的天性、特点，再提出合理、具体、明确的要求而已。这样，我的要求孩子们能轻松达成，我也会据此给予更多肯定、表扬、赞美，班级整体氛围和谐友善，有利于孩子建立自信、乐观的正向情绪，更利于他们尽快爱上同学、爱上老师、爱上学校，进而爱上学习，顺利开启美好的求学生涯。

"你是不是很难过？"

一年级，孩子们进入一个全新的环境，开启一段全新的节奏，面对一堆全新的要求……这么多的新东西，别说一个6岁的孩子，即使是成人，也需要很多的努力才能适应吧。

面对刚入校的孩子，"慢"一点，"低"一点，给孩子更多的缓冲，让他们慢慢了解、接纳、适应，慢慢地、主动地、愉悦地形成适应学习所需要的能力。

所以，面对一年级的小豆丁儿发生的各种意外，我常说的第一句话就是"发生了这样的事情，你是不是很难过（着急、害怕）"？对于刚入学的孩子来说，我们眼中的任何小事，在他们眼中都绝无仅有、重于泰山。老师的共情力，能迅速贴近孩子、走进孩子的内心，成为他们的同盟军。"亲其师，信其道"，良好的情感基础能使接下来各项任务、要求的落实都顺理成章。

【案例一】

一下课，办公室里就冲进来几个小豆丁儿，七嘴八舌一通嚷嚷："袁老师，小米在教室里哭呢。""对呀对呀，她哭得好大声，我们都没办法写数字啦！""老师老师，小米忘带本子。我记得数学老师的话，我带了本子，还有书……"

"谢谢你们。现在我们去教室看看吧。"

来到教室，小米还在哭。我蹲下来，拍拍她的小肩膀，轻声说："忘带作业本，你是不是特别难过？"

"哇……"哭声更亮了，小身子也下意识地向我靠了过来——老师懂我的伤心、难过，老师和我一伙儿的。我轻轻地抱下她："嗯，我知道你难过又着急，可是事情已经发生了，现在难过也变不出本子，对吗？我们能不能一起想一个好办法来解决问题？"老师帮我一起想办法，当然好啊，小眼睛还包着眼泪，小脑袋已经开始小鸡啄米。"同学们，老师带小米去办公室，我们一起去想个解决问题的好办法。嗯，大家也可以好好想一想，怎样才能带好本子、铅笔、书本这些学习的小伙伴儿们，不影响学习呢？"让更多的孩子参与思考，防微杜渐，也让更多的孩子通过思考有所改变、有所进步。

小米觉得妈妈该多帮帮她，我肯定她的想法，鼓励她再想想其他办法，她又想到可以借一张作业纸来完成课堂练习，我大力表扬她。她觉得自己有能力解决问题了，也很开心，笑眯眯地离开了办公室。孩子初次遭遇的小困境成功转化为小插曲，孩子也初步学会了面对困难，要积极思考、灵活应对的好方法。

我私下又跟妈妈沟通，建议她在约定的时间内帮孩子做好学习准备，保证学习无后顾之忧。

"我最喜欢……"

好习惯成就好人生。一年级是良好习惯养成的黄金时期，好好把握住这一契机，学生的习惯养成便能事半功倍。

英国谚语说：好的榜样，就是最好的宣传。引导一年级的孩子们设立目标、建立规则、养成习惯，我常常选择好的榜样供大家学习、模仿。在过程中，不断扩大、深化榜样的力量，实现示范、感召的效果，温和而顺利地达成教育目标。

以班内好孩子作为大家某方面的学习榜样，好的标准清晰明确，榜样的力量温暖有力。模范来自身边，学习、落实起来毫无隔阂，每个学生都有充足的自信学好、做好。习惯养成的每一步，都走得坚定而顺畅。

【案例二】

预备铃已经响过，教室里还是乱糟糟一片：讲话的、乱走的、玩东西的……我都站在讲台上两分钟了，还没人理我。

环视教室，呀，这个小家伙儿坐得可真直！我故意做出惊喜的表情，指着他叫："呀，大家快看，教室里有一棵'小松树'！"

大家的目光果然汇集过来：什么小松树？在哪里？

我继续指着他表演："大家看他挺直的小身板儿、专注的小眼神儿，多可爱呀。他的学习用品做好了课前准备，非常整齐；他自己也做好课前准备，坐得像棵小松树！"

我看看大家："做好课前准备，学习效果更好！我真喜欢这棵小松树！奖他一朵小红花！"额头上贴了小红花，小家伙儿的身板儿更直了、小眼神儿更亮了。其他小豆丁儿们眨眨眼——老师昨天还表扬我书写工整呢，他行我肯定也行！一个个下意识地摆好文具、挺直小腰板儿，小眼神也都聚过来了。

看，不用讲道理、提要求，只树立一个榜样，就收获了几十棵"小松树"！

就是这样，利用班内的好榜样：认真听讲的"金耳朵"、发言响亮的"大嗓门"、做操认真的"小健将"、乐于助人的"暖太阳"……纷纷出现，孩子们也纷纷效仿，班级内呈现一派互相学习、共同进步的大好局势，孩子们的学习习惯、卫生习惯、运动习惯也都在对榜样的学习中不知不觉建立起来。

"你想怎么做？"

每个孩子都是独一无二的，都有自己的特质，所以每个孩子的成长都有自己的节奏、进度，既不可强求，也无法整齐划一，所以教育要有教无类，更要因材施教。

面对一年级的孩子，尊重孩子原有的知识、能力和对事物的认知，并以此为起点，建立合适的新目标，提出合理的新要求，帮助学生顺利跨越学段间的障碍，让学生的情感、知识、能力都能得到有效提升。

发生班级共性事件时，我会把问题呈现在全班同学面前，让大家思考

"你想怎么做"，让每个学生在立足自我、发展自我的基础上积极思考解决问题的方法，还能集思广益、集众所长，收获更丰富、更多元、更有效的解决问题的方法，收获更高效的成长。

【案例三】

继小米忘带本子在课堂上大哭之后，第二周的语文课上，先是苗苗忘带语文书，请我打电话让家长送来；还没下课，萱萱又发现铅笔都是秃的，无法写字，只好借同学的铅笔来用。

看来，在家的学习准备习惯的养成也是刻不容缓。

既然涉及每个孩子，那就用班会课，发动集体的智慧来解决问题吧。

第一环节：由小米、苗苗、萱萱回顾自己当时的心情：为不能正常开展学习活动而着急；大家都在学习自己却学不了而难过；担心老师批评、家长责怪、同学嘲笑而害怕……三个小家伙声情并茂的描述和表演，成功地吸引了大家的关注。

第二环节：发动全班同学积极思考：要避免这些情况的发生，你想怎么做？孩子们有些愣神儿——噢，老师有时候也需要我的帮助，我可得好好想、好好说呢。

小米最有经验，首先分享：请妈妈帮忙！

全班孩子们经过讨论、总结，也纷纷给出解决方案：

（1）寻求家长的帮助：让爸爸妈妈前一晚帮自己做好整理和准备；

（2）自己的事情自己做：结合"课表"，提前做好学习准备；

（3）遇到困难，灵活应对：向老师、同学求助（先借再还，以后做好准备工作）；

（4）提前做好备份：如多准备本子、学具，以备不时之需。

第三环节：让从来没有发生过类似情况的同学分享自己的成功经验。大家发现，这些做得好的同学，用的也是大家分享出来的好办法，说明只要按这些办法去做，就可以成功避免这些阻碍学习的状况发生。

第四环节：同桌间说一说，你记住了哪些好办法？

不批评、不说教、不拔高，每个孩子都以"我想怎么做"为切入点，深入思考，立足自己的起点，积极寻求问题的解决方法，再通过展示、梳理，形成有效的模式、流程，从而引导每个孩子都掌握解决问题的方法，逐步形成解决困难的能力。

回首教育生涯，一直很喜欢带一年级，不但因为喜欢孩子纯真的眼神儿、纯洁的心灵、对老师无条件的接纳和喜爱，更因为在教学中一直坚持：发挥共情力，贴近孩子，建立情感联结；树立好榜样，引领孩子，养成良好习惯；采集群智慧，示范孩子，形成多元能力。运用这些有效的方法，"慢"老师也带出了一个个的好班级。

袁茵，南山实验教育集团麒麟小学语文教师，南山区袁茵名班主任工作室主持人。

用温暖的心，做温暖的教育

王朝霞

时光飞逝，转眼间27年的班主任生涯一晃而过。在27年里，我步履匆匆行走在教室—学生寝室—办公室的路上，为了手中的那支粉笔，脚下的那方讲台，一刻也不敢懈怠。就像王国维的《人间词话》，我也经历了从新手"小白"到"名师""十佳"的"三重境界"。

第一重境界：昨夜西风凋碧树，独上高楼，解忧思困顿

初为班主任，我信奉师道尊严，觉得老师就得高高在上、不容侵犯，老师的话学生得听，老师的决定学生得服从。凭着自己的满腔热血和旺盛精力，亦步亦趋严防死守，腿勤、眼勤、口勤，盯着全班60多个孩子，全方位、无缝隙的监控，稍有风吹草动便如临大敌，事无巨细、面面俱到，很快，我便在同一时期入职的同事当中崭露头角——所带班级班风正、学风浓、各项考核均名列前茅。

看似学生对我很尊重，很听话，但负面效应也接踵而至——我不像带班的班主任，而像少爷公主们的保姆，班级事务事必躬亲，师生关系紧张，一切都是公事公办，师生之间总觉得缺少了点什么。而我，身心疲惫、如履薄冰，每天都生活在高压之中，心情烦躁，脾气暴躁，父母多次询问："为什么上班了，自己拿工资了却不开心？"朋友说："自从当了班主任，就没看见你笑过。"一语惊醒梦中人，我明白了，我这班主任当得太累，哪是在当班主任，这是自己在孤立自己，路越走越窄越难走，看到惧怕我却不亲近我的孩子们，站在教室门前眺望远方，无数次问自己：

这就是我心心念念的教师生活吗？这就是我梦想中的师生关系吗？问题出在哪里？怎么改？从哪里入手？

第二重境界：衣带渐宽终不悔，为伊人，寻秘方良策

就在我为苦苦寻找不得其法的时候，孩子的一句话让我恍然大悟。

教师节早上，一束散发着淡淡清香的野菊花插在一个洗得很干净的瓶子里，端端正正放在我的办公桌上，瓶子下边压着一张小纸条："老师，今天是教师节，祝您节日快乐！老师，我还想告诉您一个小秘密呢：同学们都说，您笑起来真好看。"看到那句"您笑起来真好看"，我突然释怀了，原来，我不开心的理由不是工作太忙，而是我不会笑，为了维护高高在上的教师威严，我忘记了学生是人，教育的目的不是征服和驯服，而是立德树人，教他做人，我的一言一行都是他们学习的榜样，我原本善良、活泼、开朗，没必要成天板起面孔教训人。想通了这些，我开始试着多一些微笑，多一些跟孩子的交流，慢慢地我发现，围在我身边的孩子越来越多了。人真是神奇的动物，当你放下架子，跟孩子们互动越来越多的时候，感情自然也就越来越好，那些所谓的难管的学生可能在老师的用心调理之下变成最长情的孩子，小强就是其中一个。

到了是开学的日子，小强没有像其他孩子一样由父母大包小包护送到校，他孤身一人，瘦小的身体撑起了一个大包袱（被子及生活用品），更醒目的是他的脖子上那片明显的巴掌红印，有同学问他，他满不在乎地说："老爸打的。"

开学第一天，这个孩子格外抢眼，接下来我注意到他的与众不同：课堂上他双眼迷茫、无精打采、昏昏欲睡，一下课，倒来了精神，异常活跃、兴奋，书不背，作业不做，哪个老师的课他都不听，谁说他他跟谁顶，他在很短的时间内把班上的男生分成了两派——支持他的和反对他的，俨然一副武林老大、唯我独尊的做派，是什么让这个孩子有了这两种

不同的表现，我决定一探究竟。

我联系了他小学的班主任，"目空一切、狂妄自大、不可理喻的刺头"，这样的评价用在一个刚刚12岁的孩子身上，我感到很意外，是什么原因造就了这样一个孩子？我请了半天假，跑到他30里外的家，家里一贫如洗，走进小强的房间，被子叠得整整齐齐，书桌上的书也摆放有序，里面没有一般独生子女的散漫和杂乱，最引人注意的是墙上贴得整整齐齐的一排奖状，只是那上面的时间停留在四年级。当我指着最后一张奖状时，一直在旁边没说话的奶奶突然哭出声来："作孽呀，我那可怜的孙子，被他那不争气的妈害了。"我很好奇，为什么这么说呢？她慢慢告诉我：小强原本活泼可爱、聪明伶俐，长得也虎头虎脑、招人喜欢，成绩在班上名列前茅，老师、同学和村里人都喜欢他，可是10岁那年，一切都变了，因为他妈妈忍受不了家庭的贫困离家出走，从此杳无音讯，他爸爸受不了这个打击性情大变，心情好的时候出去打点零工、挣点小钱，心情不好的时候就借酒浇愁，醉了就不分青红皂白地打孩子，所以小强身上就经常青一块、紫一块，他一天天消沉、反叛，成绩一落千丈，两年的时间就变成了现在这个人人不待见的样子。了解到这些情况我明白了：小强缺少父慈母爱，他用貌似的霸道和强悍来掩饰内心的恐惧、孤独与软弱，我得帮他。

课外活动时间到了，孩子们欢呼雀跃奔向自己的目的地，小强抢了一个篮球，大声叫嚷："快来快来，今天再教训教训你们，输了替我做值日。"

我走向前去："小强，今天我也参加。"

小强愣了一下，"好啊，来吧。"一副挑衅者的模样。

"你刚说谁输谁做值日，对吗？这话算不算数？"我问道。

"当然算数。"一副胸有成竹的样子。

"你的队员同意吗？"我笑着问。

"同意。"他的小伙伴们信心满满，异口同声。

"那好，你们赢了，这半年不用做值日，要是输了，可得按规矩办事。"我正愁他不做值日，这下好了，这事能解决了。"你们敢不敢？"

"敢。"听我这样一说，他和他的队员们全都笑起来，好像他们必胜无疑。

"好，准备吧。"我暗自窃喜，他只知自己球打得好，不知他的女班主任也曾是学校篮球队队长。

比赛开始，小强队配合得确实很好，在他们进了两个球之后，我队还是0，小强也洋洋自得，趁他不注意我投了一个3分球，接下来便势如破竹，打成18∶18，最后5分钟，我们这边越战越勇，最后以28∶20取胜，看到这样的结果，小强一下子泄了气，垂头丧气一声不吭了。

我拍拍他的肩膀："哟，这就输不起呀？要不，协议作废？"

"那哪儿成？愿赌服输，输了就是输了，不就做值日吗？他们不做，我做，我包了。"小样儿，还怪讲义气。

"这样，你要不服呢，我们可以再比一场，怎么比，你说了算，怎么样？"我又下了战书。

"好啊。"他两眼放光，"下次再来，就我和你，比投篮。"

"行，我们比点什么？你要输了怎么办？"

"输了怎么办？"他抓抓脑袋，实在是想不出来。"你说怎么办就怎么办吧。"鱼儿上钩了，"那好，我就说了，输了呢，就不准再拉帮结派，老大么，只有我一个，你们都得听我的。"我趁机将他一军。

"这个嘛……"他犹豫不决，当然舍不得。

"不行还是不敢？别磨磨蹭蹭地，不敢就算了。"说完我转身就走。

"我同意，"他一把拽住我，"同意。"

"一言为定？"我伸出小手指。

"一言为定，输了就听你的。"他用力勾住了我的小指头。

接下来的半个月，他一门心思练投篮，每次看到他满头大汗跑进教室，我都微笑着朝他竖起大拇指，慢慢地，他开朗起来，以微笑回应。

又一个活动日到了，全班同学把我俩围住，比赛开始，当我以10投10中完赛的时候，小强已经傻了，"怎么会这样？"他双手抱头蹲在地上，重复着这句话，我静静地看着他，拍拍他的肩膀，"不就是一个小比赛吗？至于这么难过？这样吧，以后你跟我练，我教给你技巧，怎么样？"

"真的？"他非常意外。

我微笑着点点头，"真的。"

"好哎！"他一下子蹦起来了。

后来我不定时地带他打一场，给他鼓劲加油，讲一些励志成才的故事，他慢慢改变着，因为篮球，我们的心灵慢慢契合，他感受到了温暖、关注与爱，脸上的笑容多起来，露出了活泼可爱、朝气蓬勃的一面，成绩也飞快上升，后来以优异的成绩考入了市里最好的高中，三年时间，我们共同创造了教育的奇迹。十多年过去了，每个教师节零点都能准时收到小强的节日祝福，我为之感到骄傲和自豪。

第三重境界：众里寻他千百度，蓦然回首，收累累硕果。

小强这样的例子有很多，当我改变了自己的思路，用心、用爱、用情把学生当孩子，把班级当家来经营的时候，我跟孩子之间暖心的故事越来越多，收获的感动越来越多，一路走着，一路幸福着。

20多年来，每到学校开学季，领导们总会找到我："王老师，那个班实在是太差了，能不能请你帮帮他们？"而我，似乎也没有推脱的理由，或是已经习惯了领导的依赖，或是不忍心看到因为各种原因被耽搁的孩子们沉沦在初中，悲天悯人、慈母心肠，让我无一例外地又当上了毕业班的班主任，开启新一轮的征程，当然一年后也交给领导和家长们又一份满意的答卷。

回望来时路，从困惑、求索到今天的百姓口碑，一路走来风雨兼程，从中师毕业到高级教师、十堰市"十佳"班主任、"十堰名师"、十堰市"教科研先进个人"、房县"巾帼标兵"……成绩斐然、硕果累累，身为班主任，我很幸福，也很知足。

王朝霞，湖北省十堰市房县白鹤镇初级中学英语教师，十堰市王朝霞名师工作室主持人，深圳市唐露名班主任工作室学员。

破茧，蜕变，成长——忆沙巴 7 日异国游学

赵小丽

翻开崭新的日历，蓦然发现，我的从教生涯已是33年，33年的班主任工作中，孩子们带给我无限的欢乐与幸福。他们的童真与无邪、问题与好奇、成长与进步，充盈着我的生活，让我体验到了教师职业的愉悦和满足感。

打开教育记忆的匣子，这里珍藏着我和孩子们共同拥有的美好时光，每一个故事都真实存在，每一个场景都历历在目，一一浮现在我眼前。今天，让记忆的指针回到2012年：沙巴七日异国游学的那段时光。

破茧成蝶，涅槃重生

4月16日，在周玉萍副校长的带领下，一行38人从深圳机场出发，平安降落在美丽又繁忙的亚庇国际机场。

马来西亚沙巴州，蓝天白云，四季气候宜人，享有"风下之地"的美誉。在这里，海水有16米的能见度，绚丽的珊瑚触手可碰；沙滩绵软，细腻洁白，绵延数里；这里有全球唯一的长鼻猴，全球最大的霸王花，还有梦幻般的萤火虫之夜……加之华裔众多，美食诱人，深圳直航不到3小时的时间，的确令人心动神移。

记得是两个月前，我们六（1）班成功入选为学校游学首选班级时，举班上下一片欢腾。可好事多磨，当时正值游学热潮高峰时期，全班共44人，可是只有32个名额，必须淘汰12人。在学校的统一安排下，马来西亚行知文教发展中心游学宣讲团进校宣讲，之后立即进入家长意向签订环

节，原计划考虑到部分家长会担心安全、费用、孩子适应等问题，不够人数则从其他班择优补上。结果出乎意料，只有5位家长主动放弃，班上必须筛掉7人，一时间老师们犯愁起来。

教师在进行教育的过程中，要对每一个学生都保持公平公正的态度，这也是教师最可贵的品质。面对棘手的问题，在充分与学校、家委沟通的基础上，一场大规模的"选秀"赛开始了：准备时间为20天，共5场比赛：①中英文介绍自己；②太极表演；③背诵《论语》，随机抽，不少于10行；④个人才艺展示，允许2~5人合作；⑤手语歌《感恩的心》。评委从大队部干部中产生，老师不参与评分，全程录像，当场宣布分数，采取总分末位淘汰制，5位带队老师分别负责组织一场选拔赛，确保公平公正。

比赛同样让人意外，大家担心内向的5个孩子会被淘汰，可结果只有一人落选，其余4个孩子在台上熟练自如，丝毫看不出胆怯和紧张，正应了德国教育家第斯多惠的话：教育艺术的本质不在于传授本领，而在于激励、唤醒和鼓舞。这些缺乏表演天赋的孩子及家庭背后付出的努力让人叹服。

结合这次游学的主题"经典传承，知行合一"，接下来一个月是疯狂魔鬼般的训练。除周一教师例会外，每天下午必须训练1小时以上。音体美老师轮流排节目，校医上急救知识课，校领导及时排忧解难，鼓励孩子们刻苦训练，为学校、为深圳、为祖国争光。作为班主任，我先后开展4次主题班队会：通过《沙巴知多少》加强国际理解教育，增进学生对不同国家、不同文化的认知；通过《生活自理我能行》注重个人独立生存能力的培养；通过《安全第一》模拟突发事件应急演练，提高防范意识；通过《出外靠同学》增进同学之间的合作和友谊。

读万卷书，行万里路，早晨8点，升完旗后，在全校同学热情的欢送仪式中，我们顺利踏上马来西亚的游学之旅。印着中国龙的黄色运动服、统一的绿色行李标牌、一面面耀眼的小国旗，格外引人注意。

华美蜕变，焕然一新

短短7天，一切都按计划有条不紊地进行，同学们不仅享了眼福，饱了口福，更重要的是引发了内心深处强烈的震撼，用脱胎换骨来形容也不算夸张。除了他们自身的努力，优秀的带队团队、马来西亚华人的爱也功不可没。

1.分工明确，责任到人，强化管理

先说教师团队。校长：总负责人，联系对外游学机构一切事务；班主任：对内总负责人，及时跟进，反馈学生现状，兼顾负责宣传报道小组的工作；其他4位老师：分别负责4个小组，保证每个家长和孩子隔天长途通话一次。

再说学生分组。除班长、副班长外，在尊重学生意愿、特长的基础上，分成5个小组：宣传报道组、后勤保障组、演出服务组、安全急救组、收集资料组；每个小组推选一名组长，上传下达，责任到人。

明确责任，各司其职，是保证游学活动高效有序进行的重要保障。这样做，充分调动了师生的积极性，增强了责任感，提高了小组内成员的合作意识和综合能力。

2.每日例会，发现问题，解决问题

尽管出发前已对学生及家长进行了有针对性的培训，但在游学过程中，每日都会出现新问题。通过召开每日例会，发现问题再及时解决问题，育人效果显著。

比如，到达沙巴州的第一天，发现有个别学生不能按照规定时间起床，便迅速调整同住人员安排；发现有学生丢三落四，迅速将同学们的现金、护照等贵重物品交由带队老师保管。

再比如，每次参观后，学生体力不支，对写日记出现敌对情绪，老师们总会将心比心，和孩子们一起回看活动视频和照片，交流心得，增强师生互动，同时也将活动照片发至家长QQ群，利用家长的力量，激励孩子克服困难。

3. 及时表扬，提出要求，精益求精

宣传报道组善于发现闪光点，每天都有一线好素材，需要老师不断去正确引导并放大。

在与马来西亚学生同上第一节课时，学生们都怯于与外教交流，一度出现课堂冷场之窘况。只见念一同学高举小手，与外教积极交流，破解尴尬局面。尽管她的英语口语表达并不流畅，但是主动交流的勇气可嘉，于是，在当天的例会中，特意抓住念一同学勇于交流的行为进行大力表扬，以此带动全体同学的积极性。

4. 以爱为媒，以情为介，和谐共育

中国有句俗话：在家靠父母，出外靠朋友。孩子们都是第一次走出国门，面对陌生的一切，师生情、同学情尤显弥足珍贵。

夏丏尊先生曾说过：没有爱就没有教育。每天的行程都安排得满满当当，身体吃不消的同学时时出状况，可孩子们却心连心，紧紧拧成一股绳。这股凝聚力来自这个有爱的集体：第一个晚上住的是民宿，五六个同学横睡一张大床，乱抖乱踢被子情况严重，老师们总会轮流去巡查，悄悄给熟睡的孩子盖好被子。去神山的路上，车行不到一小时，一个女同学晕车吐了，4个同学跟着吐，难闻的馊臭味弥漫车厢，可谁都没嫌弃，不晕车的同学总会主动帮着擦拭。

有了小爱才有大爱，小爱是个人的感受，大爱是心灵的滋养。这次游学让孩子们体验到了与书本不一样的民族自信：整整三天，是孩子们与当地华人集资办校的培正学校交流的日子。孩子们学马来西亚的24节令鼓、特色竹竿舞等，手把手教他们练中国的太极、打快板、背诵《论语》等。中马亲如一家人，大家一块上学、上课、放学，晚上住家体验生活。马来西亚的华人盛情款待，把孩子们当成是娘家的亲人悉心照料，可以说是带他们尝遍了当地所有的美食，孩子们有宾至如归的感觉。在分别的晚宴上，孩子们都情不自禁地称他们为干爸干妈，紧紧抱着，哭成一团舍不得分开。

最感人的是采访华人社团董事拿督王的场景：王爷爷好！77岁，应该是享天伦之乐的年龄，是什么力量支撑您，从33岁起一直坚持办好这所华人学校呢？王爷爷随口而出：是对祖国深深的爱。无论在哪，我们都是中国人的血脉和根，不能让在外的华人后代没出息呀。当问到您准备干到什么时候时，只见王爷爷把慈祥化作坚定，严肃地说：直到最后一口气。从王爷爷身上，孩子们感受到了炎黄子孙的团结和坚定，更坚定了为中华强大而读书的信念！

努力成长，向阳而生

回国已是深夜12点，陈斌校长带着行政团队6人、盼着见娃的家长组团10人代表，他们手持鲜花、拉着横幅欢迎我们凯旋归来，一时间欢呼声、拥抱声、问寒问暖声四起。终于把孩子们毫发无损地带回家了，这7个日夜，6个带队的老师紧绷的弦终于放松了。

接下来，我们集结家长的智慧和力量，马不停蹄开展后续工作，启动专人专项负责制模式。

（1）搜集整理《游学日记》，并印制成册。

（2）整理游学影像，将游学活动视频资料辅以文字，按不同活动地点，统一刻好光盘，人均一张，便于师生分享时查找资料，更便于保存。

（3）整理画册，挑选照片，按日期顺序编册印制。

（4）分组校园轮流宣讲，评选优秀宣讲员。

用脚丈量世界，用心理解世界，经历便是最好的成长！雄鹰在风雨中练就过硬的本领，梅花在严寒中散发沁人的芬芳，师魂在爱心中绽放浓烈的馨香，纵然11年后，聊起这刻骨铭心的沙巴七日游学经历，我和孩子们依然心潮澎湃。如果余生再给我一次带班游学机会，我想只要对孩子们有意义，哪怕再累也值！

赵小丽，广东省深圳市南山区卓雅小学语文教师，深圳市杨柳名班主任工作室成员。

被看见被接纳，逐渐融入集体

钟爱兰

　　班主任遇见不守纪律、不交作业、不服管教、爱打架的个别学生可谓司空见惯，但是班主任付出耐心、细心、真心的辛勤教育，短时间内都能看见孩子的变化，正所谓"精诚所至，金石为开"。我从教30多年的职业生涯中，却遇见了另类的现象，中途接手的班级，非常巧合的是一年级分班把注意缺陷多动症、前额发育不良多动症、活动与注意力失调多动症3个特殊儿童都分在同一个班，我四年级接班时已是第5任班主任。历时一年多的教育特殊儿童的艰难跋涉，深深体会教育的两难处境，深刻领会"没有规矩，不成方圆"的内涵。

"人活着有什么意思"

　　一天午休时间，学生敲办公室门找我告状，L生又打架了。我尾随学生来到现场，只见L生虎视眈眈，站在一间关着门的卫生间门外，一群男生围在他的周围看"热闹"。我遣散了围观的群众，问他什么原因打架，"怎么的"，他眼睛往上一翻……为了教育他，我申请查监控录像，约谈其父母到校，希望家校共育，能改变他打架的劣习。原来是午间在教室玩游戏，因同学说他"输不起"，他先抡起拳头猛砸对方，然后举起椅子被好朋友劝阻之后，抄起角落班牌穷追不舍，对方被迫跑进卫生间反锁门……现实版的武打片挑战了我几十年从教生涯的底线。虽然用了整个下午的时间去处理打架事故，但是教育效果甚微，如此严重的打架事故，他丝毫没有犯错误的愧疚，唯一的收获是他的父亲通过看监控录像自我反省，说孩子的行为和他平时家教有关（即孩子的暴力行为根源在家庭）。

L生在我接班第一个月打架9次，约谈家长之后，虽然打架的次数有减少，但是面对这样一个"定时炸弹"，只能事必躬亲，勤于到班级，了解学生上其他课的纪律，课间玩耍情景，随时举起手机拍照传给家长，希望家长及时配合我对孩子进行教育。然而正是这种便捷、高效沟通的方式，差点让我误入歧途。

有一天晚上，我又像往常一样，跟其家长反馈孩子不交作业的现象。其父夜里10点以后给我留言，孩子提出两个问题：一是心里不快乐，二是对于老师用手机语音和家长联系，心理压力大，上周日曾说人活着有什么意思。晚上大哭了一场，情绪波动很大。

那天夜里，我反复思量着家长的留言，"人活着有什么意思"。没想到每天花这么多时间精力在他身上，却让他产生这样的感受。庆幸他及时说出自己的心声，我要立即停止这种家校沟通的方式，若把孩子逼上绝路，将是终生遗憾。

"独一无二的我"

从那天开始，我用放大镜寻找孩子的优点。语文课上，我常常提问他，他总能回答得头头是道，让大家刮目相看，也让我看到了一个概括、理解、表达能力非常强的他，情不自禁地对他进行表扬和鼓励。批改我的"自画像"习作：L生写了自己急性子，与同学打架，爱踢足球，被评为最佳射手的两个事例，把独一无二的他写得活灵活现，于是我把他的这篇文章作为范文讲评，让同学们看到一贯爱打架的他，有自知之明，写作水平在班级也是一流的，树立他在班级的良好形象。

去年9月初，疫情期间宅家上网课，他在线上给全班同学分享了曹文轩的《我的儿子皮卡》整本书，又让同学们看到了与众不同的他。对比一年前，他真的是脱胎换骨。一次写"我发现他变了"命题作文，几个女生不约而同都写了L生："以前他很喜欢打架，几乎是一天一小打，三天一大打。钟老师教我们一年以后，他不仅不再经常打架，有时上课还会积极举手回答问题呢，而且他的知识比较渊博，是不是一个'万事通'？""他以前经常跟同学斗嘴，引起打架事故，很多同学都怕他。现在的他截然不同了，我们不像以前那样怕他，远离他，反而有时还会跟他说话。"……

阅读走出困境

虽然他阅读写作能力强的优点，被发现被同学们认可，大大减少了与同学冲突的事故。但是由于他随心所欲，做事从不考虑行为后果的性格特点，不可避免与同学发生冲突。

有一天下午课间喝牛奶，他穿着一双父母奖励的新鞋子，抬起脚朝靠在走廊栏杆边正在喝牛奶的H同学比画着，把对方的牛奶踢洒到身上，H同学气不打一处来，把牛奶往地上砸，L生火气更大，抬起脚要踢隐私处，被周围的同学以及路过的老师拦住了……第2节课我立即组织同学们上了一节友善待人主题班会课。同学们各抒己见，纷纷指出这两个同学做得不对的地方。H生说出了自己之所以这么愤怒，是因为当天下午上学路上，无端被人嘲笑，下课喝牛奶，又被他无缘无故把牛奶踢洒，于是自己才生气砸牛奶，还主动承认错误，自己不应该火气这么大，接受老师的教育，拿拖把把洒地的牛奶拖干净。这起事故主要是由L生引起的，是他错在先，无论我如何旁敲侧击，鼓励同学们明事理，懂得友善待人，希望L生主动给同学道歉，他始终不愿意认错，理由是没料到自己的鞋子这么长，动了他奶瓶，之后自己说"对不起"了。

正当我陷入教育犯了错仍然执迷不悟的困境时，阅读了《从出生到独立》，书中说患多动症的儿童会同时伴随学习方面的问题、对抗和挑衅的行为，以及情绪方面的问题，很难将自己的行为和负面后果联系起来，父母应该帮助多动症儿童建立这种认知，耐心教他们从错误中学习恰当和不恰当的行为方式。于是我豁然开朗，理解了L生之所以不愿意认错，频频与同学打架的真正原因，不是他不愿意改正，而是他不能控制自己。

我把书中关于孩子有多动症，父母应该怎么做的知识截图给L生家长，同时反复阅读帮助孩子应对学习困难的办法，发掘孩子的运动优势，与社团杨老师深入沟通，推荐孩子加入学校的篮球社团。L生加入社团之后，家长反馈说打篮球是孩子每天最开心的事情。L生每天早晚参加篮球训练，使其旺盛精力得以释放，回到班级与同学发生矛盾的事故明显下降。"漫画"老师习作课，他举手发言表达对杨老师幽默性格的喜爱，增进了我对他的进一步了解。

借力教育

有一天上课他违反了纪律，按照班级公约必须抄班规才能回家或者参加二课堂，他却背着书包扬长而去。对于这样的孩子，我只能走捷径借力。于是我私下里找篮球教练杨老师沟通，请求他帮助。第二天一早，他把班规交上来了。后来又有一次上副科，和同学互传漫画纸条，这一次他服从违反课堂纪律的惩罚，抄完了班规才去社团。

上学期在校园欺凌道法课上，Y同学说L生带头故意踩他的新鞋子，再说对不起，把他的新鞋子踩得很脏……在我的引导下，L生态度端正，认真地给Y同学鞠躬说对不起，其他几个孩子在他的带领下，逐个道歉，这情景定格在我的脑海里，对比一年前桀骜不驯、从不低头认错的他，着实让我感到欣慰。他被看见被接纳，逐渐融入班集体的一年时间里，改变在悄然发生。

经历了一年的相处，呕心沥血处理了他先后与班级14个同学之间的冲突事件，与其父母不计其数次的沟通交流，同学们逐渐摸清了他的脾气，相互之间仿佛找到了和睦相处的"密码"。最让人欣慰的是，学期末我出差三天，班级安然无事，没有发生一起打架事故，而且L生日记里这样写："钟老师，你快回来吧……"读到他的呼唤，我的眼眶湿润了，曾经肆无忌惮讲脏话骂老师的他，竟然在我出差的几天时间里想念我，尽管他现在仍然和个别科任老师格格不入，就像我当初接班时一样，相信假以时日，师生之间的坚冰一定会被真情融化，他一定会感受到老师对他的爱。

钟爱兰，广东省深圳市南山区西丽小学语文教师，深圳市张日威名班主任工作室学员。

成为孩子们生命中正能量的重要他人

梅伟静

三尺讲台话初心，三寸粉笔写芳华。时光辗转，今年是我从事教育的第35个年头。日子像流水一样，静静地流淌，无须豪情壮语，也没有惊天动地。陶行知说"捧着一颗心来，不带半根草去"，说的大概就是我们这样在这平凡又不平凡的岗位上，用初心感染着一群又一群孩子的孩子王们吧。数十载的耕耘，谱就了一首爱的乐章。

共情与点燃

1988年，20岁的我怀揣着对教师的无限激情与期盼，捧着一颗美丽的初心，踏上三尺讲台。我被分配到江西九江一所厂矿子弟学校任教。从教导主任手里接过属于我的第一张课程表，上面赫然写着初一（1）班班主任！我激动、兴奋。当我站到讲台，第一次和我的学生们见面，我看到了一张张稚气可爱的面庞，当他们齐刷刷站起来致意："向梅老师问好！"那一刻我完成了从学生到教师的身份转换，从此和这份充满了希望，却也充满了琐碎的工作结下了深深的缘。

那个年代，获取信息的途径比较匮乏。怎样做好这个孩子王？班主任到底有哪些工作要做？怎样使学生们信服？怎样获得家长的认可？都是我亟待解决的问题。但年轻的我竟然没有怕过，凭着一腔赤诚，我积极地扮演着我的角色。于是同事们看到一个虚心求教的小梅老师：永远有着十万个为什么，打破砂锅问到底，得不到满意答案永不放弃。永远拿着一个本子，记录着大家的高招巧招，家长们也被频繁拜访。厂区生活抬头不见低头见，上班下班都能遇到家长们，小梅老师总是有本事"缠着"他们聊个没完。于是扎着两条长辫子的小梅老师和孩子们打成一片，不是在热情地组织活动，就是在热情组织活动的路上。体验着一个初为人师的单纯快乐。和孩子们一起朗诵王蒙的《青春万岁》序诗，带学生们踏青、野炊……我的班级总是学校里最活力四射的班级。在那个厂子弟学校，我带了两届毕业班，6年的时间对于我来说有很多值得回忆的故事。初中三年正是他们的世界观人生观形成的过程，所以对于他们来说初中所在的学校班级的氛围如何是至关重要的，而且初中班主任的人格、心态、做人做事风格对孩子们的影响也是非常大的。我最初的班主任工作就是在孩子们最为关键的初中阶段度过的。

回顾那几年的班主任经历，我总结下来：和学生亲密共处，带给他们阳光活力的班级氛围，用自己火样的青春点燃正在走向青年的孩子的青春之火。年轻的我凭着天然的优势能和学生实现共情，更好地用同理心去激活他们的潜能。很多年以后，他们回忆起和我相处的时光，他们把我当作了他们的大朋友。也许是运气好，也可能是从前辈那里取得的真经、葵花宝典有用，又或者家长们被小梅老师的热情感染，给予了大力的支持，更可能是我遇到了一群天使，他们信我、爱我，初为人师的那段日子就凭着这满腔的热情，我的班主任生涯就这样如青春之舟顺利启航。我也收获了优秀青年教师和班主任的荣誉称号，所带班级更是在县、市中考中取得优异成绩。

耐心与细致

如果说初中老师需要做的是点燃、激活孩子们的热情，发挥他们的能动性，小学班主任则更多的需要爱去抚平、去温暖。

1994年我来到深圳南山，第一站就是塘朗小学。虽说我在江西工作的九江是个小城市，但因为我们的工厂是上海援建的支内工厂，家长素质和对孩子的要求和期待值都相对较高，学生的素质明显更高，加上是初中的学生。我的前6年是较为轻松且有成就感的。然而到了塘朗，有了较大的变化，当年的塘朗生源主要来自周边的打工人或菜农，还有部分本地人。相比较而言他们对孩子教育这件事的重视程度和对教育的理解程度都和之前的家长不同，加之小学生和初中生也有明显的差距，一时间我感觉自己茫然了不少。感觉曾经舌灿莲花、妙语连珠的我对着一群小学生竟然有对牛弹琴的困窘。焦虑之下，我开始观察周边优秀的同事们，发现他们最大的一个特点就是改变角色，蹲下身子和孩子们一个视角，用规则去引导。工作的正确视角找到了，难题也就迎刃而解：我开始像个老母亲一样，用百倍的细致和耐心来做好这个孩子王。制定超级细致的班级规则，量化班级的各项任务，让学生们清晰地知道自己的职责，并做好激励工作，班级很快走上轨道。小学的班主任还需要一颗慈母心，要关注孩子的点滴小事。记得某届有个小林同学，真的是个很邋遢的孩子，始终拖着两条不美观的鼻涕，眼神总是怯怯的，一副我见犹怜的模样，同学们也表现出嫌弃的神情。经过调查，我了解到她来自一个重组家庭，在家中受到的关注较少。我看着真的有些心疼，于是每天帮孩子梳理她蓬乱的头发，替她擦干净两条"黄龙"。同学们也在我的鼓励下和她一起玩耍、学习，笑容渐渐出现在她可爱的脸庞上。我还注意到这个孩子的运动天赋与生俱来，学校恰好在此时有了棒球队，我极力向教练推荐了她。希望她能在自己擅长的领域有一片天。她果然是这块材料，很快成为了球队的主力，笑容里从此多了自信。孩子的变化落在了家长的眼里，主动来和老师沟通，和孩子的关系也在不断改善。就这样，长大后的小林同学成为了专业的棒球教练，最重要的是她成为了一个快乐的人。这个过程很长，但结果很美。我想这就是一个班主任、一位园丁最期待的果实吧。

小学班主任可以说是最辛苦烦琐的工作之一，但小学是孩子们脱离稚气，长大成年的关键时期，遇到一位耐心细致，充满爱心的班主任，他们的小学生活将会温暖幸福，这份温暖幸福将会成为一生美丽的回望，因为这里有6年的积淀和缘分。从中学班主任变身为小学班主任我感觉也恰好合乎我个人身份的升级，开始为人母的小梅老师也随之变得更加柔软、更加细腻。这种感觉也让我对小学生的天真烂漫、纯真可爱有了更真切的体验和爱护。这一时期的我获得了一些荣誉，成为了市、区优秀班主任，所带班级获得过市、区优秀班级。

专业与理性

时间步入最近这10年，随着互联网时代的到来，获取做好班主任的工作方法和支持的渠道极大地丰富了，更重要的是各级教育部门对班主任工作的重视程度也极大提升。班主任工作逐渐脱离了经验型的模式，走向理性与专业相结合的道路。从我自身来讲，虽然已经是资深班主任，投入信息的海洋，我还是非常惊喜，如获至宝，对班主任工作有了更新更全面的认识。可以说这一时期是我的班主任工作最敞亮的时期。我看到了更大范围内的同行者，接收到更多元的信息。当然这一时期学生也随着时代进步发生了很大的变化，给教育带来了更多挑战。班主任的威信和神秘似乎有所减弱。面对这一变化，与时俱进是唯一的途径。我开始广泛涉猎、大量阅读，参加各种培训，提升专业素养。小钰同学是我30年来遇到的特殊学生，套用一句网络俗语"二十斤的体重，有十九斤的反骨"，很难受教，软硬不吃，基本上你对她的教育回报最多的就是她翻给你的白眼。她的母亲提起她就摇头，恨铁不成钢；同学们也用异样的眼光看待她；我也被她气得心口疼。我尝试过很多办法，但收效甚微。一个假期，教育局组织了一个培训，带给我们一种全新的教育手段——"焦点解决"，我似乎看到了希望。于是我认真设计了方案，一次一次调整、实施方案，逐渐号准了她的脉。这个孩子终于开始看到了班里同学、老师的好，对班级有了依赖和认可，眼里开始有光。炸毛的小妞终于显露出这个年龄的小姑娘该有的样子。看到她的变化，她的妈妈欣慰不已。我也感受到，在新时代借助专业的手段、先进的理念，班主任工作也能事半功倍。班主任工作已经步入专业化的时代，这10年是我在班主任工作中收获颇丰的时期，我被授予南山区"灯塔"名班主任称号，成为了首批名班主任工作室主持人。

回首我35年班主任的工作经历，真可谓是一路芬芳，一路泥泞，一路汗水，一路成长。我的经历是一个班主任必经的成长之路，从青春活力的青年走到了底蕴深厚的中年，孩子们一届一届来来往往，我就在这不经意间走了近35年的旅程。在这条路上我也实践见证了教育的变迁，班主任工作模式正从摸索型、自发型、经验型逐渐过渡到今天的学习型、研究型、专业型。

当我从区领导手里接过"功勋班主任"的奖牌时，内心是激动的，35年不间断的早起晚睡，35年无休止的牵挂，35年永不停歇地奔跑，这无疑是一条艰辛的路，一条光荣的路，一条充满希望的路，在这条路上洒下的汗水珍贵无比。任何一段关系，终究还是始于爱，成于爱。当班主任的35年，我把自己全部的爱奉献给了我可爱的孩子们，成就了他们的人生梦想。我也用自己的努力实践了我的教育格言"成为孩子们生命中正能量的重要他人"！我想我做到了！

梅伟静，深圳大学附属教育集团实验小学语文教师，南山区梅伟静名班主任工作室主持人。